启航经管书课包系列

管理类与经济类综合能力写作历年真题全解

○主编 王帅

北京理工大学出版社

版权专有　侵权必究

图书在版编目（CIP）数据

MBA MPA MPAcc MEM 管理类与经济类综合能力写作历年真题全解 / 王帅主编. — 北京：北京理工大学出版社，2022.6
　ISBN 978-7-5763-1387-1

Ⅰ. ①M⋯　Ⅱ. ①王⋯　Ⅲ. ①汉语 – 写作 – 研究生 – 入学考试 – 自学参考资料　Ⅳ. ①H15

中国版本图书馆 CIP 数据核字 (2022) 第 101761 号

出版发行 / 北京理工大学出版社有限责任公司	
社　　址 / 北京市海淀区中关村南大街 5 号	
邮　　编 / 100081	
电　　话 /（010）68914775（总编室）	
（010）82562903（教材售后服务热线）	
（010）68944723（其他图书服务热线）	
网　　址 / http://www.bitpress.com.cn	
经　　销 / 全国各地新华书店	
印　　刷 / 天津市新科印刷有限公司	
开　　本 / 787 毫米 × 1092 毫米　1/16	
印　　张 / 15.75	责任编辑 / 申玉琴
字　　数 / 393 千字	文案编辑 / 申玉琴
版　　次 / 2022 年 6 月第 1 版　2022 年 6 月第 1 次印刷	责任校对 / 周瑞红
定　　价 / 65.80 元	责任印制 / 李志强

图书出现印装质量问题，请拨打售后服务热线，本社负责调换

前 言

管理类与经济类综合能力考试的历年真题都是教育部组织命题组专家,严格按照考试大纲命制的,极具权威性和代表性。仔细研读历年真题,对我们熟悉考试形式、掌握命题规律、预测热门考点、提高应试能力都有非常重要的意义。那么,我们需要怎样研读考研真题呢?

一、学习考研真题的思路

关于研读考研真题,我提倡"点—线—面—体"的进阶式复习思路。这是我在近十年教学和科研过程中总结的经验,在这里和大家做一个简要的分享。

所谓"点",就是详细地解读每一年真题,了解命题的方法、角度、思路,分析考查的重点、难点、热点,总结答题的要点、经验、技巧。以2018年管理类入学考试真题的论说文为例,该年真题是围绕"人工智能"这个热点话题命制的,我们在研读过程中,就要对人工智能的历史进程、发展趋势、利弊、影响等进行全面、系统的了解与分析。这样才算具体地学习了这个"点"。

所谓"线",就是在解读完每一年真题的基础上,将历年真题的"点"按部就班地放在时间轴上的指定位置,分析命题的历史规律和将来趋势。比如,2014—2018年管理类入学考试真题的论证有效性分析的中心话题分别为:制衡与监督、生产过剩、大学生就业问题、监察制度、物质生活与精神生活的关系。梳理出这条命题线索后,我们就能大致了解论证有效性分析这一题型的命题规律——紧密围绕当年的时事热点,这样我们在备考的过程中,就可以展开有针对性的复习。

所谓"面",就是以"线"为基础,拓宽自己的知识面。立足真题,结合实际,以经济学和管理学的知识为基本,尽可能拓宽自己的思维。比如,纵观1997—2022年管理类入学考试真题的论说文的考查重点,涉及经济、政治、历史、文化等多个层面,了解到这一点,对我们复习论说文具有极其重要的指导意义。

所谓"体",就是将自己所有的"面"相互交叉融合,形成独一无二的思考与分析体系。在这样的体系下,我们通过不断努力,既能在考试中取得优秀的成绩,也能在复习的过程中构建自己思考问题、分析问题的逻辑体系。

二、学习考研真题的基本方法

在具体的学习方法上,我强调几种"聪明人的笨方法",这些方法看似平淡无奇,实则都能创造奇迹。

第一个方法是细致。 我们在研读真题的时候,一定要有"解剖麻雀"的精神。面对真题,一定要仔细考量,不放过任何一个知识点、得分点、考查点,确保"知其然,知其所以然",千万不能似是而非、模棱两可。

第二个方法是全面。 我们在研读真题的时候,必须要对开考以来的真题进行系统的学习(因为命题的形式和要求不同,对早年真题的掌握程度的要求可以适当放宽)。只有这样,才能根据历年真题,总结出命题规律,进而预测命题趋势。

第三个方法是**拓展**。真题是考研已经考过的题目,肯定不会再出现,那我们为什么要继续研读真题呢?为的就是"掌握命题规律,还原命题思维"。所以,我们在复习时,要立足于真题,而不局限于真题。真题考查的只是当年的一个热点,我们需要拓展这个热点,结合当年考试的实际情况,训练出一种"还原"的能力。

第四个方法是**标准**。我们必须选择权威、标准的真题解析。本书所选择的真题题干与解析,都经过详细的校勘,在最大程度上还原了考场真题。

三、本书的特色

著名历史学家陈寅恪先生,在给新生上课时往往开宗明义地讲:"前人讲过的,我不讲;近人讲过的,我不讲;外国人讲过的,我不讲;我自己过去讲过的,也不讲。现在只讲未曾有人讲过的。""四不讲"成了其上课时标志性的口头语。大师的风采和学识是难以望其项背的,但是,这是我努力的方向与目标。在编撰本书的过程中,我力图使本书具有全面性、权威性、实战性。

一、**全面性**。本书收录了管理类与经济类综合能力考试开考以来,符合考纲要求、具有参考价值的写作真题,并且对每道题都进行了详细的解析。这样能够向考生最大程度地呈现出考研命题的"全景",方便考生掌握命题的规律和趋势。

二、**权威性**。本书所有的真题解析、参考范文,都是严格按照教育部颁发的《考试大纲》和《评分标准》编写的,并且经过北京大学、清华大学、南京大学、复旦大学等多所名校的专家和学者的权威审定,可以在最大程度上贴合考研的评阅标准。

三、**实战性**。我编写本书时,希望通过对真题进行全面解析,让考生自己掌握一种快速、准确、高效的得分方法。所以,在每年真题的解析中,本书都在最大程度地引领考生自己思考,形成自己的思维模式。

四、本书的使用方法

考生在使用本书时,建议采取"学—抄—背—仿—写"的五步学习法。

第一步,学习写作方法。先对每种方法的本质、具体的操作技法进行系统、深入的学习。只有熟悉了写作的思路,才能知道范文中每一段的作用,每句话的意义,这么写的原因以及还可以怎么写。解决这些理论上的问题,是写作的重中之重。

第二步,抄写给定范文。考生可以根据自己已有的知识结构和语言习惯,选择若干篇范文进行"抄写"。抄写的过程就是进一步体会文章行文思路、论证技巧的过程。这就相当于"习武"过程中的演练,必须要通过无数次的演练,才能够把所学会的"心法、招数"化为己有。

第三步,背诵精彩段落。抄写之后,对每篇范文进行详细分析,具体分析每句话在文中的作用,在这个过程中,逐渐加深记忆,背诵范文中的精彩段落。如果说"抄"是动手练,那么"背"就是动脑练。将范文真正背诵下来后,就能形成自己的写作习惯和思维模式。

第四步,仿照范文框架。在能够背诵范文的前提下,自己动手仿写1~2篇文章。在仿写的过程中,千万记住"仿写结构而不要仿写内容"。也就是说,篇章框架参照本书中的范文,但是论点、论据、论证一定要自己构思完成。这一阶段是要培养考生形成自己的写作特色。同学们一定要多加用心揣摩,拓宽写作思路。

第五步,写作冲刺高分。经过前四步,考生肯定能较全面地掌握这种方法的精髓,在这样的前提下,考生应该选择几道模拟题,自己动手写几篇文章。这个时候,考生无论是"内功"还是"外功",都达到了自己的巅峰,真气所至,草木皆为利刃。真正形成自己的特色之后,可以忘记这些基本的模式,自创一格,达到"无招胜有招"的境界。

考生对五步学习法有切实的理解和掌握后,再根据自己的写作特点和学术专长,仔细选择最适合自己的写作方法,在本书的基础上进行深入研究。这样,获得理想的分数并不难。

五、祝福

荀子《劝学篇》云:"积土成山,风雨兴焉;积水成渊,蛟龙生焉;积善成德,而神明自得,圣心备焉。故不积跬步,无以至千里;不积小流,无以成江海。骐骥一跃,不能十步;驽马十驾,功在不舍。锲而舍之,朽木不折;锲而不舍,金石可镂。"

的确,考研是一场持久战,坚持是取得胜利最重要的素质之一。所以,现在帅老师要为你们的坚持喝彩,为你们的拼搏鼓掌,为你们的冲刺加油!相信你们一定能够通过自己的努力取得理想成绩、实现考研梦想、成就美好人生。加油!梦想就在前方,我们需要做的就是脚踏实地。向前!再向前!我相信,各位一定都能乘风破浪,直达梦想的彼岸!

真心祝福所有的考研学子蟾宫折桂,雁塔题名!

目 录

管理类综合能力论证有效性分析 ·· 001

 2002年入学考试真题:草率的投资计划 ·· 003
 2003年入学考试真题:玻璃瓶实验 ··· 006
 2004年入学考试真题:本土公关公司发展前瞻 ··· 009
 2004年10月考试真题:企业如何战胜竞争对手? ···································· 012
 2005年入学考试真题:MBA教育没有用吗? ·· 015
 2005年10月考试真题:洋快餐会称霸中国吗? ·· 018
 2006年入学考试真题:提升国际竞争力任重道远 ···································· 021
 2006年10月考试真题:如何杜绝企业丑闻? ·· 024
 2007年入学考试真题:中国真正意义上的经济学家不超过5个? ········ 027
 2007年10月考试真题:"终身制"和"铁饭碗"是褒义词? ···················· 030
 2008年入学考试真题:关于中医的辩论 ··· 033
 2008年10月考试真题:"孝"是否应作为选拔官员的标准? ················ 036
 2009年入学考试真题:"知识就是力量"并未过时 ································· 039
 2009年10月考试真题:民主集中制的真实含义 ······································· 042
 2010年入学考试真题:理性看待信息技术 ··· 045
 2010年10月考试真题:不科学的"猴群实验" ·· 048
 2011年入学考试真题:掌握概率能决胜股市吗? ···································· 051
 2011年10月考试真题:应当适当降低个税起征点吗? ·························· 054
 2012年入学考试真题:人类无须防止自然灾害? ···································· 058
 2012年10月考试真题:"四不"县长能否担当大任? ···························· 061
 2013年入学考试真题:文化软实力 ··· 064
 2013年10月考试真题:勤俭节约过时了吗? ·· 067
 2014年入学考试真题:制衡与监督是万能的吗? ···································· 071
 2015年入学考试真题:政府无须干预生产过剩吗? ······························· 074
 2016年入学考试真题:大学生就业难并不是问题吗? ·························· 077
 2017年入学考试真题:利用赏罚就可以治理好臣民? ·························· 080
 2018年入学考试真题:担心精神世界空虚并非杞人忧天 ······················ 083
 2019年入学考试真题:选择越多越痛苦? ··· 086
 2020年入学考试真题:草率的商业计划 ··· 089

- 2021年入学考试真题:眼所见者未必实 …… 092
- 2022年入学考试真题:关于默默无闻 …… 095

经济类综合能力论证有效性分析 …… 099

- 2011年入学考试真题:怎么看待汉语能力测试? …… 101
- 2012年入学考试真题:迁都之议是否可行? …… 104
- 2013年入学考试真题:是否应该彻底取消"黄金周"? …… 107
- 2014年入学考试真题:如何看待高考改革? …… 110
- 2015年入学考试真题:如何解决网络假货问题? …… 113
- 2016年入学考试真题:结婚证书应当设立有效期吗? …… 116
- 2017年入学考试真题:做大市场就万事大吉? …… 119
- 2018年入学考试真题:市场竞争有利于谁? …… 122
- 2019年入学考试真题:人工智能时代 …… 125
- 2020年入学考试真题:金融机构的发展 …… 128
- 2021年入学考试真题:要根治诈骗并不难 …… 131
- 2022年入学考试真题:纸质阅读方式将会寿终正寝? …… 134

管理类综合能力论说文 …… 137

- 1997年入学考试真题:洋名≠扬名 …… 139
- 1998年入学考试真题:儿童高消费 …… 141
- 1999年入学考试真题:门采尔的答案 …… 143
- 1999年10月考试真题:企业领导者的素质 …… 145
- 2000年入学考试真题:成功也是失败之母 …… 147
- 2000年10月考试真题:在幼儿园学到最重要的东西 …… 149
- 2001年入学考试真题:坚持的奇迹 …… 151
- 2001年10月考试真题:"相马"与"赛马" …… 153
- 2002年入学考试真题:压力是把双刃剑 …… 155
- 2002年10月考试真题:穷则变,变则通 …… 157
- 2003年10月考试真题:读经不如读史 …… 159
- 2004年入学考试真题:态度决定高度 …… 161
- 2004年10月考试真题:滑铁卢的教训 …… 163
- 2005年入学考试真题:考文垂决策的得失 …… 165
- 2005年10月考试真题:最重要的事在我们身旁 …… 167
- 2006年入学考试真题:未雨绸缪 …… 169
- 2006年10月考试真题:可口可乐的长远战略 …… 171
- 2007年入学考试真题:第一个脚印的魅力 …… 173
- 2007年10月考试真题:给"眼高手低"正名 …… 175

2008 年入学考试真题:"原则"与"原则上"	177
2008 年 10 月考试真题:卷柏的启示	179
2009 年入学考试真题:三鹿奶粉事件	181
2009 年 10 月考试真题:团结就是力量	183
2010 年入学考试真题:追求真理	185
2011 年入学考试真题:"拔尖"与"冒尖"	187
2011 年 10 月考试真题:杨善洲的大爱	189
2012 年入学考试真题:逐臭之恶习	191
2012 年 10 月考试真题:自主创新	193
2013 年入学考试真题:由竞争走向合作	195
2013 年 10 月考试真题:绿水青山就是金山银山	197
2014 年入学考试真题:机遇与挑战并存	199
2015 年入学考试真题:为富为仁,相辅相成	201
2016 年入学考试真题:教育的作用	203
2017 年入学考试真题:企业发展的两难选择	205
2018 年入学考试真题:人工智能	207
2019 年入学考试真题:实践与真理	209
2020 年入学考试真题:"挑战者号"事件	211
2021 年入学考试真题:实业与教育之关系	213
2022 年入学考试真题:鸟类进化论	215

经济类综合能力论说文 ... 217

2011 年入学考试真题:"蚁族"问题	219
2012 年入学考试真题:茅台酒为何在美国更便宜?	221
2013 年入学考试真题:曾国藩"尚拙"	223
2014 年入学考试真题:真正的勇气	225
2015 年入学考试真题:如何确立人生目标?	227
2016 年入学考试真题:延长退休年龄之我见	229
2017 年入学考试真题:是否应该对穷人提供福利?	231
2018 年入学考试真题:穿名牌可以塑造良好的个人形象吗?	233
2019 年入学考试真题:毛毛虫实验	235
2020 年入学考试真题:家国担当	237
2021 年入学考试真题:食蚁兽的捕食策略	239
2022 年入学考试真题:老年人免费乘坐公共交通工具	241

管理类综合能力

论证有效性分析

扫码听课

2002年入学考试真题　草率的投资计划

一、题干审读与难度分析

分析下述论证中存在的缺陷和漏洞，选择若干要点，写一篇600字左右的文章，对该论证的有效性进行分析和评论。

下文摘录于某投资公司的一份商业计划：

"研究显示，一般人随着年龄的增长，用于运动锻炼的时间逐渐减少，而用于看电视的时间逐渐增多。今后20年，城市人口中老年人的比例将有明显增长。因此，本公司应当及时地售出足量的'达达运动鞋'公司的股份，并增加在'全球电视'公司中的投资。"

（论证有效性分析的一般要点是：概念特别是核心概念的界定和使用是否准确并前后一致，有无各种明显的逻辑错误，论证的论据是否成立并支持结论，结论成立的条件是否充分，等等）

整体难度★★	内容难度★★	形式难度★★

这是管理类综合能力考试中第一次出现论证有效性分析题型，题目比较简单。本题对于我们分析论证有效性分析题型具有一定的示范性意义。

从内容上看，材料是一个具体的管理学案例，考生比较熟悉，比较容易进行分析。

从形式上看，具体的论据之间衔接比较紧密，逻辑线索也比较清晰

二、论证结构、逻辑错误与写作思路

本题观点清晰，在具体的逻辑论证中提供了三个论据，这三个论据之间的逻辑关系也比较清晰。本段材料的论证结构如下。

中心论点	公司根据某项研究结果，决定售出"达达运动鞋"公司的股份，同时增加在"全球电视"公司中的投资
论据支撑	一般人随着年龄的增长，用于运动锻炼的时间逐渐减少
	一般人随着年龄的增长，用于看电视的时间逐渐增多
	城市人口中老年人的比例将有明显增长

根据这个论证结构，我们可以对材料中存在的逻辑错误进行分析。本文的要点及逻辑错误分析如下。

1.从材料的整体框架来看，一家投资公司的商业计划不能仅凭某一项研究来决定，这是过于草率的。考生在撰写文章的时候，可以直接对商业决策的可行性加以质疑。

2.这项调查的科学性和权威性能否得到保证？如果有保证，样本的容量和公正性能否代表整体？从逻辑上讲，这是典型的"样本偏差"，考生可以从这一角度进行深入分析。

3.调查的结果"一般人随着年龄的增长,用于运动锻炼的时间逐渐减少,而用于看电视的时间逐渐增多"明显不符合社会发展的现实。实际上,有些人随着年龄的增长,用于运动锻炼的时间可能会增多,而用于看电视的时间可能会减少。故不能一概而论。

4.一般人用于运动锻炼的时间减少,不等于"达达运动鞋"公司就一定会亏损;同理,一般人用于看电视的时间增多,不等于"全球电视"公司就一定会盈利。一般人用于运动锻炼的时间减少,影响的是整个运动行业,而不是具体的企业,所以材料的结论是难以成立的。

5.老年人的比例将有明显增长,不等于老年人口的绝对数也会增长。还要考虑人口整体的变化情况。这就涉及统计学上"绝对数"与"相对数"的概念问题,考生可以对这一数据的准确性进行分析。

6.用现在的调查数据推断未来20年这样的长时间段的情况,这样的推理可能不符合实际情况。从逻辑上讲,有无效类比的嫌疑;从事实上讲,也不能成立。

7.其他错误,言之成理即可得分。

写作思路提示:在具体的写作过程中,考生一定要注意两个要点。第一,本题材料较短,所以对于材料的分析一定要十分细致;第二,对于材料中的一些具体错误,应该结合现实情况进行分析。

三、参考范文与高分技巧

草率的投资计划

文/王嘉怡

<u>该公司仅仅根据市场调查和人口预测两项指标,就草率地决定了投资策略。</u>① 这样的做法是不妥的,现分析如下:

首先,一般人随着年龄的增长,用于运动锻炼的时间逐渐减少,而用于看电视的时间逐渐增多。这种说法过于片面,也过于绝对。根据实际情况来看,有些人随着年龄的增长,用于运动锻炼的时间可能会增多。所以,单纯从一个侧面来考虑这个问题所得出的结论是不成立的。

其次,由"今后20年,城市人口中老年人的比例将有明显增长"推出老年人人数增多,故而应该调整企业的投资布局。这明显是不准确的。<u>不能根据城市人口中老年人比例的变化,推断老年人的数量。</u>② 如果城市人口总数大幅下降,即使老年人的比例上升,老年人口数也是下降的。

再次,运动锻炼的人减少,"达达运动鞋"公司就一定会亏损;看电视的人增多,"全球电视"公司就一定会盈利。很显然,这一说法并不成立。这里所蕴含的因果关系是制订者预先设定的,在实际的商业市场上,未必存在这样的情况。

最后,从整体来看,该公司的商业计划也是难以成立的。根据经济发展的实际经验来看,影响公司政策调整的因素不仅有社会因素,还有公司内部环境因素,不能片面地以城市人口中老年人的比例变化来决定公司的发展方向,这是过于武断的。

---

①概括材料时,应重点注意两个方面:第一,材料提供了哪些证据? 第二,材料得出了什么结论?
②这句话指出:相对比例提高≠绝对人口数增加,语言简练,值得学习。

因此，这是一篇不严密的论证。公司未来如何决策？资金如何布局？这些问题都需要从长计议。①

高分技巧：文章第一段在概括材料的基础上提出了自己对于材料结论的质疑，并引出下文。"首先""其次""再次"三个自然段分别分析和质疑材料中某一处具体的错误。"最后"段是对材料的整体态度进行分析。在文章的最后，总结全文。全文结构严谨、内容充实、语言准确，值得我们学习和借鉴。

---

①这两个疑问句将材料的核心问题罗列在一起，起到总结全文的作用。

2003年入学考试真题　玻璃瓶实验

一、题干审读与难度分析

分析下述论证中存在的缺陷和漏洞,选择若干要点,写一篇600字左右的文章,对该论证的有效性进行分析和评论。

把几只蜜蜂和苍蝇放进一只平放的玻璃瓶,使瓶底对着光亮处,瓶口对着暗处。结果,有目标地朝着光亮拼命扑腾的蜜蜂最终衰竭而死,而无目的地乱窜的苍蝇竟都溜出细口瓶颈逃生。是什么葬送了蜜蜂?是它对既定方向的执着,是它对趋光习性这一规则的遵循。

当今企业面临的最大挑战是经营环境的模糊性与不确定性。在高科技企业,哪怕只预测几个月后的技术趋势都是件浪费时间的徒劳之举。就像蜜蜂或苍蝇一样,企业经常面临一个像玻璃瓶那样的不可思议的环境。玻璃瓶实验告诉我们,在充满不确定性的经营环境中,企业需要的不是朝着既定方向的执着努力,而是在随机试错的过程中寻求生路,不是对规则的遵循,而是对规则的突破。在一个经常变化的世界里,混乱的行动比有序的衰亡好得多。

(论证有效性分析的一般要点是:概念特别是核心概念的界定和使用是否准确并前后一致,有无各种明显的逻辑错误,论证的论据是否成立并支持结论,结论成立的条件是否充分,等等)

整体难度★★★	内容难度★★★★	形式难度★★★★

本题难度较大。

从内容上看,材料涉及企业管理中的原则问题,这一问题对于非管理学专业的考生来说,在认知上有一定的难度。

从形式上看,材料采取了"玻璃瓶实验+管理案例"的结构,难度也相对较大,考生的思维容易被"玻璃瓶实验"误导,进而影响其对于管理案例的分析。

二、论证结构、逻辑错误与写作思路

本文的论证结构虽然有些复杂,但是,如果仔细分析,仍然有章可循。本段材料的论证结构如下。

中心论点	企业要在随机试错的过程中寻求生路、突破规则
论据支撑	玻璃瓶实验:身处玻璃瓶中的蜜蜂遵循趋光习性,对既定方向十分执着,最终衰竭而死
	企业面临的经营环境和玻璃瓶一样充满模糊性与不确定性
	在高科技企业,哪怕只预测几个月后的技术趋势都是件浪费时间的徒劳之举
	企业身处不确定性的经营环境中,就像身处玻璃瓶中的蜜蜂或苍蝇

本文的要点及逻辑错误分析如下。

1. 玻璃瓶实验只是一种针对生物行为进行的实验，生物行为和企业行为不在同一层次，不可相提并论。材料简单地将昆虫和企业进行类比，犯了不当类比的逻辑错误。

2. 在分析实验结果的时候，材料犯了错误归因的逻辑错误。苍蝇闯出瓶口是一种"随机性"的结果，并不能得出随机试错就一定是正确的。

3. 由"当今企业面临的最大挑战是经营环境的模糊性与不确定性"推出"在高科技企业，哪怕只预测几个月后的技术趋势都是件浪费时间的徒劳之举"，这属于以偏概全。企业的经营环境具有模糊性和不确定性，不代表企业的经营环境无规律可循，难以被人认识。而且，高科技企业只是所有企业中的一种类型，不具有代表性。

4. 虽然技术预测具有不确定性，但并不意味着技术趋势不可预测。预测技术趋势是件浪费时间的徒劳之举，这样的说法太过绝对，也不符合当下企业发展的实际。

5. 在充满不确定性的经营环境中，企业确实不能死板地遵循既定规则，但这和不遵循任何规则不是一个概念，犯了偷换概念的逻辑错误。考生在写作过程中可以质疑这一核心概念的阐述的前后不一致。

6. 企业突破规则并不意味着企业要忽视规则，拒绝有序的衰亡不等同于行动混乱，这样的论证犯了非黑即白的逻辑错误。事实上，这两种情况都是企业发展的极端，并不能代表其常态。

7. 其他错误，言之成理即可得分。

写作思路提示：本文最核心的错误是无效类比，即玻璃瓶实验与企业管理之间的类比是无效的。考生在写作过程中，一定要详细分析这一点。否则，写出来的文章会主次不清，详略不当，以至于丢分。

三、参考范文与高分技巧

似是而非的论证

文/王嘉怡

论证者通过"玻璃瓶实验"进行类比，①认为"企业要在随机试错的过程中寻求生路、突破规则"。这一论证存在以下几个方面的缺陷：

第一，材料从"蜜蜂因对趋势习性这一规则的遵循和对既定方向的执着而死亡"的实验结论类比得出"企业不必遵守既定规则"。这样的说法有无效类比的嫌疑。因为"玻璃瓶实验"只是在特定环境下进行的一个生物行为实验，不能简单地将生物行为类推到企业行为。②

第二，文中提到："哪怕只预测几个月后的技术趋势都是件浪费时间的徒劳之举。"这一论证过于绝对。虽然技术预测具有不确定性，但并不意味着技术趋势不可预测。③ 实际上，对未来的预测是企业经营决策的重要依据。

第三，论述者认为："在充满不确定性的经营环境中，企业需要的不是朝着既定方向的执着努力，而是在随机试错的过程中寻求生路。"显然，该论证是欠妥的。在充满不确定性的经营环境

---

①对于玻璃瓶实验的概括，应该从其中心点加以总结，不要全部照抄。
②这句话点明了材料中无效类比的逻辑错误，而且语言极其精练。
③点明了材料中关于"技术预测"和"技术趋势"这两个概念的理解偏差。

中,企业需要有明确的方向,且方向的调整需要理性分析而不是随机试错,①不能否定企业朝着既定方向的执着努力。

第四,文中提及:"不是对规则的遵循,而是对规则的突破。"不能把对规则的遵循和对规则的突破的区别绝对化。因为对规则的突破并不意味着不遵循任何规则,而意味着修改或者创新,并且遵循新的规则。

由于材料在论证过程中存在诸多问题,因此,它得出的"企业要在随机试错的过程中寻求生路、突破规则"的结论是欠妥的。②

高分技巧:文章开宗明义,表明自己对由这一实验得出的结论的质疑态度。主体部分分四段质疑材料中的错误。在具体的分析过程中,结合逻辑和事实对材料的论证进行削弱。最后总结全文,指出"企业要在随机试错的过程中寻求生路、突破规则"的结论是欠妥的。全文语言精练,而且反驳力度较大,值得表扬。

---

① 指出了企业管理和玻璃新瓶实验的根本不同。
② 结尾质疑材料最终得出的结论。

2004年入学考试真题　　本土公关公司发展前瞻

一、题干审读与难度分析

分析下述论证中存在的缺陷和漏洞，选择若干要点，写一篇600字左右的文章，对该论证的有效性进行分析和评论。

目前，国内约有1 000家专业公关公司。去年，规模最大的10家本土公关公司的年营业收入平均增长30%，而规模最大的10家外资公关公司的年营业收入平均增长15%；本土公关公司的利润率平均为20%，外资公司为15%。十大本土公关公司的平均雇员人数是十大外资公关公司的10%。可见，本土公关公司利润水平高、收益能力强、员工的工作效率高，具有明显的优势。

中国公关协会最近的调查显示，去年，中国公关市场营业额比前年增长25%，达到了25亿元人民币；而日本约为5亿美元，人均公关费用是中国的十多倍。由此推算，在不远的将来，若中国的人均公关费用达到日本的水平，中国公关市场的营业额将从25亿元人民币增长到300亿元人民币，平均每家公关公司就有3 000万元人民币左右的营业收入。这意味着一大批本土公关公司将胜过外资公司，成为世界级的公关公司。

（论证有效性分析的一般要点是：概念特别是核心概念的界定和使用是否准确并前后一致，有无各种明显的逻辑错误，论证的论据是否成立并支持结论，结论成立的条件是否充分，等等）

整体难度★★★	内容难度★★	形式难度★★★★

本题难度中等。

从内容上看，本题说的是本土公关公司的发展，虽然具有一定的专业性，但是题干对于公关公司专业知识的考查并不多，而是将重点放在了"数字陷阱"，尤其是"平均数陷阱"和"百分数陷阱"等逻辑错误之上。考生只要认真分析，就能够找出材料中的逻辑错误，进而对论证的有效性进行分析。

从形式上看，材料篇幅较短，层次较多，有一定难度。

二、论证结构、逻辑错误与写作思路

本段材料的论证结构是非常明晰的。对考生来说，这是一个"福利"，考生可以迅速掌握材料的基本框架。本段材料的论证结构如下。

中心论点	我国一大批本土公关公司发展迅猛，将胜过外资公司，成为世界级的公关公司
论据支撑	我国国内规模最大的10家本土公关公司的年营业收入的平均增长率、利润率均高于规模最大的10家外资公关公司，而其平均雇员人数少于外资公关公司
	我国公关市场营业额比前年增长25%；日本人均公关费用是中国的十多倍
	若我国的人均公关费用达到日本的水平，我国公关市场的营业额将达到300亿元人民币，平均每家公关公司的营业收入达3 000万元人民币左右

掌握了论证结构之后,考生就可以对材料中的逻辑错误进行简要分析。本文的要点及逻辑错误分析如下。

1. 材料整体上有一个非常严重的问题,就是过分夸大了中国公关市场发展的各种有利因素,进而得出了一个盲目乐观的结论。考生在写作过程中可以针对这一点展开质疑。

2. 公司不能依据收入增长速度来比较收益能力,这是完全不同的两个概念。从企业实际情况来看,根据一个公司年营业收入平均增长快,不能得出公司收益能力强的结论。

3. 由本土公关公司的利润率高得出本土公关公司的利润水平高,这里混淆了"利润率"和"利润水平"这两个概念。针对此处的问题,考生可以结合经济学的基本常识进行分析,这样会加大反驳力度。

4. 衡量一家公司员工的工作效率需要多维度的评价标准。本土公关公司的平均雇员人数少,不足以推出本土公关公司员工的工作效率高。这里忽略了衡量工作效率的其他因素。

5. 中国与日本在人口结构、经济发展水平上存在差异,若中国的人均公关费用达到日本的水平,中国公关市场的营业额将增长到300亿元人民币,这是一种不当假设,不符合中国公关行业发展的实际。

6. 中国公关市场的营业额如果增长到300亿元人民币,那么平均每家公关公司就有3 000万元人民币左右的营业收入。一方面,这种计算只是建立在对未来市场的估计之上,缺乏真实性。另一方面,这个推理是简单的平均数思维,不符合市场发展的实际。

7. 若公关市场发展,市场上的公关公司不论是本土公司还是外资公司都会受益,单说本土公司发展迅速太过片面。

8. 中国公关市场的营业额增长,一大批本土公关公司就将胜过外资公司,成为世界级的公司。这一推理不够严谨,缺乏说服力。

9. 材料仅以10家规模最大的本土公关公司来推断本土公关公司的发展情况,这里犯了以偏概全的逻辑错误。选取的样本既小又不公正。

10. 其他错误,言之成理即可得分。

写作思路提示:材料中有些语句过长,考生在具体的写作过程中,千万不要直接照抄,应该进行适当的总结,这样才能保证文章篇幅的平衡。考生在阅读下列范文的过程中,就会学到总结材料的方法。

三、参考范文与高分技巧

客观认识中国公关行业的发展[1]

文/王嘉怡

材料通过对我国公关公司的发展现状和未来进行分析,认为中国将涌现出一大批世界级的本土公关公司。这一说法,看似有理有据,实则自吹自擂,[2]现将其主要问题分析如下。

---

[1] 论证有效性分析的标题应该丰富多样,不能只是模板标题。
[2] 我们要不断积累语料,并建立起自己的语料库,这样才能让自己的表达更通畅。

首先，材料仅以去年10家规模最大的本土公关公司为例，就推断出本土公关公司的利润水平高、收益能力强、工作效率高，具有明显的优势。① 这样以偏概全的推理，怎能得出可靠的结论？"10家本土公关公司"这一样本过小，更何况选择的还是"规模最大"的公关公司，其样本也是不公正的。

其次，材料仅从中国公关协会对人均公关费用的调查入手考虑问题。这显然是不准确的，难以得出正确的结论。事实上，中国和日本的人口基数存在着极大的差别，平均数这一指标不能说明任何问题。②

再次，材料还试图论证这样的结论：若中国的人均公关费用达到日本的水平，中国公关市场的营业额将从25亿元人民币增长到300亿元人民币，平均每家公关公司就有3000万元人民币左右的营业收入。这违反了一个最简单的统计学原理，平均数只是样本的一个整体趋势，并不代表每个个体的实际情况。③

最后，材料对于本土公关公司的发展给出了十分乐观的判断，认为：一大批本土公关公司将胜过外资公司，成为世界级的公关公司。这样的说法也不是实事求是的。众所周知，我国公关事业起步晚，底子薄，虽然发展速度快，但是要想赶上国际一流的公关公司，还有非常长的路要走。

综上所述，材料的论证是难以必然成立的，其有效性也值得进一步分析，关于我国公关公司的发展前景，还应进行更加准确的评估和预测。④

高分技巧：这篇文章对于材料的反驳是非常到位的，尤其是"再次"段，结合了统计学上的平均数原理进行分析，非常具有说服力。"最后"段对于本土公关公司的描述和评价也是非常到位的。考生在阅读范文的过程中可以学习这两种反驳材料的方法。另外，此篇范文的语言也是十分简练的，值得我们学习。

---

①原文过长，我们征引原文时，要进行压缩和总结，能体现材料中的论证过程即可。
②从事实角度反驳材料，指出材料中存在的问题，这种方法值得提倡。
③点出材料所犯的逻辑错误的本质。
④论证有效性分析的结尾，不但要总结全文，还要记得呼应一下材料中的核心观点。

2004年10月考试真题　　企业如何战胜竞争对手？

一、题干审读与难度分析

分析下述论证中存在的缺陷和漏洞，选择若干要点，写一篇600字左右的文章，对该论证的有效性进行分析和评论。

有两个人在山间打猎，遇到一只凶猛的老虎。其中一个人扔下行囊，撒腿就跑，另一人朝他喊："跑有什么用，你跑得过老虎吗？"头一个人边跑边说："我不需要跑赢老虎，我只要跑赢你就够了！"

这个故事告诉我们，企业经营首先要考虑的是如何战胜竞争对手，因为顾客不是选择你，就是选择你的竞争者，所以只要在满足顾客需求方面比竞争者快一点，你就能够脱颖而出，战胜对手。想要跑得比老虎快，是企业战略幼稚的表现，追求过高的竞争目标会白白浪费企业的大量资源。

（论证有效性分析的一般要点是：概念特别是核心概念的界定和使用是否准确并前后一致，有无各种明显的逻辑错误，论证的论据是否成立并支持结论，结论成立的条件是否充分，等等）

整体难度★★	内容难度★★	形式难度★★

本题难度较小。

从内容上看，材料围绕企业竞争策略展开，考生只要结合具体实际，就能做出准确的判断，进而对材料论证的有效性进行分析。

从形式上看，材料采用了"寓言故事+管理案例"的结构，逻辑结构比较简单。

二、论证结构、逻辑错误与写作思路

本段材料的论证结构如下。

中心论点	企业经营首先要考虑的是如何战胜竞争对手
论据支撑	猎人只要跑赢另一个猎人就可以脱离危险
	企业经营中，顾客不是选择你，就是选择你的竞争者
	在满足顾客需求方面比竞争者快一点，该企业就能脱颖而出，战胜对手
	追求过高的竞争目标会白白浪费企业的大量资源

这段材料采取了用寓言故事做类比的形式，总体来看，逻辑错误是比较明显的。本文的要点及逻辑错误分析如下。

1.材料中引用的故事的真实性和科学性有待商榷。一个猎人只要比另一个猎人跑得快，就可以脱离危险，这是值得商榷的。在这里提醒考生，在论证有效性分析中，凡是出现寓言故事，第一反应就是要分析这个故事所蕴含的经济学、管理学知识是否适用于当下。

2. 用猎人和老虎来类比企业和顾客的关系,有类比不当之嫌。考生在写作时可以结合经济发展的实际情况质疑这一类比。

3. 材料中两个猎人之间只存在竞争关系,但是企业之间还有合作、并购等关系,材料属于片面看问题。这一点是考生在分析过程中经常忽略的,值得注意。

4. 材料认为"顾客不是选择你,就是选择你的竞争者",这是典型的非黑即白思维。顾客还可以二者都不选。考生在论证过程中,可以从逻辑学的"矛盾"关系与"反对"关系入手对材料进行质疑。

5. 材料中表述"只要在满足顾客需求方面比竞争者快一点",这里只考虑了速度快,过于片面。实际上,产品的质量、价格、实用性等都可能是顾客考量的因素。

6. "想要跑得比老虎快,是企业战略幼稚的表现",这一说法过于绝对。事实上,企业挖掘潜在的需求、开发新产品都属于"跑得比老虎快"的行为,这种行为并不幼稚。所以,此处一概而论,存在概念上的偏差。

7. 在战略的制定上,目标长远不等同于追求过高的目标,二者不能混为一谈,这是张冠李戴式的偷换概念。

8. 其他错误,言之成理即可得分。

写作思路提示:本文的核心错误是"寓言故事"与"企业管理"之间的无效类比。考生在写作过程中,一定要优先否定这一错误,这样就等于推翻了全文的论证基础,其他错误自然就会不攻自破。

三、参考范文与高分技巧

如此论证,岂能服人?

文/王嘉怡

文中通过对一则寓言故事进行分析,认为企业经营首先要考虑的是如何战胜竞争对手,看似有理,实则存在诸多值得商榷之处,现简要分析如下。

首先,材料将一则故事类比到企业管理中来,①并得出"企业管理者首先要考虑如何战胜竞争对手"的结论。这里的类比显然是无效的,其结论也是不正确的。事实上,企业竞争,绝不能简单地等同于"不是你死,就是我亡"的自然界竞争。②

其次,作者认为:企业经营首先要考虑的是如何战胜竞争对手,因为顾客不是选择你,就是选择你的竞争者。很显然,这是纸上谈兵式的说法。顾客的选择很多,你和你的竞争者并不是顾客仅有的两种选择,可能你们都无法满足顾客的选择,即顾客可能既不选择你,也不选择你的竞争者,而是寻找其他的替代品。③

再次,作者强调:只要在满足顾客需求方面比竞争者快一点,你就能够脱颖而出,战胜对手。这样的说法很显然是难以必然成立的。市场竞争是一场没有硝烟的战争,如何战胜对手?这是一个异常困难的命题。怎么可能单凭这一点就决定胜负呢?这样的说法无异于异想天开④。

---

①材料概括得非常简练。
②此句对于材料的反驳很到位,值得学习。
③此句对于材料的反驳很到位,值得学习。
④此类评价材料的表述要不断积累。

最后，材料通过"想要跑得比老虎快，是企业战略幼稚的表现"推出"追求过高的竞争目标会白白浪费企业的大量资源"是不准确的。猎人与猎人之间是竞争关系，猎人与老虎之间同样是竞争关系。如果企业眼界过小，只是着眼于国内市场上的竞争对手(猎人)，则可能发展不长远。即便其成为国内企业的龙头，也可能会被国外更强劲的企业(老虎)打败。因此不能简单地说"想要跑得比老虎快"是"企业战略幼稚的表现"，从而推出"追求过高的竞争目标会白白浪费企业的大量资源"。

综上所述，作者的观点不能成立，该论证的有效性值得进一步商榷。

高分技巧：本文最大的亮点在于结合企业管理的实际情况对材料进行反驳。本文对于企业管理诸要素的理解是十分到位的，并采取了"以牙还牙"的方式反驳材料。考生在写作过程中可以借鉴这一点，采用专业知识进行分析，并以"逻辑+事实"的双重攻击式的反驳方式，使反驳更有力度。

2005年入学考试真题 —— MBA教育没有用吗?

一、题干审读与难度分析

分析下述论证中存在的缺陷和漏洞,选择若干要点,写一篇600字左右的文章,对该论证的有效性进行分析和评论。

没有天生的外科医生,也没有天生的会计师。这都是专业化的工作,需要经过正规的培训,而这种培训最开始是在教室里进行的。当然,学生们必须具备使用手术刀或是操作键盘的能力,但是,他们首先得接受专门的教育。领导者则不一样,天生的领导者是存在的。事实上,任何一个社会中的领导者都只能是天生的。领导和管理本身就是生活,而不是某个人能够从教室中学来的技术。

教育可以帮助一个具有领导经验和生活经验的人提升到更高的层次,但是,即使一个人具有管理天赋和领导潜质,教育也无法将经验灌入他的头脑。换句话说,试图向某个未曾从事过管理工作的人传授管理学,不啻试图向一个从来没见过其他人类的人传授哲学。

组织是一种复杂的有机体,对它们的管理是一种困难的、微妙的工作,需要的是各种各样只有在身临其境时才能得到的经验。总之,MBA教育试图把管理传授给某个毫无实际经验的人不仅仅是浪费时间,更糟糕的是,它是对管理的一种贬低。

(论证有效性分析的一般要点是:概念特别是核心概念的界定和使用是否准确并前后一致,有无各种明显的逻辑错误,论证的论据是否成立并支持结论,结论成立的条件是否充分,等等)

整体难度★★★	内容难度★★	形式难度★★★

本题难度中等。

从内容上看,材料围绕"领导者是天生的"这一论题展开。材料的论点比较清晰,论据存在的缺陷也比较明显。

从形式上看,材料的逻辑层次并不清晰,各个论据之间的衔接没有条理,需要考生对段落进行语义分析。

二、论证结构、逻辑错误与写作思路

本段材料的论证结构如下。

中心论点	MBA教育试图把管理传授给某个毫无实际经验的人不仅仅是浪费时间,更糟糕的是,它是对管理的一种贬低
论据支撑	领导者和从事专业化工作的人不同,任何一个社会中的领导者都只能是天生的
	领导和管理本身就是生活,不是某个人能从教室中学来的技术
	教育可以帮助一个具有领导经验和生活经验的人提升到更高的层次,但不能给人灌输经验,即使其具有管理天赋和领导潜质
	对组织的管理是一种困难的、微妙的工作,需要的是各种各样只有在身临其境时才能得到的经验

本文的论证结构比较清晰,具体的逻辑错误也比较明显。本文的要点及逻辑错误分析如下。

1. 文中认为"任何一个社会中的领导者都只能是天生的",这一说法过于绝对。

2. 即使一个人具有管理天赋和领导潜质,教育也无法将经验灌入他的头脑。这一说法严重不符合事实,考生可以直接质疑(甚至否定)。众所周知,教育的一个最重要的成果就是经验的传递。

3. 试图向某个未曾从事过管理工作的人传授管理学,不啻试图向一个从来没见过其他人类的人传授哲学。这是典型的不当类比。"未曾从事过"和"未见过"是完全不一样的。

4. MBA教育试图把管理传授给某个毫无实际经验的人不仅仅是浪费时间,更糟糕的是,它是对管理的一种贬低。这一观点过于绝对,而且这样的说法也是不符合现实的。这是全文的结论,考生在写作过程中,可以开宗明义,在首段直接质疑这一观点。

5. 从教育无法传授组织管理经验,无法培养出一个领导者这样的论据,得出MBA教育没有意义的结论,这样的论证过于主观,而且是对MBA教育的一种误解和贬低。考生在反驳该观点时,可以援引社会现实进行反驳。

6. 其他错误,言之成理即可得分。

写作思路提示:材料的重要观点是"真正的管理者是天生的"。文中所罗列的道理和事实都是围绕这一观点展开的。所以,考生在反驳材料时,应该将所有"火力"集中于对这一观点的反驳,这样的话,其他观点就会不攻自破。

三、参考范文与高分技巧

MBA教育没有用吗?①

文/王嘉怡

材料通过一系列论证,认为"管理者都是天生的",并由此认为MBA教育不应该将管理传授给某个毫无实际经验的人。这一说法明显是偏颇的,值得进一步分析,现简要论述如下。②

首先,作者认为,管理工作和医生、会计等工作不同,任何一个社会中的领导者都只能是天生的。<u>这一说法是难以必然成立的。</u>③ 事实上,我们知道,管理者的天分固然重要,但是,后天的管理知识、管理经验才是管理者取得成功的关键。

其次,作者强调,教育对于管理者,只能起到"锦上添花"的作用,而不能起到"雪中送炭"的作用。这显然也是不准确的。众所周知,教育不但会传授基础的管理学知识,也会传授切身的管理经验。知识和经验,本身就是教育的两个目标,又何来"教育也无法将经验灌入他的头脑"这一说呢?

再次,作者指出,试图向某个未曾从事过管理工作的人传授管理学,不啻试图向一个从来没见过其他人类的人传授哲学。这个类比很显然也是无效的。<u>即便未曾从事过管理工作,但只要在企业组织中工作过,就会对管理的相关问题有过观察和体会,这与"没有见过"不一样,不能将</u>

---

① 标题直接否定材料的中心论点。考生必须掌握这种写法,然后根据具体的材料灵活调整。
② 此处用句号也可以。
③ 评价材料不能完全否定,点到为止即可。

二者进行类比。①

最后，作者分析，MBA教育试图把管理传授给某个毫无实际经验的人不仅仅是浪费时间，更糟糕的是，它是对管理的一种贬低。这属于偷换概念。MBA教育是有门槛的，其所针对的对象并不是毫无经验的人。此处前提错误，得出的结论自然错误。

综上所述，作者的"天才论"是不成立的，其对MBA教学工作的建议，也属于纸上谈兵②。整篇文章的有效性值得进一步商榷。

高分技巧：文章先反驳材料中"任何一个社会中的领导者都只能是天生的"这一重要观点，再具体分析材料中存在的逻辑错误。这种"擒贼先擒王"的写法值得我们学习。另外，全文的语言表达恰到好处，对材料中的错误一一进行反驳，有理有据，也是值得我们学习和借鉴的。

---

①指出材料自相矛盾之处，以子之矛，攻子之盾，这样的反驳最为有力。
②高分词汇，值得积累。

2005年10月考试真题　洋快餐会称霸中国吗？

一、题干审读与难度分析

分析下述论证中存在的缺陷和漏洞，选择若干要点，写一篇600字左右的文章，对该论证的有效性进行分析和评论。

某管理咨询公司最近公布了一份洋快餐行业发展情况的分析报告，对洋快餐在中国的发展趋势给出了相当乐观的预判。

该报告指出，过去5年中，洋快餐在大城市中的网点数每年以40%的惊人速度增长，而在中国广大的中小城市和乡镇还有广阔的市场成长空间。照此速度发展下去，估计未来10年，洋快餐在中国饮食行业的市场占有率将超过20%，成为中国百姓饮食的重要选择。

饮食行业的某些人士认为，从营养角度看，长期食用洋快餐对人体健康不利，洋快餐的快速增长会因此受到制约。但该报告指出，洋快餐在中国受到广大消费者，特别是少年、儿童消费群体的喜爱。显然，那些认为洋快餐不利健康的观点是站不住脚的。该公司去年在100家洋快餐店内进行的大量问卷调查结果显示，超过90%的中国消费者认为食用洋快餐对个人的营养均衡有所帮助。而已经喜爱上洋快餐的未成年人在未来成为更有消费能力的成年群体之后，洋快餐的市场需求会大幅度跃升。洋快餐长期稳定的产品组合以及产品和服务的标准化，迎合了消费者希望获得无差异食品和服务的需要，这也是洋快餐快速发展的重要优势。

该报告预测，如果中国式快餐在未来没有较大幅度的发展，洋快餐一定会成为中国饮食行业的霸主。

（论证有效性分析的一般要点是：概念特别是核心概念的界定和使用是否准确并前后一致，有无各种明显的逻辑错误，论证的论据是否成立并支持结论，结论成立的条件是否充分，等等）

整体难度★★★	内容难度★★★	形式难度★★★

本题难度中等。

从内容上看，这则材料选择的"洋快餐"问题，既贴合现实生活，也具有商业案例分析价值，是一则非常好的材料。这一话题考生都比较熟悉，难度不大。

从形式上看，文章的逻辑结构和线索非常清晰，但是，需要考生通过语义分析、语段阅读对此进行划分。通观所有真题，这道题在论证有效性分析题型中十分具有代表性，值得反复推敲，考生可从中体会论证有效性分析题型的命题思路和命题技巧。

二、论证结构、逻辑错误与写作思路

本段材料的论证结构如下。

中心论点	如果中国式快餐在未来没有较大幅度的发展,洋快餐一定会成为中国饮食行业的霸主
论据支撑	过去5年中,洋快餐在中国大城市中的网点数的增长速度惊人;估计未来10年,其在中国饮食行业的市场占有率将超过20%,成为中国百姓饮食的重要选择
	那些认为洋快餐不利健康的观点是欠妥的,因为洋快餐在中国受到以少年、儿童为代表的消费群体的喜爱
	去年在100家洋快餐店内进行的问卷调查结果显示,超过90%的中国消费者认为食用洋快餐对个人的营养均衡有所帮助
	喜爱洋快餐的未成年人在未来成为更有消费能力的成年人后,洋快餐的市场需求会大幅度跃升
	洋快餐长期稳定的产品组合以及产品和服务的标准化,迎合了消费者希望获得无差异食品和服务的需要

本文的要点及逻辑错误分析如下。

1. 由过去5年洋快餐在大城市中的网点数的增长速度,直接推断未来10年其在中小城市和乡镇中的发展,是典型的静止看问题(说时间上的无效类比也可以)。考生在写作过程中,最好从逻辑上点清楚"时地全同"的问题。

2. 网点数大量增长并不意味着所有城市的市场占有率增长。考生在写作时应该点明:"网点数"只是一个绝对数,而"市场占有率"是相对数,二者不能混为一谈。

3. 由"洋快餐受到少年、儿童的喜爱"推出"洋快餐不利健康的观点是站不住脚的",这是过于草率的,二者不具有因果关系。考生要注意,这里如果写"喜爱≠健康",材料有偷换概念的嫌疑也是完全可以的。

4. 文中对100家洋快餐店进行问卷调查,调查的样本过小且不公正。考生在写作中一定要强调"不公正"这一点,即在"洋快餐店"调研"洋快餐"的受欢迎程度是不公正的。

5. 已经喜爱上洋快餐的未成年人在未来成为更有消费能力的成年群体之后,洋快餐的市场需求会大幅度跃升。这属于静止看问题。未成年人在成年以后可能口味等方面会发生变化,不一定会导致洋快餐的市场需求大幅度跃升。

6. 洋快餐长期稳定的产品组合以及产品和服务的标准化,迎合了消费者希望获得无差异食品和服务的需要,这也是洋快餐快速发展的重要优势。这里只看到了无差异的优势,忽略了其长远发展的劣势——品种单一,口味无差别,并不适合高端饮食。

7. 材料认为"如果中国式快餐在未来没有较大幅度的发展,洋快餐一定会成为中国饮食行业的霸主"。事实上,中国饮食行业并不只有这两种,还有许多其他选择,这里犯了非黑即白的逻辑错误。

8. 其他错误,言之成理即可得分。

写作思路提示:本文的案例"洋快餐称霸中国"是考生比较熟悉的。在写作过程中,考生可以结合现实情况进行分析。但一定要注意,援引事实不要"喧宾夺主",要以反驳材料中的逻辑错误为主。

三、参考范文与高分技巧

洋快餐会称霸中国？①

文/王嘉怡

某管理咨询公司最近公布了一份洋快餐行业发展情况的分析报告,对洋快餐在中国的发展趋势给出了相当乐观的预判。但是,结合论证逻辑和饮食行业的现实情况②来看,这个预测只是"空欢喜一场",③并不能成立,现简要分析如下。

首先,该报告由过去5年洋快餐在大城市中网点数的增长速度,推断今后10年洋快餐在中小城市和乡镇的发展。④ 这一说法在逻辑上是难以必然成立的,忽略了大城市与中小城市和乡镇在经济发展速度、消费市场等方面的差异。事实上,洋快餐在中小城市,尤其是乡镇,其发展速度是难以保障的。

其次,该公司去年在100家洋快餐店内进行的大量问卷调查结果显示,超过90%的中国消费者认为食用洋快餐对个人的营养均衡有所帮助。很显然,这也是值得进一步商榷的。第一,这个调查的样本过小,而且不具有代表性;第二,调查面向的对象是洋快餐店的消费者,而不去或很少去洋快餐店的人的意见并未体现,而且,洋快餐店的消费者的个人观点,并不能反映出洋快餐实际上对个人营养均衡是否有帮助。⑤

再次,该报告分析:已经喜爱上洋快餐的未成年人在未来成为更有消费能力的成年群体之后,洋快餐的市场需求会大幅度跃升。这里的论证无异于刻舟求剑⑥。事实上,消费者随着年龄的增长,对于洋快餐的喜爱程度可能会有所降低。

最后,该报告指出:如果中国式快餐在未来没有较大幅度的发展,洋快餐一定会成为中国饮食行业的霸主。很显然,这是非黑即白的简单两极化思维。⑦ 作者将洋快餐和中国式快餐视为中国饮食行业的全部,并断定这其中存在着一种非此即彼的逻辑关系,这显然是不准确的。

综上所述,材料的论据和论证均难以支撑其论点,洋快餐未来在中国市场的发展,还需要进行更加严谨的分析。⑧

高分技巧:材料中有很多逻辑错误,在具体的写作过程中,考生要进行选择。本文选择了几个具有代表性的错误进行分析。考生可以在阅读范文的过程中学习如何筛选具有代表性的逻辑错误。另外,全文的语言表达都属于点到为止,含而不露,这一点也是值得我们学习和借鉴的。

---

①找出材料中的核心观点,对其进行质疑,并以此作为文章的标题,这种拟题方法值得学习。
②开门见山,指出本文将从逻辑和现实两个角度反驳材料,指出材料中存在的问题。
③此处是对材料的评价,该语料值得积累。
④材料过长,在征引原文时要进行总结。
⑤将材料中一句话的两个错误分别阐释出来。
⑥高分词汇,值得积累。
⑦此处是对材料的评价,非常准确,值得学习。
⑧这个结尾值得学习,既否定了材料的论证,又质疑了其得出的基本观点。

2006年入学考试真题 提升国际竞争力任重道远

一、题干审读与难度分析

分析下述论证中存在的缺陷和漏洞,选择若干要点,写一篇600字左右的文章,对该论证的有效性进行分析和评论。

在全球9家航空公司的140份订单得到确认后,世界最大的民用飞机制造商之一——空中客车公司,于2005年10月6日宣布,将在全球正式启动其全新的A350远程客机项目。中国、俄罗斯等国作为合作伙伴,也被邀请参与A350飞机的研发与生产过程。其中,中国将承担A350飞机5%的设计和制造工作。

这意味着,未来空中客车公司每销售100架A350飞机,就将有5架由中国制造。这表明中国经过多年艰苦的努力,民用飞机的研发与制造能力得到了系统的提升,获得了国际同行的认可;这也标志着中国已经可以在航空器设计与制造领域参与全球竞争,并占有一席之地。

由此可以看出,在经济全球化时代,参与国际合作将带来双赢的结果,这也是提高我国技术水平和产业国际竞争力的必由之路。

(论证有效性分析的一般要点是:概念特别是核心概念的界定和使用是否准确并前后一致,有无各种明显的逻辑错误,论证的论据是否成立并支持结论,结论成立的条件是否充分,等等)

整体难度★★	内容难度★★	形式难度★★

本题难度较小。

从内容上看,材料为"中国参与A350飞机设计"这一当年的热点话题,考生会比较熟悉,只要认真分析,一定能够比较轻松地掌握材料。

从形式上看,材料整体的论证逻辑也是比较清晰的

二、论证结构、逻辑错误与写作思路

本段材料的论证结构如下。

中心论点	在经济全球化时代,参与国际合作将带来双赢的结果,这也是提高我国技术水平和产业国际竞争力的必由之路
论据支撑	空中客车公司宣布启动其全新的A350远程客机项目,中国将承担A350飞机5%的设计和制造工作
	未来空中客车公司每销售100架A350飞机,就将有5架由中国制造
	中国民用飞机的研发与制造能力得到了系统的提升,获得了国际同行的认可;中国已经可以在航空器设计与制造领域参与全球竞争,并占有一席之地

本文的要点及逻辑错误分析如下。

1. "中国将承担 A350 飞机 5%的设计和制造工作"中的"5%"不够清晰。这"5%",到底是飞机零部件的 5%,还是整机数量的 5%,在概念上难以辨别。考生在写作过程中要点明这"5%"的基数指代不清。

2. 正是因为第 1 点中对于"5%"的基数界定不清,导致无法得出"未来空中客车公司每销售 100 架 A350 飞机,就将有 5 架由中国制造"这一结论。考生写作过程中,可以将第 1 点和第 2 点结合起来进行分析,这样反驳的力度比较大。

3. 由"中国承担 A350 飞机 5%的设计和制造工作"不能推出"中国民用飞机的研发和制造能力得到了系统提升"。参与 A350 飞机的部分设计和制造工作可以说明中国民用飞机的研发和制造能力有了一定提升,但是究竟达到什么程度,还需要其他数据证明。

4. 文中表述的"这也标志着中国已经可以在航空器设计与制造领域参与全球竞争,并占有一席之地",犯了以偏概全的逻辑错误。A350 飞机只是民用飞机的一种,无法说明我国在整个航空器设计与制造领域的实力可以参与全球竞争。

5. "由此可以看出,在经济全球化时代,参与国际合作将带来双赢的结果"与前文给的材料没有必然联系,属于强加因果。而且,这个材料的论据无法推出该结论。

6. 仅由中国参与 A350 飞机 5%的设计和制造工作,就得出整个国家技术水平和产业竞争力发展的经验,这样的论证缺乏充分性。这一点可以和第 3 点放在一起进行分析。

7. 其他错误,言之成理即可得分。

写作思路提示:本文最核心的逻辑错误即关于"中国承担 A350 飞机 5%的设计和制造工作"的基数问题。也就是,这 5%,到底是飞机零部件的 5%,还是整机数量的 5%。解决了这一问题,其余问题就很好理解了,所以我们在写作过程中应对其展开分析。

三、参考范文与高分技巧

过于乐观的预测①

文/王嘉怡

材料认为,中国参加 A350 飞机 5%的设计和制造工作,标志着中国已经可以在航空器设计与制造领域参与全球竞争,并占有一席之地。<u>且在此基础上认为,</u>②在经济全球化时代,参与国际合作将带来双赢的结果,这也是提高我国技术水平和产业国际竞争力的必由之路。这一说法是很不准确的,现简要分析如下。

首先,中国承担 A350 飞机 5%的设计和制造工作,不等于每销售 100 架 A350 飞机,就将有 5 架由中国制造。<u>这是一个再简单不过的比例问题。</u>③承担设计任务的"5%",可能是飞机零部件的 5%,而并非整机数量的 5%。

其次,参与 A350 飞机的设计和制造工作,并不能代表中国民用飞机的研发与制造能力得到

---

①论证有效性分析的标题要根据题干的具体材料调整。
②材料得出了两个结论,用这句话进行连接,增加文章的层次感。
③点出了材料中的逻辑错误。

了系统的提升,获得了国际同行的认可。固然,能够参与其中是我国科技实力的体现。但是,要想在民用飞机的研发的制造方面取得系统的提升,仍任重道远。①

再次,材料还在上述推理的基础之上,进一步提出这也标志着中国已经可以在航空器设计与制造领域参与全球竞争,并占有一席之地。这一说法明显也是难以必然成立的,其过分夸大了这一工作对中国航空器设计与制造领域产生的影响。② 飞机只是航空器的一种,不能将二者等同起来。

最后,材料总结说:在经济全球化时代,参与国际合作将带来双赢的结果,这也是提高我国技术水平和产业国际竞争力的必由之路。这一说法属于空穴来风③。材料中列举的案例,是难以必然推出这一结论的。

综上所述,材料中的论据是偏颇的,其论证过程也并不严密,值得进一步商榷。

高分技巧:文章对于材料的反驳是非常到位的。首先解决了"5%"的基数界定不清这一核心问题,接下来的问题也就迎刃而解了。所以,我们在写作的过程中一定要学习这种"主要问题优先"的写法。另外,文章采取"总—分—总"的结构,条理清楚,结构清晰,值得我们学习。

---

①此处先指出材料中的论述有一定的合理之处,然后指出,这一说法并不准确。这种一正一反的对比论证,值得学习。
②这句话对材料的反驳是非常经典的。先总体评价材料不准确,然后具体指出材料的问题。
③高分词汇,值得积累。

2006年10月考试真题　如何杜绝企业丑闻？

一、题干审读与难度分析

分析下述论证中存在的缺陷和漏洞，选择若干要点，写一篇600字左右的文章，对该论证的有效性进行分析和评论。

美国是世界上经济最发达的国家，曝光的企业丑闻数量却比发展中国家多得多，这充分说明经济的发展不一定带来道德的进步。企业作为社会财富最重要的创造者之一，也应该为整个社会道德水准的提升做出积极的贡献。如果因为丑闻迭出而导致社会道德风气的败坏，那么我们完全有理由怀疑企业这种组织的存在对于整个社会的意义。当公司的高管们坐着商务飞机在全球遨游时，股东们根本无从知晓管理层是否在滥用自己的权力。媒体上频频出现的企业丑闻也让我们有足够的理由怀疑是否该给大公司高管们支付那么高的报酬。企业高管拿高薪是因为他们的决策对企业的生存与发展至关重要，然而，当公司业绩下滑甚至亏损时，他们却不必支付罚金。正是这种无效的激励机制使得公司高管们朝着错误的方向越走越远。因此，只有建立有效的激励机制，才能杜绝企业丑闻的发生。

（论证有效性分析的一般要点是：概念特别是核心概念的界定和使用是否准确并前后一致，有无各种明显的逻辑错误，论证的论据是否成立并支持结论，结论成立的条件是否充分，等等）

整体难度★★★★	内容难度★★★★	形式难度★★★★

本题难度较大。

从内容上看，企业丑闻及其折射出的商业伦理、管理制度等问题，虽然考生有所了解，但是大多没有进行过深入、系统的分析，这就为文章的具体分析带来了一定难度。

从形式上看，文章的结构不是十分清晰，各个论据之间的衔接没有条理，需要仔细阅读和分析才能了解文章思路。

二、论证结构、逻辑错误与写作思路

本段材料的论证结构如下。

中心论点	只有建立有效的激励机制，才能杜绝企业丑闻的发生
论据支撑	经济最发达的美国曝光的企业丑闻数量比发展中国家多得多，这充分说明经济发展不一定带来道德的进步
	企业在创造社会财富时，还要为社会道德水准的提升做出积极贡献
	如果因为丑闻迭出而导致社会道德风气的败坏，那么我们完全有理由怀疑企业这种组织的存在对于整个社会的意义
	当公司的高管们坐着商务飞机在全球遨游时，股东们根本无从知晓管理层是否在滥用自己的权力

论据支撑	已曝光的企业丑闻使人们有足够的理由怀疑是否该给大公司高管们支付那么高的报酬 企业高管的薪酬与企业的生存和发展挂钩,当公司业绩下滑甚至亏损时,高管却不必支付罚金,这是一种无效的激励机制

本文的要点及逻辑错误分析如下。

1. 文中通过"美国是世界上经济最发达的国家,曝光的企业丑闻数量却比发展中国家多得多"推出"经济的发展不一定带来道德的进步",这是典型的强加因果。考生写作时可以从"幸存者偏差"的角度分析这一问题。另外,最好指出"曝光多"不等于"存在的多"这一点。

2. 企业的存在对整个社会的价值创造具有重大作用,企业丑闻迭出,不足以怀疑企业对于整个社会的意义。这是典型的因噎废食的结论。过分夸大了企业丑闻对于企业,乃至全社会的影响。

3. "公司的高管们坐着商务飞机在全球遨游"与"股东们根本无从知晓管理层是否在滥用自己的权力"没有必然联系。此处的论证逻辑通过挑动情绪掩盖事实,考生在写作过程中一定要注意这一点,不能被迷惑。

4. 企业支付给高管的薪酬要基于其在企业发展中的作用,但企业出现丑闻的原因复杂多样,将出现丑闻与给公司高管支付高薪酬联系在一起,显然不成立。

5. 文中认为,当公司业绩下滑甚至亏损时,高管却不必支付罚金。正是这种无效的激励机制使得公司高管们朝着错误的方向越走越远。即使是公司高管的错误决策导致了业绩下滑,也不一定要支付罚金,否则公司高管就会成为企业风险的实际承担者,这样就将高管与职业经理人混淆了,不能推出这是一种"无效的激励机制"。

6. 只有建立有效的激励机制,才能杜绝企业丑闻的发生。这里过于绝对,夸大了激励机制的作用。考生在写作过程中不要否定激励机制,而是要结合实际讨论激励机制是否真的有如此大的作用。

7. 其他错误,言之成理即可得分。

写作思路提示:材料中的很多论证是非常情绪化的,考生在具体的写作过程中一定要避免情绪化的写作方式,应以就事论事、公平客观的态度来讨论问题,这样才能得出可靠的结论。

三、参考范文与高分技巧

如此就能杜绝企业丑闻?[①]

文/王嘉怡

材料中得出了这样的结论:只有建立有效的激励机制,才能杜绝企业丑闻的发生。但是,该论证所提供的论据均不足以支撑这个结论,现分析如下。

首先,材料通过经济最发达的美国曝光的企业丑闻数量比发展中国家多得多,推出了"经济的发展不一定带来道德的进步"的结论。这很显然是偏颇的。事实上,美国曝光的企业丑闻数量比发展中国家多,并不代表其实际企业丑闻数量也多,因此不能推出该结论。

其次,论述者还认为:如果因为丑闻迭出而导致社会道德风气的败坏,那么我们完全有理由怀疑企业这种组织的存在对于整个社会的意义。这也是片面的看法。企业的存在对于整个社会

[①] 根据材料的中心论点,表明自己的质疑,并以此作为标题。

的意义要从多个层面去衡量,除了道德层面,还有经济、管理等其他层面,不能只凭道德层面就完全否定其对于整个社会的意义。①

再次,文中还认为:因为股东们根本无从知晓管理层是否在滥用自己的权力,当企业丑闻频频出现时,我们就要考虑取消支付高管那么高的报酬。这样的论证很显然也是难以必然成立的。高管的职责和任务是有明确规定的,股东也有多种渠道进行了解和监督,作者的观点很显然是片面的。②

最后,材料指出:只有建立有效的激励机制,才能杜绝企业丑闻的发生。这一说法难以让人同意,其忽略了企业丑闻发生的其他原因。事实上,杜绝企业丑闻的方法有很多,好的激励机制固然重要,但是其并非药到病除的"灵丹妙药",还应和其他措施相配合。③

综上所述,材料所提供的证据均无法支撑其论点,该论证的有效性值得进一步分析。如何杜绝企业丑闻这一问题,也需要进一步分析。

高分技巧:本文的一个亮点就是对材料的反驳。文中某些句子有破有立,既反驳了材料中的错误观点,也根据实际情况提出了自己的见解。这种写法在论证有效性分析题型中是比较难得的,值得我们学习和借鉴。

---

① 这句话对企业存在对于整个社会的意义的认识非常深刻,从具体的知识和经验切入,指出材料中的问题。
② 这句话对于企业内部的监督与制衡机制的理解和分析很到位。
③ 高分语句,值得积累。

2007年入学考试真题 ▌▌ 中国真正意义上的经济学家不超过5个?

一、题干审读与难度分析

分析下述论证中存在的缺陷和漏洞,选择若干要点,写一篇600字左右的文章,对该论证的有效性进行分析和评论。

每年的诺贝尔奖,特别是诺贝尔经济学奖公布后,都会在中国引起很大反响。诺贝尔经济学奖的得主是当之无愧的真正的经济学家。他们的研究成果都经过了实践的检验,为人类社会发展,特别是经济发展做出了杰出的贡献。每当看到诺贝尔经济学奖被西方人包揽,很多国人在羡慕之余,更期盼中国人有朝一日能够得到这一奖项。

然而,我们不得不面对的现状是,中国的经济学还远远没有走到经济科学的门口,中国真正意义上的经济学家,最多不超过5个。

真正的经济学家需要坚持理性的精神。马克思·韦伯说:现代化的核心精神就是理性化,没有理性主义就不可能有现代化。中国的经济学要向现代科学方向发展,必须把理性主义作为基本的框架。而中国经济学界太热闹了,什么人都可以说自己是个经济学家,什么问题他们都敢谈。有的经济学家今天评论股市,明天讲汇率,争论不休,莫衷一是。有的经济学家热衷于担任一些大型公司的董事,或在电视上频频上镜,怎么可能做严肃的经济学研究?

经济学和物理学、数学一样,所讨论的都是非常专业化的问题。只有远离现实的诱惑,潜心于书斋,认真钻研学问,才可能成为真正意义上的经济学家,中国经济学家离这个境界太远了。在中国的经济学家中,你能找到为不同产业代言的人,西方从事经济学研究最优秀的人不是这样的,这样的人在西方只能受投资银行的雇用,从事产业经济学的研究。一个真正的经济学家,首先要把经济学当作一门科学来对待,必须保证学术研究的独立性和严肃性,必须保持与"官场"和"商场"的距离,否则,不可能在经济学领域做出独立的研究成果。

说"中国真正意义上的经济学家,最多不超过5个",听起来刻薄,但只要去看一看国际上经济学界那些最重要的学术刊物,有多少文章是来自中国国内的经济学家,就会知道这还是比较客观和宽容的一种评价。

(论证有效性分析的一般要点是:概念特别是核心概念的界定和使用是否准确并前后一致,有无各种明显的逻辑错误,论证的论据是否成立并支持结论,结论成立的条件是否充分,等等)

整体难度★★★	内容难度★★★★	形式难度★★

本题难度中等。

从内容上看,关于"中国是否有真正意义上的经济学家"的争论由来已久,正反双方都表达过很多意见,考生只有具有一定的思考和判断能力,才能对这一问题有准确的看法。

从形式上看,逻辑线索比较清晰,论据之间构成了很完整的逻辑链,而且论述也比较有条理

二、论证结构、逻辑错误与写作思路

本段材料的论证结构如下。

中心论点	中国真正意义上的经济学家,最多不超过 5 个
论据支撑	真正的经济学家需要坚持理性的精神
	中国经济学界太热闹了,什么人都可以说自己是个经济学家,什么问题他们都敢谈
	中国经济学家难以远离现实诱惑,难以认真钻研学问,难以成为真正意义上的经济学家;在中国的经济学家中,可以找到为不同产业代言的人,这和西方从事经济学研究最优秀的人不一样
	真正的经济学家要把经济学当作一门科学来对待,要保持学术研究的独立性和严肃性,要保持与"官场"和"商场"的距离
	国际上经济学界那些最重要的学术刊物中,少有文章是来自中国国内的经济学家

本文的逻辑错误较多,而且比较明显,考生在分析和论证的过程中应该学会"抓大放小",选择最重要的逻辑错误进行分析。本文的要点及逻辑错误分析如下。

1."真正意义上的经济学家"的概念界定不清。材料没有讲清楚到底什么样的经济学家才是作者认为的"真正意义上的经济学家",而这一概念恰恰是全文的核心概念。所以,考生在写作时一定要对此进行质疑。

2.在第 1 点的基础上,还应该指出:由"诺贝尔经济学奖的得主是当之无愧的经济学家",并不能推出没有得奖的就不是真正意义上的经济学家。这里是典型的非黑即白的思维。

3.文中表述:中国的经济学要向现代科学方向发展,必须把理性主义作为基本的框架。而中国经济学界太热闹了。"太热闹"不等于"不理性",作者模糊了"理性主义"和"太热闹"这两个概念。

4.由"有的经济学家热衷于担任一些大型公司的董事,或在电视上频频上镜",难以推出他们不可能做严肃的经济学研究。这属于强加因果。另外,考生还应该注意的是,这里的"有的"不能代表所有的中国经济学家。

5.一个真正的经济学家,首先要把经济学当作一门科学来对待,必须保证学术研究的独立性和严肃性,必须保持与"官场"和"商场"的距离,否则,不可能在经济学领域做出独立的研究成果。这里有强加因果之嫌。是否要与"官场"和"商场"保持距离,得看"官场"和"商场"的定义是什么,如果"官场"指的是政策制定,商场指的是企业实践,经济学家反而要参与其中,以便更好地进行学术研究。

6.在中国的经济学家中,你能找到为不同产业代言的人,西方从事经济学研究最优秀的人不是这样的,这样的人在西方只能受投资银行的雇用,从事产业经济学的研究。事实上,产业经济学也是经济学的一个门类,这里自相矛盾。

7.在第 6 点的基础上,还应该指出:将"中国为不同产业代言的人"和"西方从事经济学研究最优秀的人"直接进行对比,势必不能得出可靠的结论。

8.在材料的最后,仅以在国际经济学界那些最重要的学术刊物上,中国经济学家发表的著作数量作为判断"真正意义上的经济学家"的数量的依据,这是忽略他因的思维方式。

9.其他错误,言之成理即可得分。

写作思路提示:本题存在两个难点。第一,材料篇幅较长,逻辑错误较多,考生要进行选择,但是选择的标准是什么,需要考生结合自身的知识结构和写作情况灵活把握;第二,材料中的很多观点是非常偏激的,考生在写作过程中要注意保持公正、客观的态度,千万不能以偏激反驳偏激。

三、参考范文与高分技巧

中国真正意义上的经济学家,最多不超过5个?①

文/王嘉怡

材料通过对中国经济学界的评述,认为"中国真正意义上的经济学家,最多不超过5个"。这样的说法是难以成立的,现择其要点分析如下。

首先,材料从"有的经济学家热衷于担任一些大型公司的董事,或在电视上频频上镜"推出"他们不能做严肃的经济学研究",这是很难成立的。"担任一些大型公司的董事""在电视上频频上镜"与"做严肃的经济学研究"并不矛盾,材料将二者简单对立起来了。

其次,作者用"为不同产业代言的中国经济学家"和"最优秀的国外经济学家"进行对比。这样的对比明显是不能成立的。以己之短,较人之长,进而否定自我,这是一种自卑心态的反映。②

再次,文中认为经济学家必须保持与"官场"和"商场"的距离,否则,不可能在经济学领域做出独立的研究成果。很显然,作者并没有准确理解经济学这一学科。经济学是经世致用的学问,怎能闭门造车,隔绝"官场"与"商场"呢?

最后,材料中还提出了这样的观点:看一看国际上经济学界那些最重要的学术刊物,有多少文章是来自中国国内的经济学家,就会知道"中国真正意义上的经济学家,最多不超过5个"的评价是比较客观和宽容的。这一说法是片面的,忽略了评价经济学家的其他因素。事实上,衡量经济学家的贡献,除了论文这一指标外,还有其理论对于社会变革的贡献等。

综上所述,材料提出"中国真正意义上的经济学家,最多不超过5个"的结论难以必然成立,是有待商榷的。③

高分技巧:这篇范文有两个核心的特色值得我们学习。第一,文章对于经济学界、经济学科发展的认识十分深刻,从这一认识入手反驳材料观点是非常有深度的;第二,文章语言要而不繁,简而不略,全面、系统地反驳了材料的核心观点。

---

①标题直接质疑材料的中心论点。
②这句话从心理学的角度反驳材料中的错误,是值得学习的。
③结尾之处点明本文的中心观点。

2007年10月考试真题 "终身制"和"铁饭碗"是褒义词?

一、题干审读与难度分析

分析下述论证中存在的缺陷和漏洞,选择若干要点,写一篇600字左右的文章,对该论证的有效性进行分析和评论。

在中国改革开放的字典里,"终身制"和"铁饭碗"作为指称弊端的概念,是贬义词。其实,这里存在误解。

在现代企业理论中,有一个"期界问题(horizon problem)",是指由于雇佣关系很短导致职工的种种短视行为,以及此类行为对企业造成的危害。当雇员面对短期的雇佣关系,首先,他不会为提高自己的专业技能投资,因为他在甲企业中培育的专业技能对他在乙企业中的发展可能毫无意义;其次,作为一个匆匆过客,他不会关注企业的竞争力,因为这和他的长期收入没有多大关系;最后,只要有机会,他会为了个人短期收入最大化而损害企业利益,如过度使用机器设备等。

为了解决"期界问题",日本和德国的企业对那些专业技能要求很高的岗位上的员工,一般都实行终身雇佣制;而终身雇佣制也为日本和德国企业建立与保持国际竞争力提供了保障。这证明了"终身制"和"铁饭碗"不见得不好,也说明,中国企业的劳动关系应该向着建立长期雇佣关系的方向发展。

在现代社会,企业和劳动者个人都面临着不断变化的市场环境。而变化的环境必然导致机会主义行为。在各行各业,控制机会主义行为的唯一途径,就是在企业内部培养员工对公司的忠诚感。而培养忠诚感,需要建立员工和企业之间的长期雇佣关系,要给员工提供"铁饭碗",使员工形成长远预期。

因此,在企业管理的字典里,"终身制"和"铁饭碗"应该是褒义词。不少国家,包括美国,不是有终身教授吗?既然允许有捧着"铁饭碗"的教授,为什么不允许有捧着"铁饭碗"的工人呢?

(论证有效性分析的一般要点是:概念特别是核心概念的界定和使用是否准确并前后一致,有无各种明显的逻辑错误,论证的论据是否成立并支持结论,结论成立的条件是否充分,等等)

整体难度★★★	内容难度★★	形式难度★★★★

本题难度中等。

从内容上看,对"终身制"和"铁饭碗"问题的利弊分析,要有一定的知识基础。其是社会发展中的热门问题,对于这一问题,我们都有一定的认识,分析起来比较容易。

从形式上看,材料内容较多,这给阅读带来了一定的挑战,而且文章的逻辑关系也需要经过仔细分析才能提炼出来,对考生要求较高。

二、论证结构、逻辑错误与写作思路

本段材料的论证结构如下。

中心论点	在企业管理的字典里,"终身制"和"铁饭碗"应该是褒义词
论据支撑	为了解决"期界问题",日本和德国的企业对那些专业技能要求很高的岗位上的员工,一般都实行终身雇佣制;而终身雇佣制也为日本和德国企业建立与保持国际竞争力提供了保障。这证明了"终身制"和"铁饭碗"不见得不好,也说明,中国企业的劳动关系应该向着建立长期雇佣关系的方向发展
	在各行各业,控制机会主义行为的唯一途径,就是在企业内部培养员工对公司的忠诚感。而培养忠诚感,需要建立员工和企业之间的长期雇佣关系,要给员工提供"铁饭碗",使员工形成长远预期
	不少国家,包括美国,都有终身教授。既然允许有捧着"铁饭碗"的教授,为什么不允许有捧着"铁饭碗"的工人呢

本文比较贴近现实生活,逻辑错误较多,但分析起来并不是十分困难。本文的要点及逻辑错误分析如下。

1. 文中开篇就指出"'终身制'和'铁饭碗'是贬义词"是一种误解,过于绝对。这是全文的核心论点,不用单独写一段进行质疑。

2. 文中过分夸大了"期界问题"的负面影响。考生在写作过程中一定要点明这一点,材料罗列的种种现象只是可能发生,而不是一定发生。

3. 材料认为,当雇员面对短期的雇佣关系时会造成"首先""其次""最后"等不良问题。此处的论证也属于夸大可能性。考生在写作时应注意,此处不宜进行过多阐述,可以与第2点结合起来论述。

4. 文中以日本、德国的终身雇佣制来证明"终身制"和"铁饭碗"不见得不好。这一推理存在两种逻辑错误。考生既可以从因果关系不充分的角度进行质疑,也可以指出"终身雇佣制"和"终身制"不是同一个概念。

5. 另外,日本、德国等是针对专业技能要求很高的岗位才实行终身雇佣制,不等于中国企业的劳动关系应该向着建立长期雇佣关系的方向发展。这有无效类比的嫌疑。

6. 文中认为,在现代社会,企业和劳动者个人都面临着不断变化的市场环境。而变化的环境必然导致机会主义行为。这一说法过于绝对。

7. 文中认为,在各行各业,控制机会主义行为的唯一途径,就是在企业内部培养员工对公司的忠诚感。这里的"唯一",论述过于绝对,忽略了控制机会主义行为的其他途径。

8. 不少国家,包括美国,不是有终身教授吗?既然允许有捧着"铁饭碗"的教授,为什么不允许有捧着"铁饭碗"的工人呢?这属于典型的无效类比的逻辑错误。

9. 其他错误,言之成理即可得分。

写作思路提示:材料有两个核心错误,大家在写作过程中一定要仔细分析。第一个就是对于"期界问题"及其影响的分析,这需要考生具备一定的经济学、管理学知识;第二个就是对于"终身雇佣制"的理解,不能将其简单理解为"终身制"和"铁饭碗"。

三、参考范文与高分技巧

"终身制"和"铁饭碗"并非褒义词①

文/王嘉怡

材料从"期界问题"入手加以分析,认为中国也应该建立长期雇佣关系,并着重指出②"终身制"和"铁饭碗"并非贬义词。这个说法是不准确的,现择其要点分析如下。

首先,材料就"期界问题"对企业造成的危害进行了分析,但这些分析很显然是不准确的,过分夸大了因此造成的员工短视行为的负面影响。事实上,这些后果都是立足于"经济人假设"而做出的推论,只是"可能"的行为,而不是"必然"的后果。③

其次,作者由日本和德国对专业技能要求很高的岗位实行终身雇佣制的现实,推出中国企业的劳动关系也应该向建立长期雇佣关系的方向发展。很显然,这个说法也是值得进一步商榷的。第一,日本和德国的劳动关系不一定适合我国;第二,由专业技能要求很高的岗位的劳动关系不能推断所有岗位的劳动关系。④

再次,论述者还提出:控制机会主义行为的唯一途径,就是在企业内部培养员工对公司的忠诚感。并且在此基础上提出"终身制"和"铁饭碗"有助于培养忠诚感。这样的推理也是难以必然成立的。众所周知,控制机会主义行为的途径有很多,不能简单地认为只有培养忠诚感这一种。

最后,文章还认为:既然允许有捧着"铁饭碗"的教授,为什么不允许有捧着"铁饭碗"的工人?这样类比,怎能得出可靠的结论?事实上,教授从事的是脑力劳动,工人从事的是体力劳动,二者在工作性质上有很大的不同,不能生搬硬套。⑤

综上所述,作者提出的观点和论证过程都存在偏颇之处,其得出的结论必然是不可信的。

高分技巧:本文有两个特色值得考生学习。第一,"首先"段结合经济学上的"经济人假设"反驳材料中的逻辑错误,力度较大;第二,"其次"段从两个层次展开反驳,这种"组合拳"的反驳策略是非常具有力度的。

---

① 标题直接否定材料的中心论点。
② 这句话连接上下句,将材料中的所有结论排列在一起。
③ 结合经济学原理,反驳材料中的错误,值得学习。
④ 此处分两个层次阐述材料中的错误。
⑤ 结合教授和工人的工作性质不同进行分析,很有力度。

2008年入学考试真题　关于中医的辩论

一、题干审读与难度分析

分析下述论证中存在的缺陷和漏洞,选择若干要点,写一篇600字左右的文章,对该论证的有效性进行分析和评论。

甲:有人以中医不为西方人普遍接受为由,否定中医的科学性,我不赞同。西方人普遍不能接受中医是因为他们不理解中国的传统文化。

乙:世界上有不同的文化,但科学标准是相同的。科学研究的对象是普适的自然规律,因此,科学没有国界,科学的发展不受民族或文化因素的影响。把中医的科学地位不为西方科学界认可归咎于西方不了解中国文化,是荒唐的。

甲:"科学无国界"是一个广为流传的谬误。如果科学真的无国界,为什么外国制药公司会诉讼中国企业侵犯其知识产权?

乙:从科学角度看,现代医学以生物学为基础,而生物学建立在物理、化学等学科的基础之上。但中医的发展不以这些学科为基础,因此,它与科学不兼容,这样的东西只能是伪科学。

甲:中医有几千年的历史了,治好了那么多人,怎么能说它是伪科学呢?人们为什么崇尚科学?是因为科学对人类有用。既然中医对人类有用,凭什么说它不是科学?西医自然有长于中医的地方,但中医同样有长于西医之处。中医体现了对人体完整系统的把握,强调整体观念、系统思维,这是西医所欠缺的。

乙:我去医院看西医,人家用现代科技手段从头到脚给我检查一遍,怎么能说没有整体观念、系统思维呢?中医在中国居于主导地位的时候,中国人的平均寿命在古代和近代都只有三十岁左右,现代中国人的平均寿命提高到七十岁左右,完全拜现代医学之赐。

(论证有效性分析的一般要点是:概念特别是核心概念的界定和使用是否准确并前后一致,有无各种明显的逻辑错误,论证的论据是否成立并支持结论,结论成立的条件是否充分,等等)

整体难度★★★	内容难度★★★	形式难度★★★

本题难度较大。

从内容上看,"中医是否科学"这一问题有较大的争议,网络上有很多人提出"废除中医",这在一定程度上会影响考生对于这一问题的判断。

从形式上看,文章采用了甲和乙双方争辩的模式。目前,这种形式在管理类综合能力考试中只出现过一次。本题要求考生对甲和乙的观点进行分析,有一定的难度

二、论证结构、逻辑错误与写作思路

本段材料的论证结构如下。

甲方论点	中医是科学的
甲方论据	西方人普遍不能接受中医是因为他们不理解中国的传统文化,这不能否定中医的科学性
	外国制药公司会诉讼中国企业侵犯其知识产权,由此得出科学是有国界的
	中医有几千年的历史了,治好了那么多人,不能说其是伪科学
	科学对人类有用,中医对人类也有用,所以中医是科学
	中西医各有所长,西医欠缺中医蕴含的整体观念和系统思维
乙方论点	中医不科学
乙方论据	科学没有国界,不能把中医的科学地位不为西方科学界认可归咎于西方人不了解中国文化
	现代医学以生物学为基础,而生物学建立在物理、化学等学科的基础之上,中医不以其为基础,所以中医与科学不兼容,是伪科学
	西医可运用现代科技手段从头到脚进行检查,具有整体观念和系统思维
	中医在中国居主导地位时,中国人的平均寿命在古代和近代都只有三十岁左右,现代中国人的平均寿命提高到七十岁左右,完全拜现代医学之赐

本文中,甲和乙的观点都存在一定的逻辑错误,考生在写作过程中,一定要注意采取中立、客观的态度分析这一问题。

甲方论证中存在的错误:

1. 西方人普遍不能接受中医是因为他们不理解中国的传统文化。这属于忽略他因。实际上,西方人不能接受中医的理由有很多,如中西方人的体质不同、中西方人的思维差异等。这一点考生可以结合实际进行分析。

2. 如果科学真的无国界,为什么外国制药公司会诉讼中国企业侵犯其知识产权呢?这属于偷换概念,将"国界"偷换成"知识产权"。

3. 科学对人类有用,中医对人类也有用,所以中医是科学。这样的推理逻辑不严谨。考生要指出"科学对人类有用,但是对人类有用的不一定科学"。

4. 其他错误,言之成理即可得分。

乙方论证中存在的错误:

1. 科学研究的对象是普适的自然规律,因此,科学没有国界,科学的发展不受民族或文化因素的影响。这属于非常典型的强加因果。另外,注意"不受民族或文化因素的影响"是孤立看问题。

2. 由中医不以物理、化学等学科为基础推出它与科学不兼容。这属于强加因果。由以物理、化学等学科为基础的是科学,不能推出不以它们为基础的就不是科学。

3. 中医与科学不兼容不等于中医是伪科学,这属于非黑即白。众所周知,科学的反面是非科学,如宗教等,并不是伪科学。

4. 西医用现代科学技术手段从头到脚做检查,是在操作上覆盖了身体的每个部分,而中医内在的整体观念和系统思维并不是各个部分或要素的简单相加,属于混淆概念。

5. 现代中国人的平均寿命提高到七十岁左右,完全拜现代医学之赐。这一说法过于绝对,忽略了其他因素。这一点比较重要,考生在分析过程中一定要写出来。

6. 其他错误,言之成理即可得分。

写作思路提示:题干采取双方辩论的方式展开材料。考生在写作过程中,一定要注意不能"捧一踩一",甲和乙在具体的论证过程中都存在逻辑错误,分析时应保持中立、客观的态度,这样才符合论证有效性分析的要求。另外,本文的逻辑错误较多,在写作时应该分别选择甲和乙在论证过程中比较具有代表性的逻辑错误进行分析。

三、参考范文与高分技巧

科学看待中医①

文/王嘉怡

材料中,甲和乙就"中医是否符合科学"这一问题展开了论述,双方都提出了自己的看法。②这些看法看似有理,实则存在诸多值得商榷之处,现择其要点分析如下。

首先,甲认为③:"科学无国界"是一个广为流传的谬误。如果科学真的无国界,为什么外国制药公司会诉讼中国企业侵犯其知识产权呢?这一说法难以必然成立,有偷换概念的嫌疑。事实上,"科学无国界"并不等于"科学没有知识产权"。④

其次,乙提出:中医不以物理、化学等学科为基础,因此,它与科学不兼容,这样的东西只能是伪科学。这样的论述很显然是片面的,不能得出正确的结论。第一,不以物理、化学等学科为基础的学科,不能简单地认为其与科学不兼容;第二,与科学不兼容,也不一定就是伪科学,乙这种非黑即白的思维是错误的。⑤

再次,甲强调:中医有几千年的历史了,治好了那么多人,因此,它一定是科学。如此强加因果,怎能得出可靠的结论?由历史悠久和疗效显著这两个因素,不能必然推出"中医一定是科学"的结论。

最后,甲和乙还就"中医是否存在整体观念和系统思维"这一话题展开了辩论,但是二者的论证纯属鸡同鸭讲⑥。一方指的是对人体系统的把握,另一方指的是从头到脚检查一遍,根本不在一个层面上。⑦

综上所述,二人的论证均存在问题,不能得出准确的结论。关于中医的科学性,还需要进行更加理性、客观的思考。

高分技巧:文章"最后"段的反驳最值得我们学习,将甲和乙的论述中具有共同性质的逻辑错误集中到一段进行分析,指出甲和乙的辩论纯属"鸡同鸭讲"。

---

①因为材料中的甲、乙双方并没有得出一个统一的结论,所以在此拟定一个折中的标题。
②因为材料没有得出统一的结论,所以用一句话进行概括。
③甲、乙双方的论证均不准确,所以一定要分开论述。
④这句话紧承上一句,写明具体偷换的概念。
⑤分层次阐明材料中的问题。
⑥高分词汇,值得积累。
⑦本文还有一个值得注意的地方,就是材料中,甲、乙双方的论证都有不准确的地方,但是,因为论证有效性分析的文章篇幅有限,所以,本文只选择了材料中最具代表性的四个错误加以分析。

2008年10月考试真题 "孝"是否应作为选拔官员的标准?

一、题干审读与难度分析

分析下述论证中存在的缺陷和漏洞,选择若干要点,写一篇600字左右的文章,对该论证的有效性进行分析和评论。

有人提出,应当把"孝"作为选拔官员的一项标准,理由是,一个没有孝心、连自己父母都不孝顺的人,怎么能忠诚地为国家和社会尽职尽责呢?我不赞同这种观点。现在已经是21世纪了,我们的思想意识怎么能停留在封建时代呢?选拔官员要考察其"德、勤、能、绩",我赞同应当把"德"作为首要标准。然而,对一个官员来说最重要的是公德而不是私德。"孝"只是一种私德而已。选拔和评价官员,偏重私德而忽视公德,显然是舍本逐末。什么是公德?一言以蔽之,就是忠诚职守,在封建社会是忠于君主,现在则是忠于国家。自古道"忠孝难以两全"。岳飞抗击金兵,常年征战沙场,未能在母亲膝下尽孝,却成了千古传颂的英雄。反观《二十四孝》里的那些孝子,有哪个成就了名垂青史的功业?孔繁森撇下老母,远离家乡,公而忘私,殉职边疆,显然未尽孝道,但你能指责他是个不合格的官员吗?俗话说"人无完人",如果在选拔官员中拘泥于小节而不注意大局,就会把许多胸怀鸿鹄之志的精英拒之门外,而让那些守望燕雀小巢的庸才占据领导岗位。

(论证有效性分析的一般要点是:概念特别是核心概念的界定和使用是否准确并前后一致,有无各种明显的逻辑错误,论证的论据是否成立并支持结论,结论成立的条件是否充分,等等)

整体难度★★★★	内容难度★★★★★	形式难度★★

本题难度较大。

从内容上看,要求考生理解"孝"不仅仅是一种私德,更是一种公德,需要考生对中国传统文化有一定的了解。

从形式上看,整体来说比较简单,逻辑线索比较清晰,但是需要考生经过阅读完成对材料的论证结构的梳理

二、论证结构、逻辑错误与写作思路

本段材料的论证结构如下。

中心论点	不应当把"孝"作为选拔官员的一项标准
论据支撑	现在已经是21世纪了,我们的思想意识不能停留在封建时代
	"孝"只是一种私德而已。选拔和评价官员,偏重私德而忽视公德,显然是舍本逐末
	自古道"忠孝难以两全"
	俗话说"人无完人",如果在选拔官员中拘泥于小节而不注意大局,就会把许多胸怀鸿鹄之志的精英拒之门外,而让那些守望燕雀小巢的庸才占据领导岗位

本文的要点及逻辑错误分析如下：

1. "孝"不只是封建时代才有，现在也需要"孝"，这属于静止看问题。把"孝"作为选拔官员的一项标准，并不意味着我们的思想意识停留在封建时代。

2. 把"孝"作为官员选拔的一项标准，并不意味着"偏重私德而忽视公德"，重视私德也不一定会忽视公德，公德与私德之间不是非此即彼的关系。

3. 作者将官员和岳飞等进行类比，属于不当类比。这里要注意，这些事例都是作者在"忠孝不能两全"的总体观点下选择的，是偏颇的。

4. 作者以岳飞和孔繁森举例，虽然没有体现其"孝行"，但不能否认其"孝心"，因此不能简单评价二人"不孝"。

5. 由《二十四孝》中的孝子没有建功立业，无法得出自古以来所有孝子都不能建功立业的结论，这样的论证太过片面。

6. 材料中说"如果在选拔官员中拘泥于小节而不注意大局，就会把许多胸怀鸿鹄之志的精英拒之门外，而让那些守望燕雀小巢的庸才占据领导岗位"，是难以成立的。首先，此处将"孝"等同于"小节"，"公德"等同于"大局"，简单地将"孝"与"公德"对立起来了。其次，此处意思是，如果将"孝"作为选拔官员的一项标准，就会把许多胸怀鸿鹄之志的精英拒之门外，而让那些守望燕雀小巢的庸才占据领导岗位。这里隐含了一个假设，即"胸怀鸿鹄之志的精英"是不孝的，而"守望燕雀小巢的庸才"是孝的，这样就将孝与"胸怀鸿鹄之志的精英"对立起来，将孝与"守望燕雀小巢的庸才"联系起来，这是没有根据的。

7. 其他错误，言之成理即可得分。

写作思路提示：材料的内容在理解、分析上有一定难度，考生在写作过程中，应侧重于从逻辑角度切入，这样既能全面分析材料，又能快速完成写作。

三、参考范文与高分技巧

且慢草率下结论

文/王嘉怡

<u>材料援引古今事例</u>，①证明自己的观点："孝"不应该作为选拔官员的一项标准。经过仔细分析，作者的论证纯属强词夺理②，难以成立，现择其要点分析如下。

<u>首先，作者一开始就指出：把"孝"作为选拔官员的一项标准，我们的思想意识就停留在了封建时代。很显然，这是不准确的，有偷换概念的嫌疑。把"孝"作为选拔官员的一项标准是为了全面考察官员的德行，并非思想意识停留在封建时代的表现。</u>③

其次，作者进一步论述了这样的观点：把"孝"作为选拔官员的一项标准就是注重私德而忽视公德。这一说法在逻辑上难以必然成立。第一，在家国同构的伦理道德之下，"孝"绝不仅仅是

---

①对于材料的概括，一定要简明扼要。
②高分语料，值得学习。
③这段对于材料的反驳非常经典：先指出材料中的错误语句，接下来指出这句话具体所犯的逻辑错误，最后提出正确的说法。

私德;①第二,公德和私德本就是相辅相成的,何来把"孝"作为选拔官员的一项标准就是忽视公德的说法?

再次,作者以岳飞、孔繁森等人为例,阐明"忠孝难以两全"的道理,并由此否定选拔官员时要注重"孝"。如此偏颇的论证,怎会得出正确的结论?在家国同构的条件下,岳飞等人精忠报国,正是其忠孝双全的表现,怎能进行如此混淆是非、颠倒黑白②的论述?

最后,作者提出了自己的结论:选拔官员时,如果把"孝"作为选拔官员的一项标准,就是拘泥于小节而不注意大局,就会把许多胸怀鸿鹄之志的精英拒之门外,而让那些守望燕雀小巢的庸才占据领导岗位。这样的观点实在是匪夷所思。第一,把"孝"作为选拔官员的一项标准并非忽略大节。第二,按照作者的逻辑,难道胸怀鸿鹄之志的人就是不孝顺的人吗?燕雀之辈就是孝顺父母的人吗?这一观点简直荒谬透顶。③

综上所述,作者的观点和论证都是偏颇的,这是一篇值得商榷的材料。是否要把"孝"作为选拔官员的一项标准,还需要进行进一步的思考和分析。

高分技巧:文章的"其次"段和"最后"段,分别反驳了材料中的两处逻辑错误,在具体的反驳技巧上都是采取"组合拳"式的策略,全面、准确地揭示了材料中的错误,这种写作方法是冲击高分的一个基础。尤其是"其次"段关于家国同构的论述,是非常有见地的,值得我们学习和借鉴。

---

①这句话对于中国传统社会的理解是非常准确的,很有深度。
②高分语料,值得学习。
③此处分两个层次论述,抽丝剥茧地反驳材料中的错误。

2009年入学考试真题 —— "知识就是力量"并未过时

一、题干审读与难度分析

分析下述论证中存在的缺陷和漏洞,选择若干要点,写一篇600字左右的文章,对该论证的有效性进行分析和评论。

1 000是100的10倍。但是当分母大到上百亿的时候,作为分子的这两个数的差别就失去了意义。在知识经济时代,任何人所掌握的知识,都只是沧海一粟。这使得在培养与选拔人才时,知识尺度已变得毫无意义。

现在网络技术可以使你在最短的时间内查询到你所需要的任何知识信息,有的大学毕业生因此感叹何必要为学习各种知识数年寒窗,这不无道理。传授知识不应当继续成为教育,特别是高等教育的功能。学习知识需要记忆。记忆能力是浅层次的大脑功能。人们在思维方面的差异,不在于能记住什么,而在于能提出什么。素质教育的真正目标,是培养批判性思维与创造性思维能力。知识与此种能力之间没有实质性的联系,否则就难以解释,具备与爱因斯坦相同知识背景的人有的是,为什么唯独他发现了相对论。硕士、博士这些知识头衔的实际价值一再受到有识之士的质疑,道理就在这里。

"知识就是力量"这一曾经激励了几代人的口号,正在成为空洞的历史回声,这其实是时代的进步。

(论证有效性分析的一般要点是:概念特别是核心概念的界定和使用是否准确并前后一致,有无各种明显的逻辑错误,论证的论据是否成立并支持结论,结论成立的条件是否充分,等等)

整体难度 ★★★	内容难度 ★★★	形式难度 ★★★

本题难度中等。

从内容上看,"知识无用论"的错误之处,考生在日常学习生活中都会接触到。对于其内在的逻辑错误,考生都有一定的了解。

从形式上看,逻辑线索清晰,论据之间的层次也比较明确,分析的难度并不是很大

二、论证结构、逻辑错误与写作思路

本段材料的论证结构如下。

中心论点	"知识就是力量"这一曾经激励了几代人的口号,正在成为空洞的历史回声,这其实是时代的进步
论据支撑	在知识经济时代,任何人所掌握的知识,都只是沧海一粟。这使得在培养与选拔人才时,知识尺度已变得毫无意义
	现在网络技术可以使你在最短的时间内查询到你所需要的任何知识信息,传授知识不应当成为教育,特别是高等教育的功能

论据支撑	学习知识需要记忆。记忆能力是浅层次的大脑功能。人们在思维方面的差异,不在于能记住什么,而在于能提出什么
	素质教育的真正目标,是培养批判性思维与创造性思维能力
	知识和批判性思维与创造性思维能力之间没有实质性的联系,否则就难以解释,具备与爱因斯坦相同知识背景的人有的是,为什么唯独他发现了相对论
	硕士、博士这些知识头衔的实际价值一再受到有识之士的质疑,道理就在这里

本文比较贴近现实生活,逻辑错误较多,但分析起来并不是十分困难。本文的要点及逻辑错误分析如下。

1. 数字差异在扩大后失去意义并不意味着知识信息扩大后知识尺度就没有意义,这里属于类比不当。考生在写作过程中可以结合眼下"知识爆炸"的现实进行分析。

2. 在知识经济时代,任何人所掌握的知识,都只是沧海一粟。这使得在培养与选拔人才时,知识尺度变得毫无意义。这里属于强加因果。人所掌握的知识是沧海一粟,得出的结论应该是任何人都应当认识到自己所掌握的知识是有限的,因而更加谦虚好学,而不是在选拔和培养人才时,知识尺度变得没有意义。

3. 现在网络技术可以使你在最短的时间内查询到你所需要的任何知识信息,有的大学毕业生因此感叹何必要为学习各种知识数年寒窗,这不无道理。这里的概念有所混淆。"检索知识"和"掌握知识"是不同的概念。

4. 传授知识不应当继续成为教育,特别是高等教育的功能。这一说法过于片面。事实上,无论是基础教育还是高等教育,其最核心的功能都是传授知识。

5. 记忆知识是人们培养思维的基础,人们能提出什么是建立在人们能记住什么的基础之上,不能将二者割裂开来。

6. 具备与爱因斯坦相同知识背景的人有的是,唯独他发现了相对论。个例过于片面,由此不能推出普适的道理。

7. 由"硕士、博士这些知识头衔的实际价值一再受到有识之士的质疑",不能推出"知识无用"。这一点是现实生活中"知识无用论"的翻版,考生可以结合实际进行质疑。

8. "知识就是力量"这一口号正在成为空洞的历史回声。这一说法太过绝对,与实际不符。"知识就是力量"这一口号在当代仍有重要意义。

9. "知识就是力量"肯定的是知识的社会价值和历史作用,前文论证只能说明知识对个人无用,但是并不涉及知识对人类社会发展的价值,材料最后对"知识就是力量"的反驳偏题。

10. 其他错误,言之成理即可得分。

写作思路提示:题干的中心结论和论证结构就是当下"知识无用论"的翻版。对于这一问题,考生先要有一个宏观的理解,认识到其是不准确的。接下来,考生要结合事实和逻辑对材料中的具体错误逐个进行分析,这样就能写出一篇好文章。

三、参考范文与高分技巧

坚信"知识就是力量"①

文/王嘉怡

文中通过正、反两个层面的对比,认为"知识就是力量"这一口号已经成为空洞的历史回声。这一说法看似标新立异,实则信口开河②,现将其主要问题分析如下。

首先,作者从数学运算切入,将结果进行类比,认为在知识经济时代,培养和选拔人才时不应该注重知识尺度。这一说法很显然是错误的,简单地生搬硬套,怎能得出可靠的结论?③ 事实上,我们都知道,在培养和选拔人才时,知识尺度永远是一项重要的指标。而且,随着信息时代的到来,这一"笨功夫"的作用越发重要。

其次,论述者认为:现在网络技术可以使你在最短的时间内查询到你所需要的任何知识信息,因此,传授知识不应当继续成为教育,特别是高等教育的功能。显而易见,这种说法十分轻率,经不起推敲。试问,如果没有一定的知识积累,我们如何检索所需要的信息?我们如何知道自己想要什么信息?④ 论述者的此种说法,无异于痴人说梦。

最后,该论证还认为:素质教育的真正目标,是培养批判性思维与创造性思维能力。知识与此种能力之间没有实质性的联系。并以爱因斯坦为例,加以证明。这是在否定事物之间的联系,进而孤立看待问题。我们知道,没有知识储备,何谈批判性思维与创造性思维能力?这简直是异想天开。⑤

综上所述,无论社会如何发展,技术如何进步,"知识就是力量"这一口号是永恒不变的真理,材料中的观点,根本站不住脚。⑥

高分技巧:文章采用"总—分—总"的结构展开。开宗明义,表明自己对材料的质疑态度。接下来反驳材料中的逻辑错误,在具体的反驳过程中,侧重于理论的分析。最后总结全文,提出"知识就是力量"这一口号是永恒不变的真理。全文有破有立,并将二者结合起来,这种写法值得我们学习和借鉴。

---

①标题直接否定材料的中心论点。
②高分语料,值得学习。
③此处是对无效类比的反驳,直接点明了材料中的错误,值得学习。
④两个反问句非常具有力度,达到了质疑的目的。
⑤该句角度新颖,且表达通畅,值得学习。
⑥对于材料最终的观点反驳很到位。

2009年10月考试真题　民主集中制的真实含义

一、题干审读与难度分析

分析下述论证中存在的缺陷和漏洞，选择若干要点，写一篇600字左右的文章，对该论证的有效性进行分析和评论。

民主集中制是一种决策机制。在这种机制中，民主和集中是缺一不可的两个基本点。

民主不外乎就是体现多数人的意志。问题在于什么是集中。对此有两种解读：一种认为，"集中"就是集中正确的意见；另一种认为，"集中"就是集中多数人的意见。第一种解读看似有理，实际上是一种误解。

大家都知道，五四运动有两面旗帜，一面是科学，另一面是民主。人们也许没有想到，这两面旗帜体现的是两种根本对立的原则。科学强调真理原则，谁对听谁的；民主强调多数原则，谁占多数听谁的。所谓"集中正确的意见"，就是强调真理原则。这样解读"集中"就会把民主集中制置于自相矛盾的境地。让我们想象一种情景：多数人的意见是错误的，少数人的意见是正确的。如果将"集中"解读为"集中正确的意见"，则不按多数人的意见办就不"民主"，按多数人的意见办就不"集中"。

毛泽东有一句："真理往往掌握在少数人手里。"把"集中"解释为"集中正确的意见"，就为少数人说了算提供了依据。如果这样，民主岂不形同虚设？

什么是正确的，要靠实践检验，而判断一项决策是否正确，只能在决策实施之后的实践中检验，不可能在决策过程中完成。不知道什么是正确的，如何"集中正确意见"来做决策？既然在决策中集中正确的意见是不可能的，民主集中制的"集中"当然就应该是集中多数人的意见。

（论证有效性分析的一般要点是：概念特别是核心概念的界定和使用是否准确并前后一致，有无各种明显的逻辑错误，论证的论据是否成立并支持结论，结论成立的条件是否充分，等等）

整体难度★★★★★	内容难度★★★★★	形式难度★★★★★

本题难度很大，结合历年真题来看，属于一道真正的难题。

从内容上看，"民主集中制"这一政治学的观念对于非政治学相关专业的考生来说是比较难的。而且，材料在论述时，还具体结合了"科学""民主""民主的实现形式"等内容，对充分理解材料带来了一定挑战。

从形式上看，材料的逻辑线索并不是很清晰，是发散式的论证思维。而且论据之间的递进、转折关系都隐藏起来了，很难准确梳理出来。

二、论证结构、逻辑错误与写作思路

本段材料的论证结构如下。

中心论点	民主集中制的"集中"就是集中多数人的意见
论据支撑	五四运动的两面旗帜——"科学"和"民主",是两种根本对立的原则
	将"集中"解读为"集中正确的意见",这样就会把民主集中制置于自相矛盾的境地
	把"集中"解释为"集中正确的意见",就为少数人说了算提供了依据。如果这样,民主岂不形同虚设
	判断一项决策是否正确,只能在决策实施之后的实践中检验,不可能在决策过程中完成,在决策中集中正确的意见是不可能的

本文的要点及逻辑错误分析如下。

1. 材料认为"民主不外乎就是体现多数人的意志",又认为"民主集中制的'集中'就是集中多数人的意见",由此可得,"民主"不外乎就是"集中",这和"民主与集中是缺一不可的两个基本点"矛盾。

2. "科学"和"民主"是两种根本对立的原则,这种说法过于绝对,二者不是非此即彼的关系。这一点涉及政治学的专业知识,考生在写作过程中,最好结合专业知识进行深入分析。

3. 以毛泽东说过的话"真理往往掌握在少数人手里"推出"把'集中'解释为'集中正确的意见',就会使民主形同虚设"的结论是偏颇的。根据一个特例推出普适的道理,是站不住脚的。

4. 在第3点的基础上还应该认识到,材料对于毛泽东的话的理解是不准确的,曲解了原话的含义。

5. 判断一项决策是否正确,只能在决策实施之后的实践中检验,不可能在决策过程中完成。这一说法过于绝对。这一点在逻辑上的缺陷是非常明显的,在写作过程中应该具体分析。

6. 既然在决策中集中正确的意见是不可能的,民主集中制的"集中"当然就应该是集中多数人的意见。这里犯了非此即彼的错误。考生在写作的时候一定要进行分析:二者不是矛盾的,一个正确的意见完全可以将二者结合起来。

7. 其他错误,言之成理即可得分。

写作思路提示:材料涉及非常专业的知识,尤其是关于民主集中制的概念阐述。考生在写作过程中,一定要注意对于核心概念的辨别,最好根据政治学、经济学知识展开论证,增强文章的反驳力度。另外,在具体的写作过程中,一定要围绕材料展开论述,就事论事,不要过分拓展。

三、参考范文与高分技巧

全面认识"民主集中制"[①]

文/王嘉怡

材料中从理论推演和实践分析两个角度入手,对"民主集中制"进行分析,[②]认为,所谓"集中",

[①] 因为材料对于"民主集中制"的理解是片面的,所以我们强调要"全面认识"这一制度。
[②] 根据这句话,我们可以得出总结材料的方法——或者是偏重理论,或者是偏重实践,或者是二者兼而有之。

应该是集中多数人的意见。文章看似无可辩驳,实则存在诸多疏漏之处,①现分析如下。

　　首先,作者认为:"集中正确的意见",就会把民主集中制置于自相矛盾的境地。这很显然是不准确的,其因果关系难以必然成立。在民主集中制中,"集中"是"民主"基础上的"集中","民主"是"集中"指导下的"民主",二者相辅相成,并不矛盾。②

　　其次,该论证认为:把"集中"解释为"集中正确的意见",就为少数人说了算提供了依据。如果这样,民主岂不形同虚设?这个看法很显然是不准确的,混淆了一系列概念。第一,毛泽东的话并非针对"民主集中制"而言的,应该具体问题具体分析;③第二,"集中正确的意见"不等于"为少数人说了算提供了依据",这完全是作者强加的。

　　再次,作者还认为:判断一项决策是否正确,只能在决策实施之后的实践中检验,不可能在决策过程中完成。如此论证,岂能服人?辩证唯物主义认识论认为,决策过程本身也是实践的一部分,怎会不能检验真理?④

　　最后,作者提出:既然在决策中集中正确的意见是不可能的,民主集中制的"集中"当然就应该是集中多数人的意见。这个结论根本不符合客观事实,且其非此即彼的简单二元对立思维也是十分明显的。⑤ 正如前文所说,"民主"与"集中"完全可以互相促进,何来非此即彼?

　　综上所述,作者对于"民主集中制"缺乏最基本的认识,其论证过程存在诸多漏洞,得出的结论势必难以成立。⑥

　　高分技巧:考生应该注意增加自己的知识储备,在撰写论证有效性分析的文章时,从专业的角度切入,可以达到事半功倍的效果。比如,本文"首先"段的写作,就结合政治学的基本知识,对于"民主集中制"进行了详细的分析,使其反驳非常有力,值得我们学习和借鉴。

---

①高分语料,值得学习。
②这句话对于民主集中制的理解非常到位,运用政治学知识对材料进行反驳是十分有力的。
③这个分析一针见血地点出了材料中的问题。
④援引哲学知识分析材料中的问题。
⑤这句话有理有据,留足余地,指出了材料中的逻辑错误。
⑥文章的结尾,既指出了材料中论证形式的错误,同时也指出了材料中内容上的失误。

2010年入学考试真题　　理性看待信息技术

一、题干审读与难度分析

分析下述论证中存在的缺陷和漏洞,选择若干要点,写一篇600字左右的文章,对该论证的有效性进行分析和评论。

美国学者弗里德曼的《世界是平的》一书认为,全球化对当代人类社会的思想、经济、政治和文化等领域产生了深刻影响。全球化抹去了各国的疆界,使世界从立体变成了平面,也就是说,世界各国之间的社会发展差距正在日益缩小。

"世界是平的"这一观点,是基于近几十年信息传播技术迅速发展的状况而提出的。互联网的普及、软件的创新使海量信息迅速扩散到世界各地。由于世界是平的,穷国可以和富国一样在同一平台上接收同样的最新信息,这样就大大促进了各国的经济发展,从而改善了它们的国际地位。

事实也是如此。所谓"金砖四国"国际声望的上升,无不得益于它们的经济成就,无不得益于互联网技术的普及。特别是中国经济的起飞、中国在世界上的崛起,无疑也依靠了互联网技术的普及,同时也可作为"世界是平的"这一观点的有力佐证。

毋庸置疑,信息传播技术革命还远未结束,互联网技术将会有更大的发展,人类社会将会有更惊人的变化。可以预言,由于信息技术的迅猛发展,世界的经济格局与政治格局将会发生巨大的变化,世界最不发达国家和最发达国家之间再也不会让人有天壤之别的感觉,非洲大陆将会变成另一个北美。同样也可以预言,由于中国的信息技术发展迅猛,中国和世界一样,也会从立体变为平面,中国东西部之间的经济鸿沟将被填平,中国西部的崛起指日可待。

(论证有效性分析的一般要点是:概念特别是核心概念的界定和使用是否准确并前后一致,有无各种明显的逻辑错误,论证的论据是否成立并支持结论,结论成立的条件是否充分,等等)

整体难度★★	内容难度★★	形式难度★★

本题难度较小。

从内容上看,考查的是技术变革与社会进步之间的关系,这一问题是所有考生在生活中都能够接触到的,难度较小。

从形式上看,段落均匀,论据链条完整,各个论据之间都有比较明显的递进关系,只要考生认真阅读,就可以掌握其中的逻辑关系

二、论证结构、逻辑错误与写作思路

本段材料的论证结构如下。

中心论点	世界各国之间的社会发展差距正在日益缩小
论据支撑	美国学者弗里德曼的《世界是平的》一书认为,全球化对当代人类社会的思想、经济、政治和文化等领域产生了深刻影响。全球化抹去了各国的疆界,使世界从立体变成了平面
	互联网的普及、软件的创新使海量信息迅速扩散到世界各地。穷国可以和富国一样在同一平台上接收同样的最新信息,这样就大大促进了各国的经济发展,从而改善了它们的国际地位
	所谓"金砖四国"国际声望的上升,无不得益于它们的经济成就,无不得益于互联网技术的普及。特别是中国经济的起飞、中国在世界上的崛起,无疑也依靠了互联网技术的普及
	预言一:由于信息技术的迅猛发展,世界的经济格局与政治格局将会发生巨大的变化,世界最不发达国家和最发达国家之间再也不会让人有天壤之别的感觉,非洲大陆将会变成另一个北美
	预言二:由于中国的信息技术发展迅猛,中国和世界一样,也会从立体变为平面,中国东西部之间的经济鸿沟将被填平,中国西部的崛起指日可待

　　本文的逻辑错误是十分明显的,考生在具体的写作过程中,应该选择其中具有代表性的问题进行分析。本文的要点及逻辑错误分析如下。

　　1. 作者用《世界是平的》一书的一家之言,推出普适的观点,这是站不住脚的,缺乏理论基础。考生在写作过程中应该点明这一点,这是典型的以偏概全。

　　2. 全球化抹去了各国的疆界,使世界从立体变成了平面,也就是说,世界各国之间的社会发展差距正在日益缩小。这里有两个错误:第一,"疆界"一词有偷换概念的嫌疑,"疆界"是地理学概念,科技进步无法抹去地理学意义上的"疆界";第二,抹去疆界也不等于社会发展差距缩小。考生在写作过程中选择其中一个进行分析即可。

　　3. 穷国可以和富国一样在同一平台上接收同样的最新信息,这样就大大促进了各国的经济发展,从而改善了它们的国际地位。这里过分夸大了信息技术的作用,考生在写作过程中要点明这一问题。而且,在同一平台不等于以同一速度、同一质量接收同样的信息,这一点有偷换概念的嫌疑。

　　4. 所谓"金砖四国"国际声望的上升,无不得益于它们的经济成就,无不得益于互联网技术的普及。一方面,"金砖四国"的发展经验不能代表所有国家;另一方面,"金砖四国"的强大也不能简单归因于互联网技术。

　　5. 由于信息技术的迅猛发展,世界的经济格局与政治格局将会发生巨大的变化,世界最不发达国家和最发达国家之间再也不会让人有天壤之别的感觉,非洲大陆将会变成另一个北美。这里过分夸大了信息技术对于社会发展的作用。

　　6. 由于中国的信息技术发展迅猛,中国和世界一样,也会从立体变为平面,中国东西部之间的经济鸿沟将被填平,中国西部的崛起指日可待。这里的错误和第5点类似。

7. 其他错误,言之成理即可得分。

具体的写作思路参见逻辑错误分析,此处从略。

三、参考范文与高分技巧

似是而非的论证①

文/王嘉怡

材料从弗里德曼的《世界是平的》一书入手,分析了信息技术对于社会发展的重要意义。这些观点看似旁征博引②,实则是不准确的,现将其主要问题分析如下。

首先,弗里德曼认为信息技术使世界从立体变成了平面,但是作者在具体论述中将其偷换为"穷国可以和富国一样在同一平台上接收同样的最新信息"。③这样的论述很显然是不严谨的,有偷换概念的嫌疑。事实上,由于经济条件的差异,穷国和富国在接收信息方面存在着严重的不对称现象。

其次,作者以"金砖四国"的发展成就证明"世界是平的"这一观点。这也是片面的。在这些国家的发展、建设过程中,信息技术确实起到了非常重要的作用。但是不能如此单一、片面地夸大这一因素的作用。④

再次,材料还认为:由于信息技术的迅猛发展,世界的经济格局与政治格局将会发生巨大的变化,世界最不发达国家和最发达国家之间再也不会让人有天壤之别的感觉,非洲大陆将会变成另一个北美。这一说法过分地夸大了信息技术对于社会发展的作用。事实上,由于历史和现实的影响,非洲大陆和北美还存在着相当大的差距,信息技术虽然有作用,但是十分有限。⑤

最后,论证提出:中国和世界一样,也会从立体变为平面,中国东西部之间的经济鸿沟将被填平,中国西部的崛起指日可待。这里同样夸大了信息技术对于社会发展的作用,是不可能得出正确结论的。东西部的差距,并不是单纯依靠信息技术就可以全面解决的。

综上所述,这是一篇值得商榷的论证。信息技术对于社会发展的作用究竟如何,还需进行更加理性、客观的判断。

高分技巧:作者采用"总—分—总"的结构展开全文。首先,总体反驳材料中的逻辑错误;其次,分四段具体展开,每一段都从理论与实践两个角度入手进行反驳,力度较大;最后,总结全文,再次表明自己的质疑态度。

---

①模板式标题,结合材料,灵活选择。
②高分词汇,值得积累。
③材料中的表达过于复杂,应该加以概括。
④这句话对于材料的反驳很到位,同时点出了材料中的问题。
⑤这句话实事求是地反驳了材料,非常有力度。

2010年10月考试真题　　不科学的"猴群实验"

一、题干审读与难度分析

分析下述论证中存在的缺陷和漏洞，选择若干要点，写一篇600字左右的文章，对该论证的有效性进行分析和评论。

科学家在一个孤岛上的猴群中做了一个实验。将一种新口味的糖让猴群中地位最低的猴子品尝，等它认可后再让猴群中的其他成员品尝。花了二十天左右，整个猴群才接受了这种糖。将另一种新口味的糖让猴群中地位最高的猴王品尝，等它认可后再让猴群中的其他成员品尝。两天之内，整个猴群就都接受了该种糖。看来，猴群中存在着权威，而权威对于新鲜事物的态度直接影响群体接受新鲜事物的进程。

市场营销也是如此，如果希望推动人们接受某种新商品，应当首先影响引领时尚的文体明星。如果位于时尚高端的消费者对于某种新商品不接受，该商品一定会遭遇失败。

这个实验对于企业组织的变革也有指导意义。如果希望变革能够迅速成功，应当自上而下展开，这样做遭遇的阻力较小，容易得到组织成员的支持。当然，猴群乐于接受糖这种好吃的东西。如果给猴王品尝苦涩的黄连，即使猴王希望其他猴子接受，猴群也不会干。因此，如果组织变革使某些组织成员吃尽苦头，组织领导者再努力也只能以失败告终。

（论证有效性分析的一般要点是：概念特别是核心概念的界定和使用是否准确并前后一致，有无各种明显的逻辑错误，论证的论据是否成立并支持结论，结论成立的条件是否充分，等等）

整体难度★★★	内容难度★★★	形式难度★★

本题难度中等。

从内容上看，本题考查市场营销和组织变革的内容，考生只要具备管理学的基本知识或者管理经验就比较容易理解这些问题。

从形式上看，材料采取"动物行为实验+管理案例"的命题结构，内在的逻辑关系比较好掌握。

二、论证结构、逻辑错误与写作思路

本段材料的论证结构如下。

中心论点	猴群实验对企业营销和组织变革的启示
论据支撑	猴群实验可以证明市场营销应当首先影响引领时尚的文体明星，以推动人们接受某种新商品；时尚高端消费者不接受的新商品一定会遭遇失败
	猴群实验可以证明自上而下展开的变革遭遇的阻力小，容易得到组织成员的支持，能够迅速成功；如果组织变革使某些组织成员吃尽苦头，组织领导者再努力也只能以失败告终

本文比较贴近现实生活，逻辑错误较多，但分析起来并不是十分困难。本文的要点及逻辑错误分析如下。

1. 在材料中，决定猴群接受新口味的糖的因素有两个：一是猴子地位的高低；二是糖的口味的差异。材料只归因于第一点，忽略了第二点。猴王品尝后认可的糖被猴群快速接受，还有可能是因为糖的口味更好。

2. 将猴群的行为与人类的市场营销进行类比，属于类比不当。这是整个材料的核心错误，考生在写作过程中一定要进行分析。

3. 如果希望推动人们接受某种新商品，应当首先影响引领时尚的文体明星。这只是个别情况，不能代表所有市场营销都应该走这样的路线。

4. 如果位于时尚高端的消费者对于某种新商品不接受，该商品一定会遭遇失败。这里过于绝对。如果某种商品是位于时尚高端的消费者所不需要的，而大众相对比较需要的，那么即使位于时尚高端的消费者不接受这种新商品，也不意味着该商品一定会遭遇失败。

5. 企业组织与猴群也不能简单类比。这一点可以和第2点放在一起进行分析，这样"合并同类项"的写法容易得到高分。

6. 因此，如果组织变革使某些组织成员吃尽苦头，组织领导者再努力也只能以失败告终。这里是强加因果。实际上，组织变革可能会损害一些人的利益，但不代表一定会失败。

7. 自上而下的组织变革可能会受到某些员工的抵触，其不一定遭遇较小的阻力，也不一定能迅速成功。

8. 其他错误，言之成理即可得分。

写作思路提示：考生在写作过程中一定要注意两点。第一，关于猴群实验的无效类比，这是全文最基础、最核心的一个思路，一定要优先分析；第二，关于"市场营销"和"组织变革"的论述，要结合现实情况进行反驳，从事实和逻辑两个层面入手，力度比较大。

三、参考范文与高分技巧

"猴群实验"的经验值得推广吗？①

文/王嘉怡

材料中将"猴群实验"的结论类比到市场营销和组织变革中②，这样的论证看似别出心裁，实则生搬硬套③，现简要分析如下。

首先，"猴群实验"本身就存在问题。在实验中，科学家给地位最低的猴子和地位最高的猴王的糖果是不同口味的，这就影响了结论的公正性与客观性，所以根据实验归纳出来的"权威对于新鲜事物的态度直接影响群体接受新鲜事物的进程"的结论是难以必然成立的。将该实验类比到其他领域上去，那么一切结论都如空中楼阁。

其次，作者认为，这个实验对于市场营销也有指导意义，如果位于时尚高端的消费者对于某种新商品不接受，该商品一定会遭遇失败。这一说法过于绝对，值得进一步分析。确实，消费市场存在着比较明显的"明星效应"，但是，这种效应还不至于大到可以决定一种产品的成败。④

---

①根据材料内容，灵活选择标题。
②这句话对材料的概括非常准确。
③高分语料，值得学习。
④这句话对于材料的理解是十分准确的，同时结合事实进行论述，很有说服力。

再次,该论证还将"猴群实验"的结论照搬到组织变革中去,认为如果希望变革能够迅速成功,应当自上而下展开,这样做遭遇的阻力较小,容易得到组织成员的支持。这个类比也是无效的。<u>事实上,组织变革的成功与失败,是多种因素共同作用的复杂结果,不能如此简单地考虑问题</u>。①

最后,材料提出:如果组织变革使某些组织成员吃尽苦头,组织领导者再努力也只能以失败告终。这一说法明显是片面的。<u>改革,就无法避免触犯既得利益,"壮士断腕"的决心,本身就是改革精神的一部分,又怎能因此断定改革一定会失败呢?</u>②

综上所述,材料中无论是对"猴群实验"的理论总结还是经验推广,③都存在诸多漏洞,其得出的结论必然不可信。

高分技巧:文章最出色的地方在于语言的锤炼,尤其是文章中画横线的句子,既非常有力地反驳了材料中的错误,也根据实际情况提出了自己的观点。这种有破有立的写法,是非常值得借鉴的。另外,论证有效性分析的核心并不是要提出自己的观点,所以这种"立"的尺度也需要自己把握,不宜过多。

---

①点出了材料中忽略他因的错误。
②这句话结合实际进行分析,值得学习。
③总结材料。

2011年入学考试真题 || 掌握概率能决胜股市吗？

一、题干审读与难度分析

分析下述论证中存在的缺陷和漏洞，选择若干要点，写一篇600字左右的文章，对该论证的有效性进行分析和评论。

如果你要从股市中赚钱，就必须低价买进股票，高价卖出股票，这是人人都明白的基本道理。但是，问题的关键在于如何判断股价的高低。只有正确地判断股价的高低，上述的基本道理才有意义，否则就毫无实用价值。

股价的高低是一个相对的概念，只有通过比较才能显现。一般来说，要正确判断某一股票的价格高低，唯一的途径就是看它的历史表现。但是，有人在判断当前某一股价的高低时，不注重股票的历史表现，而只注重股票今后的走势，这是一种危险的行为。因为股票的历史表现是一种客观事实，客观事实具有无可争辩的确定性；股票的今后走势只是一种主观预测，主观预测具有极大的不确定性。我们怎么可以只凭主观预测而不顾客观事实呢？

再说，股价的未来走势充满各种变数，它的涨和跌不是必然的，而是或然的，我们只能借助概率进行预测。假如宏观经济、市场态势和个股表现均好，它的上涨概率就大；假如宏观经济、市场态势和个股表现均不好，它的上涨概率就小；假如宏观经济、市场态势和个股表现不相一致，它的上涨概率就需要酌情而定。由此可见，要从股市获取利益，第一是要掌握股价涨跌的概率，第二还是要掌握股价涨跌的概率，第三也还是要掌握股价涨跌的概率。掌握了股价涨跌的概率，你就能赚钱；否则，你就会赔钱。

（论证有效性分析的一般要点是：概念特别是核心概念的界定和使用是否准确并前后一致，有无各种明显的逻辑错误，论证的论据是否成立并支持结论，结论成立的条件是否充分，等等）

整体难度★★	内容难度★★	形式难度★★

本题难度较小。

从内容上看，股票、股市、涨跌趋势、概率等问题涉及一些比较简单的知识，考生结合自己日常工作、学习、生活的实际情况就能够分析出材料中的问题所在。

从形式上看，结构非常清晰，论据之间的递进关系也十分清晰，考生只要仔细阅读，就能够轻松地掌握材料中的逻辑关系

二、论证结构、逻辑错误与写作思路

本段材料的论证结构如下。

中心论点	只有正确地判断股价高低，才能低价买进股票，高价卖出股票，才能在股市中赚钱
论据支撑	要正确判断某一股票的价格高低，唯一的途径就是看它的历史表现

| 论据支撑 | 股价的未来走势充满各种变数,它的涨和跌不是必然的,而是或然的,我们只能借助概率进行预测。掌握了股价涨跌的概率,你就能赚钱;否则,你就会赔钱 |

本文的要点及逻辑错误分析如下。

1. 如果你要从股市中赚钱,就必须低价买进股票,高价卖出股票。这一说法过于绝对化。众所周知,股票盈利除了买卖以外,还有分红等其他形式。

2. 只有正确地判断股价的高低,上述的基本道理才有意义,否则就毫无实用价值。这一说法过于绝对。判断错误不等于基本道理没有意义。

3. 一般来说,要正确判断某一股票的价格高低,唯一的途径就是看它的历史表现。这样的说法有忽略他因的嫌疑。

4. 因为股票的历史表现是一种客观事实,客观事实具有无可争辩的确定性;股票的今后走势只是一种主观预测,主观预测具有极大的不确定性。我们怎么可以只凭主观预测而不顾客观事实呢?这里犯了偷换概念的错误。历史表现不等于全部客观事实,同理,今后走势也不等于全部主观预测。

5. 掌握了股价涨跌的概率,你就能赚钱;否则,你就会赔钱。这里犯了绝对化论证的错误。

6. 文章开头指出赚钱的关键在于判断股价的高低,文末却说是掌握股价涨跌的概率,自相矛盾。

7. 其他错误,言之成理即可得分。

具体的写作思路参见逻辑错误分析,此处从略。

三、参考范文与高分技巧

片面的"炒股经"[①]

文/王嘉怡

材料从分析股票的历史表现和今后走势入手,[②]认为只有正确地判断股价高低,才能在股市中赚钱。[③] 这一观点看似有理有据,实则是东向而望,不见西墙,现将其主要问题分析如下。

首先,作者认为:如果不能正确判断股价的高低,低价买进股票和高价卖出股票的盈利经验就毫无意义。很显然,这是不符合市场经济的实际情况的。低价买,高价卖,这是一个基本成立的客观规律,什么时候也不会失去价值。[④]

其次,作者还认为:要正确判断某一股票的价格高低,唯一的途径就是看它的历史表现。这样的观点无疑是片面的,是不能成立的。可以用来衡量股价高低的因素有很多,如宏观经济发展情况、企业现金流情况等,不能简单地归之于历史表现这一个因素。[⑤]

[①]点出材料的片面之处。
[②]总结材料提供的论据。
[③]总结材料的结论。
[④]利用事实削弱、反驳材料,这一点十分具有说服力。
[⑤]点明材料中忽略他因的错误。

再次，作者还提出这样的论证：不看股票的历史表现，就是忽视客观事实；注重股票的今后走势，就是偏重主观预测。这一说法明显是片面的，难以必然成立。这里将股票的历史走势和客观事实等同起来，是很难成立的。①

最后，要从股市获取利益，第一是要掌握股价涨跌的概率，第二还是要掌握股价涨跌的概率，第三也还是要掌握股价涨跌的概率。这一说法过于绝对，将掌握股价涨跌的概率视为从股市获利的唯一途径。② 这在逻辑和事实上都是难以必然成立的。

综上所述，该论证所得出的结论是值得商榷的。这样片面的"炒股经"很显然是纸上谈兵。③

高分技巧：本篇范文最值得学习的技巧是其对材料中错误的反驳（即文中画横线的句子）。对论证有效性分析而言，发现材料中的错误并不难，但是如何分析和反驳材料中的错误是比较困难的。本文为大家很好地示范了反驳材料的方法。我们在阅读范文时，应该仔细分析画横线的句子，学习和借鉴反驳材料的技巧。

---

①点明材料中混淆概念的错误。
②点明材料中绝对化论证的错误。
③高分语料，值得学习。

2011年10月考试真题：应当适当降低个税起征点吗？

一、题干审读与难度分析

分析下述论证中存在的缺陷和漏洞，选择若干要点，写一篇600字左右的文章，对该论证的有效性进行分析和评论。

我国的个人所得税从1980年开始征收，当时起征点为800元人民币。最近几年起征点为2 000元，个人所得税总额逐年上升，已经超过2 000亿元。随着居民基本生活开支的上涨，国家决定从2011年9月起将个税起征点调高到3 500元，顺应了大多数人的意愿。

从个人短期利益上来看，提高起征点确实能减少一部分中低收入者的税收，看似有利于普通老百姓。但是，如果冷静地进行分析，其结果正好相反。

中国实行税收累进率制度，也就是说工资越高所缴纳的税率也越高。请设想，如果将2 000元的个税起征点提高到10 000元。虽然，极少数月工资超过30 000元的人可能缴更多的税，但是绝大多数人的个税会减少，只是减少的数额不同。原来工资低于2 000元的，1分钱的好处也没有得到；拿2 000元工资的人只是减轻了几十元的税；而拿8 000元工资的人则减轻了几百元的税收。收入越高，减少的越多，贫富差距自然会被进一步拉大。

同时，由于税收起征点上调，国家收到的税收大幅度减少，政府就更没有能力为中低收入者提供医疗、保险、教育等公共服务，结果还是对穷人不利。

所以说，建议提高个税起征点的人，或者是听到提高起征点就高兴的人，在捅破这层窗纸以后，他们也不得不承认这一客观真理：提高个税起征点有利于富人，不利于一般老百姓。

如果不局限在经济层面讨论问题，转到从社会与政治角度考虑，问题就更清楚了。原来以2 000元为起征点，有50%以上为非纳税人，如果提高到3 500元，中国的纳税人就只剩下20%了。80%的国民不纳税，必定会引起政治权利的失衡。降低起征点，扩大纳税人的比例，不仅可以缩小贫富差异，还可以培养全民的公民意识。纳税者只有承担了纳税义务，才能享受纳税者的权利。如果没有纳税，人们对国家就会失去主人翁的责任感，就不可能有强烈的公民意识，也就会失去或放弃监督政府部门的权利。所以，为了培养全国民众的公民意识，为了缩小贫富差距，为了建设和谐社会，我们应该适当降低个税起征点。

（论证有效性分析的一般要点是：概念特别是核心概念的界定和使用是否准确并前后一致，有无各种明显的逻辑错误，论证的论据是否成立并支持结论，结论成立的条件是否充分，等等）

整体难度★★★	内容难度★★★	形式难度★★★

本题难度中等。

从内容上看，材料结合的是考试前后几年的核心热点话题——提高个税起征点对谁有利？这个问题在社会上引起过广泛讨论，考生只要稍微关注了，就可以得出正确的判断。

从形式上看，这篇材料的一个最显著的问题就是篇幅较长，而且段落和层次较多，需要考生具有较好的信息提取能力

二、论证结构、逻辑错误与写作思路

本段材料的论证结构如下。

中心论点	为了培养全国民众的公民意识,为了缩小贫富差距,为了建设和谐社会,我们应该适当降低个税起征点
论据支撑	收入越高,减少的税收就越多,贫富差距自然会被进一步拉大
	同时,由于税收起征点上调,国家收到的税收大幅度减少,政府就更没有能力为中低收入者提供医疗、保险、教育等公共服务,结果还是对穷人不利
	如果将个税起征点提高到3 500元,中国的纳税人就只剩下20%了。80%的国民不纳税,必定会引起政治权利的失衡
	降低起征点,扩大纳税人的比例,不仅可以缩小贫富差异,还可以培养全民的公民意识
	如果没有纳税,人们对国家就会失去主人翁的责任感,就不可能有强烈的公民意识,也就会失去或放弃监督政府部门的权利

本文比较贴近现实生活,逻辑错误较多,但分析起来并不是十分困难。本文的要点及逻辑错误分析如下。

1. 第一段为全文的整体背景,考生不用专门对此进行分析。

2. 材料认为,收入越高,减少的越多,贫富差距自然会被进一步拉大。这是值得商榷的。事实上,收入越高的人,缴纳的税额也就越高,不能说贫富差距会因此拉大。

3. 由于税收起征点上调,国家收到的税收大幅度减少,政府就更没有能力为中低收入者提供医疗、保险、教育等公共服务,结果还是对穷人不利。这一说法完全不正确。第一,本文讨论的是个税,而不是税收,犯了以偏概全的错误;第二,这里过分夸大了提高个税起征点的负面影响。

4. 提高个税起征点有利于富人,不利于一般老百姓。这一观点是根据上述第2、3点得出的,它们不成立,那么,这一观点自然也成了无根之木。

5. 文中认为,原来以2 000元为起征点,有50%以上为非纳税人,如果提高到3 500元,中国的纳税人就只剩下20%了。注意,此处有一个非常典型的错误,即偷换概念。材料讨论的是"个人所得税纳税人",并非所有"纳税人"。

6. 80%的国民不纳税,必定会引起政治权利的失衡。这句话有两个错误:第一,在材料的语境下,80%的国民不纳的是"个人所得税";第二,"必定"的论述过于绝对。

7. 材料认为,如果没有纳税,人们对国家就会失去主人翁的责任感,这是不准确的。第一,提高个税起征点虽然会导致一部分人不用缴纳个人所得税,但这不等于不纳税,他们可能需要缴纳消费税、增值税等。第二,即便只看个人所得税,没有纳税的情况也分为两种:一种是按照法律规定应该纳税且有能力纳税,但是逃税或漏税的人,可以说他们对国家失去主人翁的责任感;另一种是按照法律规定不需要纳税或者没有能力纳税而被减免的人,不能武断地说他们对国家失去主人翁的责任感。

8. 为了培养全国民众的公民意识,为了缩小贫富差距,为了建设和谐社会,我们应该适当降低个税起征点。这是典型的强加因果。

9. 其他错误,言之成理即可得分。

具体的写作思路参见逻辑错误分析,此处从略。

三、参考范文与高分技巧

应该降低个税起征点吗?①

文/王嘉怡

材料从经济和政治两个层面②进行分析,认为提高个人所得税有利于富人,不利于穷人,并认为,我们应该降低个税起征点。这一说法看似条分缕析,实则管窥蠡测③,不能成立,现将其主要问题分析如下。

首先,文中从分析税收累进率制度入手,认为起征点上调后,收入越高,减少的税款份额就越多,这样会进一步拉大贫富差距。这个说法很显然是值得进一步商榷的,属于简单的片面化思维。事实上,收入越高的人,缴纳的税额也越高,不能说贫富差距会因此拉大。④

其次,材料认为,由于税收起征点上调,国家收到的税收大幅度减少,政府就更没有能力为中低收入者提供医疗、保险、教育等公共服务,结果还是对穷人不利。这一说法也是值得进一步商榷的。第一,材料前文讨论的是个人所得税,单一税种的变化不一定会影响税收的整体情况;第二,个人所得税减少,会影响公共服务,这一说法也明显是不准确的。⑤

再次,作者提出,提高个税起征点之后,80%的国民不纳税。这很显然是偷换概念。国家的税收种类并非只有个人所得税。⑥而且,由此推出的提高个税起征点必定会引起政治权利的失衡的结论,自然也是站不住脚的。

最后,论证中指出:如果没有纳税,人们对国家就会失去主人翁的责任感。这一说法是不准确的。第一,提高个税起征点虽然会导致一部分人不用缴纳个人所得税,但这不等于不纳税,他们可能需要缴纳消费税、增值税等。第二,即便只看个人所得税,没有纳税的情况也分为两种:一种是按照法律规定应该纳税且有能力纳税,但是逃税或漏税的人,可以说他们对国家失去主人翁的责任感;另一种是按照法律规定不需要纳税或者没有能力纳税而被减免的人,不能武断地说他们对国家失去主人翁的责任感。

综上所述,作者提出的论据和论证都是值得进一步商榷的,其结论也是难以成立的,我们不能因此就轻率地提高个税起征点。⑦

---

①根据材料的实际情况拟定标题。
②总结材料提供的论据。
③高分语料,值得学习。
④结合事实进行反驳。
⑤将材料中的错误逐条罗列,增加文章的层次性。
⑥反驳材料,一针见血。
⑦因为材料中的观点明显不符合事实,所以在结尾需指出并加以否定。

高分技巧：材料涉及很多经济学的基本知识，给写作带来了一定的困难。本篇范文的优点就在于作者对于经济学知识，尤其是财政学与税收学的知识十分熟悉，在反驳材料中的错误时，逻辑清晰，有理有据。这样的文章的批判力度是非常大的。尤其是"其次"段中"第一""第二"两部分的反驳，值得我们学习和借鉴。

2012年入学考试真题　　人类无须防止自然灾害？

一、题干审读与难度分析

分析下述论证中存在的缺陷和漏洞，选择若干要点，写一篇600字左右的文章，对该论证的有效性进行分析和评论。

地球的气候变化已经成为当代世界关注的热点。这一问题看似复杂，其实简单。只要我们运用科学原理——如爱因斯坦的相对论——去对待，也许就会找到解决这一问题的方法。

众所周知，爱因斯坦提出的相对论颠覆了人类关于宇宙和自然的常识性观念。不管是狭义相对论还是广义相对论，都揭示了宇宙间事物运动中普遍存在的相对性。

既然宇宙间万物的运动都是相对的，那么我们观察问题时也应该采用相对的方法，如变换视角等。

假如我们变换视角去看一些问题，也许会得出和一般常识完全不同的观点。例如，我们称之为灾害的那些自然现象，包括海啸、台风、暴雨等，其实也是大自然本身的一般现象而已，从大自然的视角来看，无所谓灾害不灾害。只是当它损害了人类利益、危及了人类生存的时候，从人类的视角来看，我们才称之为灾害。

假如再变换一下视角，从一个更广泛的范围来看，连我们人类自己也是大自然的一部分。既然我们的祖先是类人猿，而类人猿正像大熊猫、华南虎、藏羚羊、扬子鳄乃至银杏、水杉、五针松等一样，是整个自然生态中的有机组成部分，那为什么我们自己就不是了呢？

由此可见，人类的问题就是大自然的问题。即使人类在某一时期部分地改变了气候，也还是整个大自然系统中的一个自然问题。自然问题自然会解决，人类不必过多干预。

（论证有效性分析的一般要点是：概念特别是核心概念的界定和使用是否准确并前后一致，有无各种明显的逻辑错误，论证的论据是否成立并支持结论，结论成立的条件是否充分，等等）

整体难度★★★★	内容难度★★★★	形式难度★★★★

本题难度较大。

从内容上看，材料涉及"相对论""视角变换"等哲学上比较思辨的问题，理解难度较大，与自然问题的结合也有一定的难度，需要仔细分析。

从形式上看，材料篇幅较长，而且分析角度较多，需要进行系统分析才能整理出文章的论证结构。

二、论证结构、逻辑错误与写作思路

本段材料的论证结构如下。

中心论点	自然问题自然会解决，人类不必过多干预
论据支撑	宇宙间事物运动中普遍存在的相对性
	既然宇宙间万物的运动都是相对的，那么我们观察问题时也应该采用相对的方法
	假如我们变换视角去看一些问题，也许会得出和一般常识完全不同的观点，如所谓的自然灾害只是大自然本身的一般现象
	从一个更广泛的范围来看，连我们人类自己也是大自然的一部分

本文涉及很多自然知识，比较深奥，考生在写作的过程中最好能够结合科学思维进行分析。本文的要点及逻辑错误分析如下。

1. 第一段是全文的背景介绍，材料认为运用科学原理——如爱因斯坦的相对论——去对待地球的气候变化问题，可能会找到解决问题的方法。这个背景介绍可以不用进行反驳，因为我们全文都在削弱这一观点。

2. 文中认为，不管是狭义相对论还是广义相对论，都揭示了宇宙间事物运动中普遍存在的相对性。既然宇宙间万物的运动都是相对的，那么我们观察问题时也应该采用相对的方法，如变换视角等。这里犯了典型的偷换概念的错误。注意：相对论≠相对性≠相对的方法≠变换视角。这里将"相对论"偷换为"变换视角"。这是全文最核心的错误，考生在写作过程中一定要点明。

3. 假如我们变换视角去看一些问题，也许会得出和一般常识完全不同的观点。例如，我们称之为灾害的那些自然现象，包括海啸、台风、暴雨等，其实也是大自然本身的一般现象而已，从大自然的视角来看，无所谓灾害不灾害。只是当它损害了人类利益、危及了人类生存的时候，从人类的视角来看，我们才称之为灾害。注意，变换视角指的是从一个主体的角度变换为不同的视角，而文中关于自然灾害的论述已经变化了主体，完全不是一回事。

4. 既然我们的祖先是类人猿，而类人猿正像大熊猫、华南虎、藏羚羊、扬子鳄乃至银杏、水杉、五针松等一样，是整个自然生态中的有机组成部分，那为什么我们自己就不是了呢？这是典型的静止看问题，将人类等同于大熊猫、银杏等动植物。

5. 人类的问题就是大自然的问题，即使人类在某一时期部分地改变了气候，也还是整个大自然系统中的一个自然问题。自然问题自然会解决，人类不必过多干预。这是典型的"放任自然"。而尊重自然并不等于听之任之。考生在写作过程中可以结合实际情况进行分析。

6. 其他错误，言之成理即可得分。

具体的写作思路参见逻辑错误分析，此处从略。

三、参考范文与高分技巧

人类不必干预自然问题吗？[①]

文/王嘉怡

材料从爱因斯坦的相对论入手，认为自然问题自然会解决，人类无须过多干预。这个观点

[①] 材料认为：自然问题自然会解决，人类不必过多干预。拟定标题时，从这一点入手，采用反问的形式表明质疑的态度。

无论从逻辑上,还是从事实上,都是错误的①,现将其主要错误分析如下。

首先,文中存在着这样一个多层次偷换逻辑的概念,通过爱因斯坦相对论—相对性—相对的方法—变换视角这一系列的外延缩小,将"相对论"偷换成"变换视角"。② 这显然是不准确的,将集合概念的属性强加于每个单独概念。事实上,科学可以解决气候变化问题,不等于变换视角就可以解决自然灾害。

其次,材料认为,海啸、台风、暴雨等自然灾害,都是大自然本身的一般现象,不应该称之为灾害。这个说法简直不知所云。难道我们防治自然灾害不是在保护自我?为何我们要从大自然的角度看待这个问题呢?难道我们真的要如此"佛系"?③

再次,作者还有这样的论证:我们的祖先是类人猿,而类人猿和大熊猫等一样,是整个自然生态中的有机组成部分,所以,我们也是整个自然生态中的有机组成部分。这里将人类的进化视为静止,将人类和类人猿等同起来。事实上,正是因为相对于那些动植物而言人类进化了,所以人类才更应该保护自然。④

最后,论证还提出了这样的看法:人类的问题就是大自然的问题,即使人类在某一时期部分地改变了气候,也还是整个大自然系统中的一个自然问题。自然问题自然会解决,人类不必过多干预。这明显是难以成立的。按照这种说法,我们在自然问题面前,就只能束手就擒,坐以待毙吗?⑤

综上所述,作者的观点是难以成立的。我们人类,并非大自然的奴仆,我们是自然的朋友,必须充分发挥自己的主观能动性,保护自然。⑥

高分技巧:本题在理解上有一定难度,这对于不熟悉自然科学领域的相关知识的考生来说具有相当大的挑战。本文作者对于材料的反驳值得我们学习和借鉴。第一,作者对于材料观点的理解十分透彻,能够准确把握材料的核心和结构;第二,在反驳材料的过程中,逻辑严密,把握住了材料的核心漏洞;第三,整体语言十分规范,尤其是画横线的句子,能够借力打力,以反驳材料。

---

①文章一开篇就点明了材料的观点从逻辑和事实上看均不准确。
②这句话对于材料的理解十分透彻,而且对于材料的逻辑关系的梳理也非常清晰。只有这样,才能真正找出材料中的错误所在,进而加以论述。
③利用连续反问加强语气,进而削弱材料观点。
④这句话对于人与自然关系的认识非常准确。
⑤利用科学常识,否定材料。
⑥在结尾照应全文的观点。

2012年10月考试真题　"四不"县长能否担当大任？

一、题干审读与难度分析

分析下述论证中存在的缺陷和漏洞，选择若干要点，写一篇600字左右的文章，对该论证的有效性进行分析和评论。

某县县长在任职四年后的述职大会上说："'不偷懒、不贪钱、不贪色、不整人'，今天可以坦然地说，我兑现了四年前在人大会上的承诺。"接着，他总结了四年工作的主要成绩与存在的问题。报告持续了一个多小时。

几天后，关于"四不"的承诺在网上传开，引起多人热烈讨论，赞赏和质疑的观点互不相让。主要的质疑有以下几种。

质疑之一："不偷懒、不贪钱、不贪色、不整人"是普通公务员都要坚持的职业底线，何以成为官员的公开承诺？如果那样，"不偷、不抢、喝酒不开车、开车不闯红灯"都应该属于承诺之列了。

质疑之二：不管是承诺"四不"还是"八不"，承诺本身就值得怀疑。俗话说"会说的不如会干的""事实胜于雄辩"。有本事就要干出个样子让群众看看，还没有干就先来一番承诺，有作秀之嫌。有许多被揭发的贪官，在任时说的比唱的都好听。

质疑之三：作为一个县长，即使真正做到了"四不"，也不能证明他是一个好干部。衡量县长、县委书记这一级的领导是否称职，主要看他是否能把下面的干部带好。如果只是洁身自好，下面的干部风气不正，老百姓也要遭罪。

质疑之四：县长的总结是抓了芝麻、丢了西瓜。他说的"四不"全是小节，没有高度。一个县的领导应该有大局观、时代感、战略眼光、工作魄力，仅仅做到"四不"是难以担当县长大任的。

（论证有效性分析的一般要点是：概念特别是核心概念的界定和使用是否准确并前后一致，有无各种明显的逻辑错误，论证的论据是否成立并支持结论，结论成立的条件是否充分，等等）

整体难度★★★	内容难度★★★★	形式难度★★

本题难度中等。

从内容上看，材料是"县长的述职报告"，具体论述中涉及"公务员职业道德"问题。这对于管理类和经济类考生来说是比较陌生的，理解时有一定难度，需要仔细辨析。

从形式上看，材料条理非常清晰，且已经将论证结构列成具体的条目，较容易掌握

二、论证结构、逻辑错误与写作思路

本段材料的论证结构如下。

中心论点	"四不"承诺值得质疑

	续表
论据支撑	"四不"是普通公务员都要坚持的职业底线,不足以成为官员的公开承诺
	说得好不如做得好,有本事就要干出个样子让群众看看,还没有干就先来一番承诺,有作秀之嫌
	衡量县长、县委书记这一级的领导是否称职,主要看他是否能把下面的干部带好。如果只是洁身自好,下面的干部风气不正,老百姓也要遭罪
	一个县的领导应该有大局观、时代感、战略眼光、工作魄力,仅仅做到"四不"是难以担当县长大任的

本文的逻辑错误比较明显,在具体的分析、反驳过程中,考生可以结合社会实际展开。本文的要点及逻辑错误分析如下。

1. "不偷懒、不贪钱、不贪色、不整人"是普通公务员都要坚持的职业底线,何以成为官员的公开承诺？二者并不具有矛盾关系,公务员承诺遵守职业底线何错之有？

2. 质疑者认为：如果那样,"不偷、不抢、喝酒不开车、开车不闯红灯"都应该属于承诺之列。这一说法是在偷换概念,县长承诺的是"职业底线",而质疑者所说的是"法律底线",二者完全不能等同。

3. 质疑者认为：不管是承诺"四不"还是"八不",承诺本身就值得怀疑。俗话说"会说的不如会干的""事实胜于雄辩"。有本事就要干出个样子让群众看看,还没有干就先来一番承诺,有作秀之嫌。这是非黑即白的思维。承诺与实干并不矛盾,二者结合有何不可？

4. 有许多被揭发的贪官,在任时说的比唱的都好听。这是以偏概全的思维,不能因存在个别害群之马,就否定所有官员的公开承诺。

5. 衡量县长、县委书记这一级的领导是否称职,主要看他是否能把下面的干部带好。如果只是洁身自好,下面的干部风气不正,老百姓也要遭罪。注意,全文没有任何证据能证明这个县长"下面的干部风气不正",所以,这一结论完全是空穴来风。

6. 质疑者认为：一个县的领导应该有大局观、时代感、战略眼光、工作魄力,仅仅做到"四不"是难以担当县长大任的。这种看法完全是片面的,"四不"和"大局观"并不矛盾,一位合格的县长,完全可以兼而有之。

7. 其他错误,言之成理即可得分。

具体的写作思路参见逻辑错误分析与参考范文,此处从略。

三、参考范文与高分技巧

理性评价"四不"县长[①]

文/王嘉怡

互联网上关于"四不"县长的质疑,看似无可辩驳,实则断章取义。[②]现将其主要逻辑错误分

[①] 结合材料拟定标题。
[②] 高分语料,值得积累。

析如下。

　　首先，有人质疑不应该将职业底线作为承诺，并列举"不偷、不抢、喝酒不开车、开车不闯红灯"作为参照。这一说法在逻辑上是难以必然成立的，有无效类比的嫌疑。① 县长承诺的是公务员的私德，而质疑者提出的却是违法行为，二者怎可类比？

　　其次，还有人质疑这个承诺有作秀之嫌，并以很多被揭发的贪官为例，认为承诺这个行为本身就值得怀疑。这里很显然是戴着有色眼镜看待承诺这一行为的，是不公正的。事实上，县长的述职报告不光有承诺，还总结了自己的成绩和存在的问题，怎么能说是作秀呢？②

　　再次，还有人质疑官员做到了"四不"，也不能证明其是好干部，因为只是洁身自好，而放任下属的干部，并非好干部。这个质疑完全是空穴来风、强词夺理。怎么能由县长承诺"四不"推论县长没有把下面的干部带好呢？这完全是强加因果的推理。③

　　最后，还有人认为"四不"都是小节，进而认为县长没有大局观、时代感、战略眼光、工作魄力。这个质疑本身就是非黑即白的两极化思维。俗话说，一屋不扫，何以扫天下？"小节"和"大观"并不是对立的，而恰恰是相辅相成的，这点质疑完全错误。④

　　综上所述，县长的"四不"承诺，究竟是不是作秀？还要根据县长的工作表现来确定。材料中的这些质疑均有吹毛求疵的嫌疑，难以必然成立。⑤

　　高分技巧：本篇范文最值得我们学习和借鉴的就是其对材料的反驳。注意材料中质疑者的观点在逻辑上的错误并不明显，多数属于"吹毛求疵"的事实错误，这就要求我们在反驳材料时把握好二者之间的平衡，既要指出逻辑错误，也要结合事实进行反驳。范文中画横线的句子对材料的反驳是十分精彩的，既能做到借力打力，又能做到有理有据，非常可贵，值得我们学习和借鉴。

---

①先总体评价材料不准确，再具体指出材料中的逻辑错误。
②利用材料中自相矛盾之处进行反驳，说服力较强。
③点出材料中的逻辑错误。
④这句话对"小节""大观"的认识和理解是十分准确的，具有一定的学理深度。
⑤高分语料，值得学习。

2013年入学考试真题　　文化软实力

一、题干审读与难度分析

分析下述论证中存在的缺陷和漏洞,选择若干要点,写一篇600字左右的文章,对该论证的有效性进行分析和评论。

一个国家的文化在国际上的影响力是该国软实力的重要组成部分。由于软实力是评判一个国家国际地位的要素之一,所以如何增强软实力就成了各国政府高度关注的重大问题。

其实,这一问题不难解决。既然一个国家的文化在国际上的影响力是该国软实力的重要组成部分,那么,要增强软实力,只需搞好本国的文化建设并向世人展示就可以了。

文化有两个特性,一个是普同性,另一个是特异性。所谓普同性,是指不同背景的文化具有相似的伦理道德和价值观念,如东方文化和西方文化都肯定善行,否定恶行;所谓特异性,是指不同背景的文化具有不同的思想意识和行为方式,如西方文化崇尚个人价值,东方文化固守集体意识。正因为文化具有普同性,所以一国文化就一定会被他国所接受;正因为文化具有特异性,所以一国文化就一定会被他国所关注。无论是接受还是关注,都体现了该国文化影响力的扩大,也即表明了该国软实力的增强。

文艺作品当然也具有文化的本质属性。一篇小说、一出歌剧、一部电影等,虽然一般以故事情节、人物形象、语言特色等艺术要素取胜,但在这些作品中,也往往肯定了一种生活方式,宣扬了一种价值观念。这种生活方式和价值观念不管是普同的还是特异的,都会被他国所接受或关注,都能产生文化影响力。由此可见,只要创作更多的具有本国文化特色的文艺作品,那么文化影响力的扩大就是毫无疑义的,而国家的软实力也必将同步增强。

(论证有效性分析的一般要点是:概念特别是核心概念的界定和使用是否准确并前后一致,有无各种明显的逻辑错误,论证的论据是否成立并支持结论,结论成立的条件是否充分,等等)

| 整体难度★★ | 内容难度★★ | 形式难度★★ |

本题难度较小。

从内容上看,本题考查的是"文化软实力"问题,虽然涉及"文化普同性"和"文化特异性"两个比较生疏的概念,但是文中对二者都给了明确的解释,降低了理解上的难度。

从形式上看,材料的段落布局比较清晰、明确,论证结构也比较完整。只要认真阅读,就能很轻松地理解文章逻辑

二、论证结构、逻辑错误与写作思路

本段材料的论证结构如下。

中心论点	要增强软实力,只需搞好本国的文化建设并向世人展示就可以了
论据支撑	正因为文化具有普同性,所以一国文化就一定会被他国所接受;正因为文化具有特异性,所以一国文化就一定会被他国所关注→无论是接受还是关注,都体现了该国文化影响力的扩大,也即表明了该国软实力的增强
	文艺作品反映生活方式和价值观念→这种生活方式和价值观念不管是普同的还是特异的,都会被他国所接受或关注,都能产生文化影响力
	只要创作更多的具有本国文化特色的文艺作品,那么文化影响力的扩大就是毫无疑义的

本文的要点及逻辑错误分析如下。

1. 第一段为背景介绍,是对题干论点的宏观阐述,无逻辑错误,在分析过程中作为思考的起点。

2. 要增强软实力,只需搞好本国的文化建设并向世人展示就可以了。这一说法是片面的,尤其是"只需……"这个论述,有忽略他因的嫌疑。增强国家软实力的因素有很多,其中经济、科技、军事等硬实力的发展是增强国家软实力的根本基础。

3. 正因为文化具有普同性,所以一国文化就一定会被他国所接受;正因为文化具有特异性,所以一国文化就一定会被他国所关注。这是非常典型的强加因果。

4. 无论是接受还是关注,都体现了该国文化影响力的扩大,也即表明了该国软实力的增强。这句话有偷换概念的嫌疑:接受和关注≠文化影响力扩大≠国家软实力增强。

5. 这种生活方式和价值观念不管是普同的还是特异的,都会被他国所接受或关注,都能产生文化影响力。这里两个"都"字的说法过于绝对。

6. 只要创作更多的具有本国文化特色的文艺作品,那么文化影响力的扩大就是毫无疑义的,而国家的软实力也必将同步增强。第一,"只要A,那么B"的论述是忽略他因的思维;第二,"毫无疑义""必将"的论述过于绝对。

7. 其他错误,言之成理即可得分。

写作思路提示:材料的核心观点是"如何提高文化软实力"。所以,材料中涉及这一观点的问题应该仔细分析,这样才能得到好的分数。另外,在写作过程中,对于材料的引用要进行概括。

三、参考范文与高分技巧

提高文化软实力如此简单?[①]

文/王嘉怡

材料通过一系列论证,得出"要增强软实力,只需搞好本国的文化建设并向世人展示就可以了"的结论,其论证过程存在诸多漏洞,难以必然成立,现分析如下。

首先,材料中得出了这样的结论:要增强软实力,只需搞好本国的文化建设并向世人展示就

[①] 一针见血,指出材料中的缺陷所在。

可以了。这明显是"只见树木,未见森林"①的片面看法。众所周知,软实力的提升,是一个综合性、系统性的工程,经济、政治、社会、科技等因素都在其中起着重要作用,不能简单依靠文化建设。

其次,材料从分析文化的"普同性"和"特异性"入手,认为一国文化一定会被他国所接受和关注,这也就体现了该国文化影响力的扩大,也表明了该国软实力的增强。这个推论很明显是值得进一步商榷的,过于绝对,有偷换概念的嫌疑。第一,即使文化具有"普同性",一国文化也不一定能够被他国所接受,同理,也不能因为文化具有"特异性",就推出一国文化一定会被他国所关注。第二,即使他国接受和关注了一国文化,也不等于该国文化影响力的扩大,更不等于该国软实力的增强。②

最后,材料还进一步认为,只要创作具有本国文化特色的文艺作品,文化影响力就会扩大。这一说法过分夸大了文艺作品对于提高文化软实力的作用。事实上,我们都知道,虽然文艺作品有扩大文化影响力的作用,但是这只是正向相关,并非材料中所说的必然联系。③

综上,材料提出的论据和其论证过程,都难以支撑其观点,这是一篇值得商榷的论证。如何提高文化软实力,还需要进一步思考。④

高分技巧:一般来说,论证有效性分析写作要选择4~5个要点进行分析。这篇范文的主体部分只写了三段,但是,我们要注意"其次"段中,作者分析了题干中的两处逻辑错误,并且将两处错误合二为一,加大了反驳力度。我们在具体的写作过程中也可以借鉴这样的方法。

---

① 高分语料,值得积累。
② 将材料中的逻辑错误一一列举,既丰富了文章的内容,又增加了文章的层次感。
③ 这个反驳非常有力,值得学习。
④ 文章结尾之处,指出提高文化软实力任重道远。

2013年10月考试真题　　勤俭节约过时了吗？

一、题干审读与难度分析

分析下述论证中存在的缺陷和漏洞，选择若干要点，写一篇600字左右的文章，对该论证的有效性进行分析和评论。

"勤俭节约"是中国人民的优良传统，也是近百年流传下来的革命传统，在中华人民共和国成立后的建设时期，尤其是20世纪50年代，国家百废待兴，就是靠全国人民发扬勤俭持家、勤俭建国的艰苦奋斗精神，才在一穷二白的基础上开始建设工业体系。

时代车轮开进了21世纪，中国加入了世贸组织，实现了全面开放。与30年前相比，我们面对的国际形势已经发生了天翻地覆的变化。形势在变，任务在变，人的观念也要适应这种变化，也要与时俱进。比如，"勤俭节约"的观念就到了需要改变的时候了。

我们可以从个人、家庭、国家三个层面对"勤俭节约"的观念进行分析。

先从个人的角度谈起，一个人如果过分强调勤俭节约，就会过度关注"节流"，而不重视"开源"。"开源"就是要动脑筋、花气力，最大程度发挥自己的能力合法赚钱。个人的财富不是省出来的，只靠节省，财富的积累是有限的，靠开源，财富才可能会滚滚而来。试想，比尔·盖茨的财富是靠省出来的吗？

再从家庭的角度分析，一个家庭如果过分强调勤俭节约，也就是秉持"勤俭持家"，对于上了年纪的老人，还是应该的，因为他们已经不能出去挣钱了，但对于尚在工作年龄的人，尤其是青年人，提倡勤俭持家有害无益。为了家庭的长远利益，缺钱的时候还可以去借钱，去抵押贷款。为了勤俭持家，能上的学不上，学费是省了，可孩子的前途就耽误了。即使是学费之外的学习费用，也不能一味节俭。试想，如果郎朗的家长当年不买钢琴，能有现在的国际钢琴大师吗？

最后从国家的角度审视，提倡"勤俭节约"弊远大于利。2008年以来的金融危机演变为世界性经济危机，至今还没有完全走出低谷。2008年之前，中国的高速发展主要靠出口和投资拉动。而今，发达国家一个个囊中羞涩，减少进口，甚至还要"再工业化"，把已经转移到发展中国家的企业再招回去，而且时常举起贸易保护主义的大旗。中国经济已经不能靠出口拉动了。怎么办？投资率已经过高了，只能依靠内需。如何刺激内需呢？如果每个个人、家庭都秉持勤俭节约的古训，内需是绝对刺激不起来的，也就依靠不上了，结果是只能单靠投资拉动，其后果不堪设想。所以，要刺激内需，必须首先揭示"勤俭节约"之弊端，树立"能挣敢花"之观念。只要在法律的约束之下，提倡"能挣"就是提倡"奋斗"，就会给经济带来活力，就不会产生许多"啃老族"，也不会产生许多依赖救济的人，会激励人们特别是年轻人的创新精神，国家的经济可以发展，科技也可以上去。提倡"敢花"就是鼓励消费，就能促进货币和物资流通，就不会产生大量的产品积压，从而也能解决许多企业员工的就业问题，使他们得到挣钱的机会，并进一步增加消费。试想，如果大家挣了钱，都不舍得花，会有多少人因此下岗失业啊？本来以为勤俭节约是一种美德，结果是祸害了他人。就在你为提倡节约每一度电津津乐道的时候,有多少煤矿和电厂的工人因为得不到工资而流泪。

综上所述,"勤俭节约"作为一种传统已经过时了,在经济全球化的时代,如果继续坚持"勤俭节约"的理念,对个人,对家庭,特别是对国家来说,都是弊大于利,甚至有害无利。

(论证有效性分析的一般要点是:概念特别是核心概念的界定和使用是否准确并前后一致,有无各种明显的逻辑错误,论证的论据是否成立并支持结论,结论成立的条件是否充分,等等)

整体难度★★★	内容难度★	形式难度★★★

本题难度中等。

从内容上看,材料涉及的内容非常简单,即"勤俭节约"这一传统观念是否需要变革?这是一个最基本的价值观念问题。

从形式上看,材料篇幅过大,段数过多,这给理解增加了很大的难度,要求考生具有很强的信息提取能力

二、论证结构、逻辑错误与写作思路

本段材料较长,但是其内在的论证结构非常完整。

中心论点	"勤俭节约"作为一种传统已经过时了,在经济全球化的时代,如果继续坚持"勤俭节约"的理念,对个人,对家庭,特别是对国家,都是弊大于利,甚至有害无利
论据支撑	(个人)只靠节省,财富的积累是有限的,靠开源,财富才可能会滚滚而来
	(家庭)一个家庭如果过分强调勤俭节约,也就是秉持"勤俭持家",对于尚在工作年龄的人,尤其是青年人,有害无益
	(国家)要刺激内需,必须首先揭示"勤俭节约"之弊端,树立"能挣敢花"之观念

本文的要点及逻辑错误分析如下。

1. 第一段为背景介绍。

2. 人的观念也要适应这种变化,也要与时俱进。比如,"勤俭节约"的观念就到了需要改变的时候了。这里涉及集合概念和单独概念混淆的问题。观念与时俱进不等于"勤俭节约"的观念需要改变。

3. 一个人如果过分强调勤俭节约,就会过度关注"节流",而不重视"开源"。这是典型的非黑即白的思维,"节流"和"开源"完全可以结合起来。

4. "开源"就是要动脑筋、花气力,最大程度发挥自己的能力合法赚钱。这句话对于"开源"的理解是片面的。

5. 个人的财富不是省出来的,只靠节省,财富的积累是有限的,靠开源,财富才可能会滚滚而来。试想,比尔·盖茨的财富是靠省出来的吗?此处以比尔·盖茨为例推断所有的情况,并不恰当。

6. 一个家庭如果过分强调勤俭节约,也就是秉持"勤俭持家"。这属于偷换概念,"过分强调勤俭节约"不等于"勤俭持家"。

7. 对于上了年纪的老人,还是应该的,因为他们已经不能出去挣钱了,但对于尚在工作年龄的人,尤其是青年人,提倡勤俭持家有害无益。这是典型的以偏概全的思维。事实上,勤俭节约是一种品质,与年龄无关。

8. 为了省学费而不上学,并不是勤俭节约。考生在写作时一定要注意这一点:所谓"勤俭节约"指的是理性消费(即该花的花,不该花的不花),而并非完全不消费。

9. 试想,如果郎朗的家长当年不买钢琴,能有现在的国际钢琴大师吗?参照第5点有关比尔·盖茨案例的分析。

10. 中国经济已经不能靠出口拉动了。这个说法是错误的。从事实上讲,这不符合中国经济发展的实际;从逻辑上看,这种说法过于绝对。

11. 如果每个个人、家庭都秉持勤俭节约的古训,内需是绝对刺激不起来的。这是典型的绝对化论证。

12. 只要在法律的约束之下,提倡"能挣"就是提倡"奋斗",就会给经济带来活力,就不会产生许多"啃老族",也不会产生许多依赖救济的人,就会激励人们特别是年轻人的创新精神,国家的经济可以发展,科技也可以上去。这里过分夸大了"能挣"的作用。

13. 提倡"敢花"就是鼓励消费,就能促进货币和物资流通,就不会产生大量的产品积压,从而也能解决许多企业员工的就业问题,使他们得到挣钱的机会,并进一步增加消费。同第12点,这里也存在夸大可能性的逻辑错误,考生在写作过程中,最好将二者结合起来进行分析。

14. 如果大家挣了钱,都不舍得花,会有多少人因此下岗失业啊?这里存在强加因果的逻辑错误。

15. 本来以为勤俭节约是一种美德,结果是祸害了他人。就在你为提倡节约每一度电津津乐道的时候,有多少煤矿和电厂的工人因为得不到工资而流泪。同第14点,这是在两件风马牛不相及的事情之间强加因果。

16. 其他错误,言之成理即可得分。

具体的写作思路参见逻辑错误分析与参考范文,此处从略。

三、参考范文与高分技巧

勤俭节约永不过时①

文/王嘉怡

材料从个人、家庭、国家三个层次对"勤俭节约"这一观念进行了分析,得出了这样的结论:在经济全球化的时代,继续坚持"勤俭节约"的理念,对个人,对家庭,特别是对国家,都是弊大于利,甚至有害无利。这样的论证值得进一步商榷。

首先,在个人层面②的论述中,材料认为:一个人如果过分强调勤俭节约,就会过度关注"节流",而不重视"开源",并以比尔·盖茨为例证明"开源"比"节流"更重要。这个结论是难以必然

---

①因为材料中得出的结论明显错误,所以在题目中直接加以否定。
②因为材料从个人、家庭、国家三个角度论证观点,所以在反驳过程中,我们也应从这三个角度切入,这样文章就和材料一一对应了。

成立的,是极其简单的两极化思维。我们可以在坚守勤俭节约的前提之下,既重视"开源",又重视"节流",二者并不矛盾。而且,比尔·盖茨的例子也不能证明"开源"比"节流"更重要。

其次,在家庭层面的论述中,材料的观点和推理过程简直匪夷所思,列举的种种实例存在夸张的成分,不符合现实,是材料立足于自己的观点进行的偷换概念。为省学费而不上学等做法均是"过分强调勤俭节约"的恶果,俗话说"过犹不及",这些错误的做法,怎能归于"勤俭节约"过时了呢?很显然,这也是错误的。

最后,<u>在国家层面的论述中</u>①,漏洞百出:第一,材料在这里简单地把"勤俭节约"理解为不花钱,由此推论出一系列恶果,属于偷换概念;第二,材料将"能挣敢花"作为"勤俭节约"的对立面,属于二元对立思维;第三,过分地夸大了"能挣敢花"的作用,将其视为振兴经济的决定性因素,属于滑坡谬误;第四,将节约用电视为电厂、煤矿工人失业的根本原因,属于强加因果。

综上所述,材料论证的三个层面的逻辑推理都是难以成立的,得出的结论必然不可信。"勤俭节约"作为中华民族的优秀品质,是永不过时的。

高分技巧:本题的材料是历年考研真题中最长的一个,这就增加了写作的难度。在具体的写作过程中,针对"个人—家庭—国家"的论证结构展开,逐条反驳材料中的逻辑错误。从整体上看,这样会达到一个比较理想的状态,是这篇范文的一大亮点,值得我们学习和借鉴。

---

①此段有关国家层面的论述具体而深刻,值得学习。

2014年入学考试真题　　制衡与监督是万能的吗？

一、题干审读与难度分析

分析下述论证中存在的缺陷和漏洞，选择若干要点，写一篇600字左右的文章，对该论证的有效性进行分析和评论。

现代企业管理制度的设计所要遵循的重要原则是权力的制衡与监督。只要有了制衡与监督，企业的成功就有了保证。

所谓制衡，指对企业的管理权进行分解，然后使被分解的权力相互制约以达到平衡，它可以使任何人不能滥用权力；至于监督，指对企业管理进行严密观察，使企业运营的各个环节处于可控范围之内。既然任何人都不能滥用权力，而且所有环节都在可控范围之内，那么企业的运营就不可能产生失误。

同时，以制衡与监督为原则所设计的企业管理制度还有一个固有特点，即能保证其实施的有效性，因为环环相扣的监督机制能确保企业内部各级管理者无法敷衍塞责。万一有人敷衍塞责，也会受这一机制的制约而得到纠正。

再者，由于制衡原则的核心是权力的平衡，而企业管理的权力又是企业运营的动力与起点，因此权力的平衡就可以使整个企业运营保持平衡。

另外，从本质上来说，权力平衡就是权力平等，因此这一制度本身蕴含着平等观念。平等观念一旦成为企业的管理理念，必将促成企业内部的和谐与稳定。

由此可见，如果权力的制衡与监督这一管理原则付诸实践，就可以使企业的运营避免失误，确保其管理制度的有效性、日常运营的平衡以及内部的和谐与稳定，这样的企业一定能够成功。

（论证有效性分析的一般要点是：概念特别是核心概念的界定和使用是否准确并前后一致，有无各种明显的逻辑错误，论证的论据是否成立并支持结论，结论成立的条件是否充分，等等）

整体难度★★	内容难度★★★	形式难度★

本题难度较小。

从内容上看，本题考查的是企业内部的"制衡与监督"制度及其作用。对于较难理解的核心概念，材料中都有明确的解释。

从形式上看，这则材料结构非常清晰，段落之间都有"逻辑提示词"进行衔接，考生只要简单浏览一下即可掌握材料的框架，进而展开分析。

二、论证结构、逻辑错误与写作思路

本段材料的论证结构如下。

中心论点	只要有了制衡与监督,企业的成功就有了保证
论据支撑	既然任何人都不能滥用权力,而且所有环节都在可控范围之内,那么企业的运营就不可能产生失误
	以制衡与监督为原则所设计的企业管理制度能保证其实施的有效性,万一有人敷衍塞责,也会受这一机制的制约而得到纠正
	由于制衡原则的核心是权力的平衡,而企业管理的权力又是企业运营的动力与起点,因此权力的平衡就可以使整个企业运营保持平衡
	从本质上来说,权力平衡就是权力平等,因此这一制度本身蕴含着平等观念。平等观念一旦成为企业的管理理念,必将促成企业内部的和谐与稳定

本文的要点及逻辑错误分析如下。

1. 只要有了制衡与监督,企业的成功就有了保证。这属于忽略他因。企业的成功受多方面因素的影响,如企业的核心竞争力、创新意识等。

2. 既然任何人都不能滥用权力,而且所有环节都在可控范围之内,那么企业的运营就不可能产生失误。这一论述过于绝对。企业的运营产生失误的原因还有很多,如政策的变更等。

3. 环环相扣的监督机制能确保企业内部各级管理者无法敷衍塞责。这一说法过于绝对。

4. 万一有人敷衍塞责,也会受这一机制的制约而得到纠正。与前面的论述"管理者无法敷衍塞责"自相矛盾。

5. 权力平衡就是权力平等。这属于混淆概念。

6. 平等观念一旦成为企业的管理理念,必将促成企业内部的和谐与稳定。这一论述过于绝对。促成企业内部的和谐与稳定的因素有很多,形成平等观念只是其中之一。

7. 如果权力的制衡与监督这一管理原则付诸实践,就可以使企业的运营避免失误,确保其管理制度的有效性、日常运营的平衡以及内部的和谐与稳定,这样的企业一定能够成功。这里夸大了可能性。

8. 其他错误,言之成理即可得分。

写作思路提示:材料中犯了多次"绝对化论证"的错误。在写作过程中,应该注意对这种错误进行分析,可以将同类型的错误集中进行论述,而不要在文章的每一段都分析同样的错误;或结合实际从不同角度展开,避免套路化的写作方式。

三、参考范文与高分技巧

理性看待"制衡与监督"

文/王嘉怡

材料认为"制衡与监督"是现代企业管理的法宝,只要企业掌握了这个秘籍,就一定会成功。这个观点看起来很"完美",但是仔细分析,是难以成立的。①现简要论述如下。

---

①高分语料,值得积累。

首先，论述者认为：企业实施以制衡与监督为原则设计的制度，可以保证任何人都不能滥用权力，使所有环节都在可控范围之内，这样企业的运营就不可能产生失误。这一看法过于绝对，是极端思维的产物。① 事实上，任何制度都不会保证企业"不可能产生失误"或"避免失误"。

其次，材料中存在这样的论证结构：以制衡与监督为原则设计的制度，既能保证企业管理者无法敷衍塞责，又会纠正管理者敷衍塞责的行为。这过分夸大了这一制度的作用。从逻辑上来说，我们很难相信会存在着这样一种"十全十美"的制度。②

再次，材料认为：权力平衡就是权力平等，平等观念一旦成为企业的管理理念，必将促成企业内部的和谐与稳定。很显然，这是有待进一步商榷。第一，权力平衡和权力平等是不相同的，二者具有本质差别，存在混淆概念的错误；第二，即使这一制度蕴含平等观念，也不一定就必将促进企业内部的和谐与稳定，材料中的论述过于绝对。③

最后，材料认为：只要有了制衡与监督，企业就会避免失误，企业就一定会成功。这是典型的绝对化论证，过分夸大了制衡与监督的作用。制衡与监督对企业有切实的作用，但是材料中的说法是以偏概全的。④

综上，材料提供的论证是值得商榷的，其得出的结论也是难以必然成立的。对于"制衡与监督"的作用，我们还需进一步认真思考。

高分技巧：本文的结构比较清晰，对材料中逻辑错误的反驳也相当到位，尤其是关于"权力平衡"与"权力平等"的辨析。若在所给材料中，一句话内部存在着两种相互交叉的错误，写作时可通过"第一、第二"的形式分条陈述，使反驳更有力。

---

①点明材料中的逻辑错误。
②结合管理实践指出这一制度不可能存在。
③材料中的一句话有两个逻辑错误，在反驳过程中一定要逐条列出，仔细分析。
④对于逻辑错误的分析很准确。

2015年入学考试真题　政府无须干预生产过剩吗？

一、题干审读与难度分析

分析下述论证中存在的缺陷和漏洞,选择若干要点,写一篇600字左右的文章,对该论证的有效性进行分析和评论。

有一段时期,我国部分行业出现了生产过剩现象。一些经济学家对此忧心忡忡,建议政府采取措施加以应对,以免造成资源浪费,影响国民经济正常运行。这种建议看似有理,其实未必正确。

首先,我国部分行业出现的生产过剩并不是真正的生产过剩。道理很简单,在市场经济条件下,生产过剩实际上只是一种假象。只要生产企业开拓市场、刺激需求,就能扩大销售,生产过剩马上就会化解。退一步说,即使出现了真正的生产过剩,市场本身也会进行自动调节。

其次,经济运行是一个动态变化的过程,产品的供求不可能达到绝对的平衡状态,因而生产过剩是市场经济的常见现象。既然如此,那么生产过剩也就是经济运行的客观规律。因此,如果让政府采取措施进行干预,那就违背了经济运行的客观规律。

再说,生产过剩总比生产不足好。如果政府的干预使生产过剩变成了生产不足,问题就会更大。因为生产过剩未必会造成浪费,反而可以因此增加物资储备以应对不时之需。如果生产不足,就势必造成供不应求的现象,让人们重新去过缺衣少食的日子,那就会影响社会的和谐与稳定。

总之,我们应该合理定位政府在经济运行中的作用。政府要有所为,有所不为。政府应该管好民生问题。至于生产过剩或生产不足,应该让市场自动调节,政府不必干预。

(论证有效性分析的一般要点是:概念特别是核心概念的界定和使用是否准确并前后一致,有无各种明显的逻辑错误,论证的论据是否成立并支持结论,结论成立的条件是否充分,等等)

整体难度★★	内容难度★★★	形式难度★

本题难度较小。

从内容上看,材料结合的是社会热点话题——生产过剩。这个话题对于管理类和经济类的考生来说并不陌生,所以在理解上难度并不大。

从形式上看,这篇材料的论证逻辑非常清晰,采取"总—分—总"的结构,分论点之间有逻辑序数词进行衔接,非常明了。

二、论证结构、逻辑错误与写作思路

本段材料的论证结构如下。

中心论点	政府要有所为，有所不为。政府应该管好民生问题。至于生产过剩或生产不足，应该让市场自动调节，政府不必干预
论据支撑	我国部分行业出现的生产过剩并不是真正的生产过剩。道理很简单，在市场经济条件下，生产过剩实际上只是一种假象。只要生产企业开拓市场、刺激需求，就能扩大销售，生产过剩马上就会化解
	产品的供求不可能达到绝对的平衡状态，因而生产过剩是市场经济的常见现象。既然如此，那么生产过剩也就是经济运行的客观规律。因此，如果让政府采取措施进行干预，那就违背了经济运行的客观规律
	生产过剩总比生产不足好。如果政府的干预使生产过剩变成了生产不足，问题就会更大

本文的要点及逻辑错误分析如下。

1. 文中由"部分行业出现的生产过剩并不是真正的生产过剩"推出"在市场经济条件下，生产过剩实际上只是一种假象"。这里犯了循环论证的错误，并且，这种说法脱离现实，是主观臆断，没有论据支撑。

2. 由"只要生产企业开拓市场、刺激需求"推不出"就能扩大销售，生产过剩马上就会化解"。扩大销售的原因是多方面的，包括企业刺激需求、市场本身的需求等。这里犯了忽略他因的错误。

3. 产品的供求不可能达到绝对的平衡状态，并不意味着生产过剩是市场经济的常见现象。产品的供求状态与生产过剩是不同的，不能简单类比。

4. 由"产品的供求不可能达到绝对的平衡状态"得不出"生产过剩是经济运行的客观规律"的结论。文中认为：供求不可能达到绝对平衡，因而生产过剩就是常见现象，那么生产过剩也是客观规律，所以干预生产过剩就是违背客观规律。这种偷换概念的说法，是难以得出有效结论的。

5. 政府采取干预市场经济的措施，不等同于违背经济运行的客观规律。

6. 生产过剩总比生产不足好。这里缺乏论据，且与事实不符。实际上，无论是生产过剩还是生产不足都不好。

7. 生产过剩未必会造成浪费，反而可以因此增加物资储备以应对不时之需。实际上，生产过剩不一定会增加物资储备，如生产过剩的易损耗、易变质产品并不能成为储备物质。

8. 如果生产不足，就势必造成供不应求的现象，让人们重新去过缺衣少食的日子，那就会影响社会的和谐与稳定。这种说法夸大了可能性。政府干预生产过剩，不一定会导致商品供不应求，也不至于导致人们重新去过缺衣少食的日子。

9. 其他错误，言之成理即可得分。

具体的写作思路参见第1~8点的逻辑错误分析与参考范文，此处从略。

三、参考范文与高分技巧

政府无须干预生产过剩吗？①

文/王嘉怡

材料认为有关"政府干预生产过剩"的建议并不正确，并主张应该"让市场自发调节"。这个观点纯属坐井观天，纸上谈兵，②现将其逻辑错误分析如下。

首先，材料认为：我国目前的生产过剩只是假象，只要企业开拓市场、刺激需求，就能扩大销售，这一问题自然就会化解。这一观点并不准确。第一，我国生产过剩的现象是客观存在的经济事实，怎能视若无物而称之为"假象"？第二，化解生产过剩，任重而道远，怎会像材料中所说的那般轻而易举呢？③

其次，材料中还存在这样的推论：生产过剩是常见现象，那么生产过剩也就是客观规律，所以干预生产过剩就违背了客观规律。这种偷换概念的说法，是难以得出有效结论的。第一，常见现象不等于客观规律；第二，政府干预经济，正是遵从经济规律，进行宏观调控的一部分。④

再次，材料进一步说，如果政府干预生产过剩，就会导致生产不足，并比较了二者的优劣。这种非黑即白的简单两极化思维，是不合逻辑的。⑤政府干预的无论是生产过剩，还是生产不足，都是为了达到供求平衡的状态，促进国民经济稳健发展，怎会由一个极端调节到另一个极端呢？⑥

最后，材料提出了结论：生产过剩或生产不足，应该让市场自发调节，政府应管好民生问题。这个说法无端地将政府管理和市场调节对立起来。稍有经济学或管理学常识的人都知道，在市场管理过程中，盲目依靠市场调节会因为其自发性、滞后性导致市场混乱，必须要将"宏观调控"和"市场调节"结合起来。⑦

综上，材料的观点是偏颇的，论据是片面的，结构是不合逻辑的，其得出的结论必然是不可信的。

高分技巧：本文最大的优点在于利用了经济学或管理学常识，其对材料中的逻辑错误的反驳不再是浮于表面，而是能够深入骨髓。以"最后"段为例，本文联系"市场经济的基本特征"来分析材料中非黑即白的逻辑错误，指出材料的说法是不准确的，极大地提高了论证的说服力和可信度，这是我们在写作过程中应该借鉴的。

---

①指出了材料中的观点，并对其进行质疑。
②高分语料，值得积累。
③注意内容的丰富性和结构的层次性。
④分条指出材料中的逻辑错误，丰富文章内容。
⑤指出材料中的逻辑错误。
⑥这句话是对材料的修正，从逻辑和事实两个角度切入，十分有力。
⑦这句话利用经济学或管理学常识反驳材料中的逻辑错误，十分有力。

2016年入学考试真题　　大学生就业难并不是问题吗？

一、题干审读与难度分析

分析下述论证中存在的缺陷和漏洞，选择若干要点，写一篇600字左右的文章，对该论证的有效性进行分析和评论。

现在人们常在谈论大学毕业生就业难的问题，其实大学生的就业并不难。

据国家统计局数据，2012年我国劳动年龄人口比2011年减少了345万，这说明我国劳动力的供应从过剩变成了短缺。据报道，近年长三角等地区频频出现"用工荒"现象，2015年第二季度我国岗位空缺与求职人数的比例约为1.06，表明劳动力市场需求大于供给。因此，我国的大学毕业生其实是供不应求的。

还有，一个人受教育程度越高，他的整体素质也就越高，适应能力就越强，当然也就越容易就业。大学生显然比其他社会群体更容易就业，再说大学生就业难就没有道理了。

实际上，一部分大学生就业难，是因为其所学专业与市场需求不相适应，或对就业岗位的要求过高。因此，只要根据市场需求调整高校专业设置，对大学生进行就业教育以改变他们的就业观念，鼓励大学生自主创业，那么大学生的就业难问题将不复存在。

总之，大学生的就业并不是什么问题，我们大可不必为此顾虑重重。

（论证有效性分析的一般要点是：概念特别是核心概念的界定和使用是否准确并前后一致，有无各种明显的逻辑错误，论证的论据是否成立并支持结论，结论成立的条件是否充分，等等）

整体难度★★	内容难度★★★	形式难度★

本题难度较小。

从内容上看，材料结合的是社会热点话题——大学生就业难。这个话题对于管理类和经济类的考生来说并不陌生，在理解上并没有特别大的难度。

从形式上看，这篇材料的论证逻辑非常清晰，采取"总—分—总"的结构，段落之间的逻辑关系特别严密，分论点之间有逻辑序数词进行衔接，非常明了

二、论证结构、逻辑错误与写作思路

本段材料的论证结构如下。

中心论点	大学生的就业并不是什么问题，我们大可不必为此顾虑重重
论据支撑	2012年我国劳动年龄人口比2011年减少了345万，这说明我国劳动力的供应从过剩变成了短缺；2015年第二季度我国岗位空缺与求职人数的比例约为1.06，表明劳动力市场需求大于供给 → 我国的大学毕业生其实是供不应求的
	一个人受教育程度越高，他的整体素质也就越高，适应能力就越强，当然也就越容易就业。大学生显然比其他社会群体更容易就业

论据支撑	只要根据市场需求调整高校专业设置,对大学生进行就业教育以改变他们的就业观念,鼓励大学生自主创业,那么大学生的就业难问题将不复存在

本文的要点及逻辑错误分析如下。

1. 第一段和最后一段为全文的核心结论,可以不用质疑。

2. 据国家统计局数据,2012 年我国劳动年龄人口比 2011 年减少了 345 万,这说明我国劳动力的供应从过剩变成了短缺。这句话可以从多个角度进行分析:第一,由 2011—2012 年的劳动年龄人口变化,无法推断我国整体劳动力的情况;第二,劳动年龄人口减少不等于劳动力供不应求;第三,材料只说明了劳动年龄人口减少,并没有说明需求的变化情况,所以不能判断劳动力是过剩还是短缺。

3. 据报道,近年长三角等地区频频出现"用工荒"现象,2015 年第二季度我国岗位空缺与求职人数的比例约为 1.06,表明劳动力市场需求大于供给。由长三角这一个地区出现的现象和第二季度这一个时间段的情况,无法推断我国劳动力的整体情况。

4. 基于第 2 点和第 3 点,材料认为我国的大学毕业生其实是供不应求的。这属于偷换概念。第 2 点和第 3 点讨论的都是劳动力的情况,无法代表大学毕业生。

5. 一个人受教育程度越高,他的整体素质也就越高,适应能力就越强,当然也就越容易就业。这句话过分夸大了受教育程度对于就业的影响。

6. 一部分大学生就业难,是因为其所学专业与市场需求不相适应或对就业岗位的要求过高。这是忽略他因的观点。一部分大学生就业难的原因还包括学校就业指导不够、大学生缺乏求职技巧等。

7. 只要根据市场需求调整高校专业设置,对大学生进行就业教育以改变他们的就业观念,鼓励大学生自主创业,那么大学生的就业难问题将不复存在。同理,单凭调整专业、转变观念、自主创业无法解决大学生的就业难问题。

8. 其他错误,言之成理即可得分。

具体的写作思路参见逻辑错误分析,此处从略。

三、参考范文与高分技巧

直面"大学生就业难"问题①

文/王嘉怡

材料通过<u>数据分析和理论推演</u>②两个层面,试图论证这样的结论:大学生的就业并不是什么问题,我们大可不必为此顾虑重重。材料的论证过程中存在诸多逻辑错误,其论证的可信度不高,结论难以成立,现分析如下。

首先,材料认为<u>大学生就业并不难的第一个论据,</u>③就是国家统计局的相关数据分析。但是,

---

①针对材料的核心观点拟定标题。
②高分语料,值得积累。
③因为材料是分三个部分来论证自己的观点的,所以我们在反驳材料时也需要从三个角度进行分析。

这些数据并不能够证明"我国的大学毕业生其实是供不应求的"这一分论点。第一,劳动力过剩还是短缺,要看供给和需求两个方面的变化,不能仅因为劳动年龄人口减少,就断定劳动力短缺;第二,由长三角地区的"用工荒"现象和2015年第二季度我国岗位空缺与求职人数的比例,不能推断我国劳动力的整体情况;第三,即使"劳动力供不应求"也不等于"大学毕业生供不应求",更何况,材料提供的数据根本不能证明"劳动力供不应求"。①

其次,材料认为大学生就业并不难的第二个论据,就是大学生接受了良好的教育,受教育程度高,决定了他们一定会容易就业。这个看法过分夸大了受教育程度对于就业的影响。我们并不否认,这二者之间存在正向相关,但是不能如材料中一样认为二者之间是立竿见影的因果关系。②

最后,材料认为大学生就业并不难的第三个论据,就是只要调整专业设置、改变就业观念、鼓励自主创业,大学生就业难的问题就会迎刃而解。这个看法实属以管窥天、以蠡测海,考虑问题过于片面化、简单化。大学生就业难,是一个各种因素综合作用的社会问题,单凭这三点改变,是不足以解决的。③

综上,材料所提供的三个论据均不足以支持其核心观点,我们还是要集合各方面的力量,直面"大学生就业难"这一社会问题。

高分技巧:本文的主体部分虽然只分了三段,却对材料中主要的逻辑错误都进行了反驳,这种归纳总结式的集中论述值得我们学习。尤其是"首先"段,将材料中有关国家统计局数据分析方面所有的逻辑错误集中到一起,然后逐条分析,反驳力度极大。

---

①分层次阐述材料中的逻辑错误,值得学习。
②这句话对材料中逻辑错误的反驳非常具有说服力。
③指出了材料中忽略他因的逻辑错误。

2017年入学考试真题 ‖ 利用赏罚就可以治理好臣民?

一、题干审读与难度分析

分析下述论证中存在的缺陷和漏洞,选择若干要点,写一篇600字左右的文章,对该论证的有效性进行分析和评论。

如果我们把古代荀子、商鞅、韩非等人的一些主张归纳起来,可以得出如下一套理论:

人的本性是"好荣恶辱,好利恶害"的,所以,人们都会追求奖赏、逃避刑罚。因此,拥有足够权力的国君只要利用赏罚就可以把臣民治理好了。

既然人的本性是好利恶害的,那么在选拔官员时,既没有可能也没有必要去寻求那些不求私利的廉洁之士,因为世界上根本不存在这样的人。廉政建设的关键,其实只在于任用官员之后有效地防止他们以权谋私。

怎样防止官员以权谋私呢?国君通常依靠设置监察官的方法。这种方法其实是不合理的。因为监察官也是人,也是好利恶害的,所以依靠监察官去制止其他官吏以权谋私,就是让一部分以权谋私者去制止另一部分人以权谋私,结果只能使他们共谋私利。

既然依靠设置监察官的方法不合理,那么依靠什么呢?可以利用赏罚的方法来促使臣民去监督。谁揭发官员的以权谋私就奖赏谁,谁不揭发官员的以权谋私就惩罚谁,臣民出于好利恶害的本性,就会揭发官员的以权谋私。这样,以权谋私的罪恶行为就无法藏身,就是最贪婪的人也不敢以权谋私了。

(论证有效性分析的一般要点是:概念特别是核心概念的界定和使用是否准确并前后一致,有无各种明显的逻辑错误,论证的论据是否成立并支持结论,结论成立的条件是否充分,等等)

整体难度★★★	内容难度★★★★	形式难度★★

本题难度中等。

从内容上看,需要考生对国学常识和监察制度有一定的了解。整体来说,理解难度较大。

从形式上看,这篇材料的论证结构比较清晰,各段落之间是直线式的论证关系,较容易分析。

二、论证结构、逻辑错误与写作思路

本段材料的论证结构如下。

中心论点	拥有足够权力的国君只要利用赏罚就可以把臣民治理好了
论据支撑	归纳古代荀子、商鞅、韩非等人的主张,得出人的本性是"好荣恶辱,好利恶害"的,所以人们都会追求奖赏、逃避刑罚
	既然人的本性是好利恶害的,那么在选拔官员时,既没有可能也没有必要去寻求那些不求私利的廉洁之士,因为世界上根本不存在这样的人

论据支撑	廉政建设的关键,其实只在于任用官员之后有效地防止他们以权谋私
	监察官也是好利恶害的,依靠监察官去制止其他官吏以权谋私,就是让一部分以权谋私者去制止另一部分人以权谋私,结果只能使他们共谋私利
	谁揭发官员的以权谋私就奖赏谁,谁不揭发官员的以权谋私就惩罚谁,臣民出于好利恶害的本性,就会揭发官员的以权谋私

本文的要点及逻辑错误分析如下。

1. 如果我们把古代荀子、商鞅、韩非等人的一些主张归纳起来,可以得出人的本性是"好荣恶辱,好利恶害"的。这一说法犯了以偏概全的错误,仅以个例思想无法推断人的本性。

2. 人的本性是"好荣恶辱,好利恶害"的,所以,人们都会追求奖赏、逃避刑罚。这里有两处逻辑错误:第一,强加因果,由前推不出后;第二,偷换概念,"荣"和"利"不能简单地等同于"奖赏","辱"和"害"也不能简单地等同于"刑罚"。

3. 因此,拥有足够权力的国君只要利用赏罚就可以把臣民治理好了。这里犯了非常明显的忽略他因的错误。只靠"赏罚"无法治理好臣民。

4. 既然人的本性是好利恶害的,那么在选拔官员时,既没有可能也没有必要去寻求那些不求私利的廉洁之士,因为世界上根本不存在这样的人。这里存在绝对化论证。考生在论证过程中最好列举具体的事例进行反驳,这样力度最大。

5. 廉政建设的关键,其实只在于任用官员之后有效地防止他们以权谋私。这里的"只在于"是忽略他因的论述。

6. 因为监察官也是人,也是好利恶害的,所以依靠监察官去制止其他官吏以权谋私,就是让一部分以权谋私者去制止另一部分人以权谋私,结果只能使他们共谋私利。这里有两处逻辑错误:第一,强加因果,不能由监察官也是好利恶害的人就推断监察制度不合理;第二,偷换概念,"依靠监察官去制止其他官吏以权谋私"不等于"让一部分以权谋私者去制止另一部分人以权谋私"。

7. 谁揭发官员的以权谋私就奖赏谁,谁不揭发官员的以权谋私就惩罚谁,臣民出于好利恶害的本性,就会揭发官员的以权谋私。这是非黑即白的思维,二者并不存非此即彼的关系。

8. 其他错误,言之成理即可得分。

具体的写作思路参见逻辑错误分析,此处从略。

三、参考范文与高分技巧

理性看待赏罚制度[①]

文/王嘉怡

材料从人"好荣恶辱,好利恶害"的本性入手,结合现实情况加以分析,认为"只要利用赏罚就

[①] 材料中的论述重点是"赏罚制度",所以标题直接对这一说法进行了评价。

可以把臣民治理好"。这一说法看似合理,实则经不起推敲,现将其主要逻辑错误分析如下。

首先,人的本性是"好荣恶辱,好利恶害"这一观点,是材料基于荀子等人的主张归纳出来的。这个归纳具有偏颇之处,因为这些人均是"性恶论"思想的倡导者,他们对于人性的认识是片面的。① 此外,材料由此推论出"人们都会追求奖赏、逃避刑罚",这显然也是极其片面的。

其次,材料中还提出这样的观点:世界上根本不存在不求私利的廉洁之士。这很显然是不准确的,有绝对化论证的嫌疑。众所周知,包拯一身正气,海瑞两袖清风,于成龙为民请命,他们不正是不求私利的廉洁之士吗?②

再次,材料试图论证这样的观点:设置监察制度防止以权谋私是不合理的,结果只能导致监察官与官员一起以权谋私。如此草率地思考问题,怎能得出符合实际的结论?事实上,监察制度作为一种有效防止以权谋私的措施,古往今来为各个国家普遍采用,其积极作用怎可被全然否定呢?③

最后,材料提出了遏制腐败的方法:谁揭发官员的以权谋私就奖赏谁,谁不揭发官员的以权谋私就惩罚谁,臣民出于好利恶害的本性,就会揭发官员的以权谋私。可以毫不夸张地说,这不过是纸上谈兵④,将反腐视若儿戏。谁揭发就奖赏谁,谁不揭发就惩罚谁,如此简单的两极化思维是不可能得出可靠结论的。

综上,材料中存在诸多逻辑错误,是难以得出可靠结论的。如何治理好臣民?这样宏大的问题,也绝非能如此轻易就解决的。

高分技巧:本文最值得我们学习的地方就是结合事实反驳材料中的逻辑错误,这在写作过程中是非常有效的一种方法。比如,在"其次"段连续列举"包拯一身正气,海瑞两袖清风,于成龙为民请命"的例子反驳材料中"世界上根本不存在不求私利的廉洁之士"的观点。这既从逻辑上否定了材料的绝对化论证的思维,也从事实上证明了其荒诞,一举两得,值得学习。

---

①结合"性恶论"思想来阐述材料中的逻辑错误。
②列举反向案例来削弱材料观点,十分有力。
③列举事实反驳材料,值得学习。
④高分语料,值得学习。

2018年入学考试真题 ｜｜ 担心精神世界空虚并非杞人忧天

一、题干审读与难度分析

分析下述论证中存在的缺陷和漏洞，选择若干要点，写一篇600字左右的文章，对该论证的有效性进行分析和评论。

哈佛大学教授本杰明·史华慈（Benjamin I. Schwartz）在二十世纪末指出，开始席卷一切的物质主义潮流将极大地冲击人类社会固有的价值观念，造成人类精神世界的空虚。这一论点值得商榷。

首先，按照唯物主义物质决定精神的基本原理，精神是物质在人类头脑中的反映。因此，物质丰富只会充实精神世界，物质主义潮流不可能造成人类精神世界的空虚。

其次，后物质主义理论认为：个人基本的物质生活一旦得到满足，就会把注意点转移到非物质方面。物质生活丰裕的人，往往会更注重精神生活，追求社会公平、个人尊严等。

还有，最近一项对某高校大学生的抽样调查表明，有69%的人认为物质生活丰富可以丰富人的精神生活，有22%的人认为物质生活和精神生活没有什么关系，只有9%的人认为物质生活丰富反而会降低人的精神追求。

总之，物质决定精神，社会物质生活水平的提高会促进人类精神世界的发展。担心物质生活的丰富会冲击人类的精神世界，只是杞人忧天罢了。

（论证有效性分析的一般要点是：概念特别是核心概念的界定和使用是否准确并前后一致，有无各种明显的逻辑错误，论证的论据是否成立并支持结论，结论成立的条件是否充分，等等）

整体难度★★★	内容难度★★★★	形式难度★

本题难度中等。

从内容上看，这篇材料有一定难度，涉及"物质主义与精神世界"这一对哲学范畴，需要考生具备一定的哲学基础。而且，考生需对"唯物主义""后物质主义"等有一定的了解。

从形式上看，这篇材料的论证结构非常清晰，采取"总—分—总"的结构，分论点之间用逻辑序数词进行衔接，非常明了

二、论证结构、逻辑错误与写作思路

本段材料的论证结构如下。

中心论点	物质决定精神，社会物质生活水平的提高会促进人类精神世界的发展。担心物质生活的丰富会冲击人类的精神世界，只是杞人忧天罢了
论据支撑	按照唯物主义物质决定精神的基本原理，精神是物质在人类头脑中的反映。因此，物质丰富只会充实精神世界，物质主义潮流不可能造成人类精神世界的空虚

论据支撑	后物质主义理论认为:个人基本的物质生活一旦得到满足,就会把注意点转移到非物质方面。物质生活丰裕的人,往往会更注重精神生活,追求社会公平、个人尊严等
	最近一项对某高校大学生的抽样调查表明,有69%的人认为物质生活丰富可以丰富人的精神生活,有22%的人认为物质生活和精神生活没有什么关系,只有9%的人认为物质生活丰富反而会降低人的精神追求

本文的要点及逻辑错误分析如下。

1. 文中由"物质决定精神,精神是物质在人类头脑中的反映"这一马克思主义哲学的基本原理,断定"物质丰富只会充实精神世界,物质主义潮流不可能造成人类精神世界的空虚",这样的推论显然是不准确的。这里的因果关系是不能成立的,由物质决定精神(意识)无法推断物质丰富的人,其精神生活也丰富。

2. 物质主义潮流不可能造成人类精神世界的空虚。这一说法过于绝对,且不符合客观事实。

3. 材料援引后物质主义理论"个人基本的物质生活一旦得到满足,就会把注意点转移到非物质方面。物质生活丰裕的人,往往会更注重精神生活,追求社会公平、个人尊严等",这里在处理"非物质"和"精神"两个概念时,明显有不准确的地方。非物质方面就一定是精神生活吗？追求精神生活就一定会追求社会公平、个人尊严吗？这显然是值得我们进一步分析与考量的。

4. 文中仅以最近一项对某高校大学生的抽样就得出了:有69%的人认为物质生活丰富可以丰富人的精神生活,有22%的人认为物质生活和精神生活没有什么关系,只有9%的人认为物质生活丰富反而会降低人的精神追求。很显然,这项调查的样本过小且不公正,因而所得出的结论必然是不准确的。

5. 文中认为,物质决定精神,社会物质生活水平的提高会促进人类精神世界的发展。这里的因果关系十分牵强,难以必然成立。

6. 其他错误,言之成理即可得分。

具体的写作思路参见逻辑错误分析,此处从略。

三、参考范文与高分技巧

辩证认识物质主义[1]

文/王嘉怡

材料从反驳史华慈教授的观点入手,得出了"担心物质生活的丰富会冲击人类的精神世界,只是杞人忧天"的结论。这里的"翻案文章"看似条分缕析,实则管窥蠡测。[2]现将其主要逻辑错误分析如下。

---

[1] 对材料得出的核心观点进行回应。
[2] 高分语料,值得学习。

首先，材料在开篇之处根据"唯物主义物质决定精神的基本原理"，推断出"物质丰富只会充实精神世界"。这显然没有正确理解唯物主义的基本观点，有强加因果的嫌疑。从逻辑上讲，这二者之间不具有必然成立的因果关系。①

其次，材料还进一步指出"物质主义潮流不可能造成人类精神世界的空虚"。这样的说法是不符合事实的，有绝对化论证的嫌疑。事实上，现实生活中的很多人因为物质主义的冲击而迷失自己，变成精神世界空虚的人。

再次，材料援引后物质主义理论证明：物质生活丰裕的人，往往会更注重精神生活。这个结论也是很难站得住脚的，有以偏概全的嫌疑。第一，后物质主义理论的观点，难以代表所有社会成员的思想；第二，后物质主义理论本身有着绝对化论证的嫌疑。②

最后，材料根据一项对高校大学生的抽样调查，证明物质生活丰富可以丰富人的精神生活。很显然，这是东向而望，不见西墙的看法。③ 这项调查所选择的样本过小且不公正，因而得出的结论必然是不准确的。想要得出正确的结论，必须扩大样本容量，并且提升样本的公正性。

综上所述，材料提出的论据均不足以支撑其否定史华慈教授的结论，这个"翻案文章"是不可靠的。

高分技巧：本文的表述是值得我们学习的。一般来说，论证有效性分析的文章主要侧重于"说理"，但是我们一定要注意，"文采"也是衡量文章好坏的一个重要标准。一篇文采斐然、说理透彻的文章，肯定比单纯说理的文章更具可读性。

---

① 这里结合哲学基本常识来反驳材料中的逻辑错误，是非常值得借鉴的。
② 分层次、多角度地反驳材料中的逻辑错误。
③ 高分语料，值得学习。

2019年入学考试真题　　选择越多越痛苦？

一、题干审读与难度分析

分析下述论证中存在的缺陷和漏洞,选择若干要点,写一篇600字左右的文章,对该论证的有效性进行分析和评论。

有人认为选择越多越快乐。其理由是:人的选择越多就越自由,其自主性就越高,就越感到幸福和满足,所以就越快乐。其实,选择越多可能会越痛苦。

常言道:"知足常乐。"一个人知足了才会感到快乐。世界上的事物是无穷的,所以选择也是无穷的。所谓"选择越多越快乐",意味着只有无穷的选择才能使人感到最快乐。而追求无穷的选择就是不知足,不知足者就不会感到快乐,那就只会感到痛苦。

再说,在做出每一选择时,首先需要我们对各个选项进行考察分析,然后再进行判断决策。选择越多,我们在考察分析选项时势必付出更多的精力,也就势必带来更多的烦恼和痛苦。事实也正是如此。我们在做考卷中的选择题时,选项越多,选择起来就越麻烦,也就越感到痛苦。

还有,选择越多,选择时产生失误的概率就越大,由于选择失误而产生的后悔就越多,因而产生的痛苦也就越多。有人因为飞机晚点而后悔没选坐高铁,就是因为可选交通工具多样造成的。如果没有高铁可选,就不会有这种后悔和痛苦。

退一步说,即使其选择没有绝对的对错之分,也肯定有优劣之分。人们做出某一选择后,可能会觉得自己的选择并非最优而产生懊悔。从这种意义上说,选择越多,懊悔的概率就越大,也就越痛苦。很多股民懊悔自己没有选好股票而未赚到更多的钱,从而痛苦不已,无疑是因为可选购的股票太多造成的。

(论证有效性分析的一般要点是:概念特别是核心概念的界定和使用是否准确并前后一致,有无各种明显的逻辑错误,论证的论据是否成立并支持结论,结论成立的条件是否充分,等等)

整体难度★★★★	内容难度★★★★	形式难度★★

本题难度较大。

从内容上看,材料讨论的是一个哲学上的问题——"选择越多越痛苦",思辨性极强,在理解上难度极大。

从形式上看,这篇材料的论证结构较为清晰,采取"总—分—总"的结构,分论点之间的衔接较为明确。

二、论证结构、逻辑错误与写作思路

本段材料的论证结构如下。

中心论点	选择越多可能会越痛苦
论据支撑	一个人知足了才会感到快乐。世界上的事物是无穷的,所以选择也是无穷的。所谓"选择越多越快乐",意味着只有无穷的选择才能使人感到最快乐。而追求无穷的选择就是不知足,不知足者就不会感到快乐,那就只会感到痛苦
	在做出每一选择时,首先需要我们对各个选项进行考察分析,然后再进行判断决策。选择越多,我们在考察分析选项时势必付出更多的精力,也就势必带来更多的烦恼和痛苦。事实也正是如此。我们在做考卷中的选择题时,选项越多,选择起来就越麻烦,也就越感到痛苦
	选择越多,选择时产生失误的概率就越大,由于选择失误而产生的后悔就越多,因而产生的痛苦也就越多。有人因为飞机晚点而后悔没选坐高铁,就是因为可选交通工具多样造成的。如果没有高铁可选,就不会有这种后悔和痛苦
	人们做出某一选择后,可能会觉得自己的选择并非最优而产生懊悔。从这种意义上说,选择越多,懊悔的概率就越大,也就越痛苦。很多股民懊悔自己没有选好股票而未赚到更多的钱,从而痛苦不已,无疑是因为可选购的股票太多造成的

本文的要点及逻辑错误分析如下。

1. 材料曲解了"知足常乐"的概念。知足常乐,出自老子的《道德经》,含义是知道满足就总是快乐,形容安于已经得到的利益、地位,并非文中认为的"只有无穷的选择才能使人感到最快乐"。

2. "追求无穷的选择"和"不知足",前者强调探索的勇气,后者强调不知道满足,二者侧重的角度不同,不能完全等同。在此基础上得出"不知足者就不会感到快乐,那就只会感到痛苦"的推论也明显不能成立。

3. 材料认为:选择越多,付出精力就越多,势必带来更多的烦恼和痛苦。这一说法过于绝对。虽然面对更多的选择我们要付出更多的精力,但这也可能带来探索的乐趣,不一定带来更多的烦恼和痛苦。

4. 为了证明第3点中的观点,材料以考卷中的选择题为例进行论证,这明显是以偏概全的。事实上,"选择题"无法代表生活中的所有选择。

5. 材料认为:选择越多,选择时产生失误的概率就越大,由于选择失误而产生的后悔就越多,因而产生的痛苦也就越多。这种说法明显是不准确的,选择多少与选择失误未必成正比关系。

6. 材料为了证明第5点中的观点,提出"有人因为飞机晚点而后悔没选坐高铁,就是因为可选交通工具多样造成的,如果没有高铁可选,就不会有这种后悔和痛苦"。这明显是不准确的。

7. 材料认为:即使其选择没有绝对的对错之分,也肯定有优劣之分。人们做出某一选择后,可能会觉得自己的选择并非最优而产生懊悔。从这种意义上说,选择越多,懊悔的概率就越大,也就越痛苦。这种说法有强加因果的嫌疑。

8. 材料为了证明第7点中的观点,还提出:很多股民懊悔自己没有选好股票而未赚到更多的钱,从而痛苦不已,无疑是因为可选购的股票太多造成的。这种说法有以偏概全的嫌疑。

9. 材料全文都在讨论选择并非最优会怎么样,这明显属于片面看问题。为何不谈选择是最优所带来的喜悦和满足感呢?

10. 其他错误,言之成理即可得分。

具体的写作思路参见逻辑错误分析,此处从略。

三、参考范文与高分技巧

选择越多可能会越痛苦?①

文/王嘉怡

材料从四个角度对"选择"这一话题进行了分析,得出了"选择越多可能会越痛苦"的结论。其论证看似有理,实则无据,现将其主要逻辑错误分析如下。②

首先,材料偷换了"知足常乐"的真正含义,并且在此基础上认为:追求无穷的选择就是不知足,不知足者就只会感到痛苦。这样的说法在逻辑上难以必然成立,有偷换概念的嫌疑。知足常乐,是"满足于既得利益"的意思,而并非文中所说的得陇望蜀。③

其次,材料认为:选择越多,付出的精力就越多,势必带来更多的烦恼和痛苦。该推理过程明显与事实背道而驰,有片面看问题的嫌疑。④ 这里只强调了选择多带来的烦恼和痛苦,而忽视了选择多可能带来探索的乐趣。

再次,材料提出:选择越多,选择时产生失误的概率就越大,产生的后悔和痛苦也就越多,并以飞机与高铁为例进行说明。但这一观点并不准确。难道错过飞机,在没有高铁的情况下我们就不会后悔、痛苦了吗?⑤

最后,材料还指出,选择有优劣之分,人们可能会觉得自己的选择并非最优而产生懊悔,所以,选择越多,懊悔的概率就越大,也就越痛苦,并以股民为例佐证自己的观点。此处看问题的角度极为片面。只看到了选择并非最优时产生的后悔,为何不提选择是最优时产生的喜悦呢?而且,材料所列举的股市的例子和选择题、飞机与高铁的例子一样,都是个例,不能简单地由其推断整体。⑥

综上所述,这是一份不严密的论证,其得出的结论是不可信的。对"选择越多可能会越痛苦"这个观点,还需进行更加理性、客观的分析。

高分技巧:本文对材料中的逻辑错误的反驳是非常到位的。整篇文章条理清晰,可以看出本文作者拥有较强的逻辑构建能力。我们在撰写论证有效性分析的文章时,要学习这种整体性的思维,也就是说要将题干视为一个整体,之后逐个击破这个整体,这样才能做到事半功倍。

---

①直接质疑材料得出的结论。
②高分语料,值得学习。
③对于"知足常乐"这一概念的认识是十分透彻的。
④高分语料,值得学习。
⑤这句话对材料的反驳,言简意赅,一针见血。
⑥对材料中所有"以偏概全"的错误进行总结。

2020 年入学考试真题　草率的商业计划

一、题干审读与难度分析

分析下述论证中存在的缺陷和漏洞,选择若干要点,写一篇600字左右的文章,对该论证的有效性进行分析和评论。

北京将联手张家口共同举办2022年冬季奥运会。中国南方的一家公司决定在本地投资设立一家商业性的冰雪运动中心。这家公司认为,该中心一旦投入运营,将获得可观的经济效益。这是因为:

北京与张家口共同举办冬奥会,必然会在中国掀起一股冰雪运动热潮。中国南方许多人从未有过冰雪运动的经历,会出于好奇心而投身于冰雪运动。这正是一个千载难逢的绝好商机,不能轻易错过。

而且,冰雪运动与广场舞、跑步等不一样,需要一定的运动用品,例如冰鞋、滑雪板与运动服装等。这些运动用品因价格不菲而具有较高的商业利润。如果在开展商业性冰雪运动的同时也经营冬季运动用品,则公司可以获得更多的利润。

另外,目前中国网络购物已经成为人们的生活习惯,但相对于网络商业,人们更青睐直接体验式的商业模式,而商业性冰雪运动正是直接体验式的商业模式,无疑具有光明的前景。

(论证有效性分析的一般要点是:概念特别是核心概念的界定和使用是否准确并前后一致,有无各种明显的逻辑错误,论证的论据是否成立并支持结论,结论成立的条件是否充分,等等)

整体难度★★	内容难度★★	形式难度★

本题难度较小。

从内容上看,材料结合的是社会热点话题——冬奥会,核心是"在南方设立的商业性冰雪运动中心一旦投入运营,就能获得可观的经济效益"这一实际问题,考生只要具备基本常识就能够对其进行反驳。

从形式上看,这篇材料的论证结构非常清晰,采取"总—分"的结构,分论点之间的衔接较为明确

二、论证结构、逻辑错误与写作思路

本段材料的论证结构如下。

中心论点	中国南方的一家公司决定在本地投资设立一家商业性的冰雪运动中心。这家公司认为,该中心一旦投入运营,将获得可观的经济效益

论据支撑	北京与张家口共同举办冬奥会,必然会在中国掀起一股冰雪运动热潮。中国南方许多人从未有过冰雪运动的经历,会出于好奇心而投身于冰雪运动。这正是一个千载难逢的绝好商机,不能轻易错过
	冰雪运动与广场舞、跑步等不一样,需要一定的运动用品,例如冰鞋、滑雪板与运动服装等。这些运动用品因价格不菲而具有较高的商业利润。如果在开展商业性冰雪运动的同时也经营冬季运动用品,则公司可以获得更多的利润
	目前中国网络购物已经成为人们的生活习惯,但相对于网络商业,人们更青睐直接体验式的商业模式,而商业性冰雪运动正是直接体验式的商业模式,无疑具有光明的前景

本文的要点及逻辑错误分析如下。

1. 该公司认为:在南方设立的商业性冰雪运动中心一旦投入运营,将获得可观的经济效益。这一说法过于绝对。

2. 北京与张家口共同举办冬奥会,必然会在中国掀起一股冰雪运动热潮。这个说法虽然有一定的合理之处,但是"必然"的表达过于绝对,值得进一步商榷。

3. 中国南方许多人从未有过冰雪运动的经历,会出于好奇心而投身于冰雪运动。这里明显存在夸大可能性的错误。

4. 如果在开展商业性冰雪运动的同时也经营冬季运动用品,则公司可以获得更多的利润。这只是主观推断,缺乏数据支撑。

5. 目前中国网络购物已经成为人们的生活习惯,但相对于网络商业,人们更青睐直接体验式的商业模式。这个推论缺乏事实支撑。

6. 即使直接体验式的商业模式更受消费者青睐,商业性冰雪运动就一定具有光明的前景吗?这里显然有偷换概念的嫌疑。"受消费者青睐"和"具有光明前景"并不等同。

7. 而且,该公司是一家南方公司,在南方开展冰雪运动,其可行性也是值得质疑的。不能因为北京和张家口的"冬奥热",就推断南方一定能够推行冰雪运动项目。

8. 其他错误,言之成理即可得分。

写作思路提示:材料较短,所以在具体的分析过程中要仔细分析每一句话,从逻辑和事实两个角度加以分析。另外,材料是一个具体的商业案例,考生应该结合社会现实进行反驳,以提高文章的说服力。

三、参考范文与高分技巧

如此论证,岂能服人?

文/王嘉怡

材料中,该公司从理论推演与实际分析两个角度论证了"能够在南方设立商业性冰雪运动中心"的结论。这一提议,看似别具慧眼,实则并不符合实际,现将其逻辑错误分析如下。①

首先,材料开篇就先入为主地认为:北京和张家口掀起了一股"冬奥热",所以,在南方设立商业性冰雪运动中心会获得可观的经济效益。这明显是违背事实的。事实上,冰雪运动对于地域的要求非常高,在南方贸然开展这一项目,是不切实际的。②

其次,材料还进一步指出:中国南方许多人从未有过冰雪运动的经历,会出于好奇心而投身于冰雪运动。在此基础上推出,此时从事有关冰雪运动项目的商业投资是天赐良机。这样的说法是违背经济发展规律的,有夸大可能性的嫌疑。③ 南方人对于冰雪运动的热情究竟如何?这需要进一步展开调研。

再次,该公司认为:开展商业性冰雪运动的同时经营冬季运动用品,公司可以获得更多利润。这也是极其片面的简单化思维,完全忽略了在南方开展这些商业活动的经济基础、南方消费者的消费习惯以及南方市场变化等问题。④

最后,该公司认为:相对于网络商业,人们更青睐直接体验式的商业模式,而商业性冰雪运动正是直接体验式的商业模式,所以具有光明的前景。这是坐井观天式的结论。第一,无事实依据支撑这一关于消费者更青睐直接体验式的商业模式的判断;第二,在此基础上推断商业性冰雪运动具有光明的前景,也难以必然成立。⑤

综上所述,材料提供的证据均无法支持其结论的成立。关于"是否要在南方设立商业性冰雪运动中心"的问题,还应从长计议。

高分技巧:本文对材料的反驳是从两个角度展开的。第一是逻辑角度,具体指出材料中不符合逻辑推理规则的地方,这是全文的基础;第二是事实角度,结合经济社会的发展事实,指出"在南方建立商业性冰雪运动中心"的不合理之处。这样将二者结合起来,就彻底削弱了材料的中心论点。这种写作思路在论证有效性分析的写作中是非常有用的,值得我们学习和借鉴。

---

①高分语料,值得学习。
②这段论述结合事实反驳材料中的逻辑错误,是非常值得提倡的。
③高分语料,值得学习。
④这段论述是对材料的反驳,很有见地。
⑤分层次反驳材料中的逻辑错误。

2021年入学考试真题 眼所见者未必实

一、题干审读与难度分析

分析下述论证中存在的缺陷和漏洞,选择若干要点,写一篇600字左右的文章,对该论证的有效性进行分析和评论。

常言道:"耳听为虚,眼见为实。"其实,"眼所见者未必实"。

从哲学意义上来说,事物的表象不等于事物的真相。我们亲眼看到的,显然只是事物的表象而不是真相。只有将看到的表象加以分析,透过现象看本质,才能看到真相。换言之,我们亲眼看到的未必是真实的东西,即"眼所见者未必实"。

举例来说,人们都看到旭日东升,夕阳西下,也就是说,太阳环绕地球转。但是,这只是人们站在地球上看到的表象而已,其实这是地球自转造成的。由此可见,眼所见者未必实。

我国古代哲学家老子早就看到了这一点。他说过,人们只看到房子的"有"(有形的结构),但人们没看到的"无"(房子中无形的空间)才有实际效用。这也说明眼所见者未必实,未见者为实。

老子还说,讲究表面的礼节是"忠信之薄"的表现。韩非解释时举例说,父母和子女因为感情深厚而不讲究礼节,可见讲究礼节是感情不深的表现。现在人们把那种客气的行为称作"见外",也是这个道理。这其实也是一种"眼所见者未必实"的现象。因此,如果你看到有人对你很客气,就认为他对你好,那就错了。

(论证有效性分析的一般要点是:概念特别是核心概念的界定和使用是否准确并前后一致,有无各种明显的逻辑错误,论证的论据是否成立并支持结论,结论成立的条件是否充分,等等)

整体难度★★★	内容难度★★★★	形式难度★★

本题难度中等。

从内容上看,本题考查的是非常抽象的哲学主题——眼见是否为实。在具体的论证过程中,也广泛引用了很多哲学上的论据。尤其是关于老子思想的理解,是有一定难度的,需要考生详细分析。

从形式上看,材料的结构比较清晰。

二、论证结构、逻辑错误与写作思路

本段材料的论证结构如下。

中心论点	我们亲眼看到的未必是真实的东西,即"眼所见者未必实"
论据支撑	人们都看到旭日东升,夕阳西下,也就是说,太阳环绕地球转。但是,这只是人们站在地球上看到的表象而已,其实这是地球自转造成的。由此可见,眼所见者未必实
	我国古代哲学家老子早就看到了这一点。他说过,人们只看到房子的"有"(有形的结构),但人们没看到的"无"(房子中无形的空间)才有实际效用。这也说明眼所见者未必实,未见者为实

论据支撑	老子还说,讲究表面的礼节是"忠信之薄"的表现。韩非解释时举例说,父母和子女因为感情深厚而不讲究礼节,可见讲究礼节是感情不深的表现。现在人们把那种客气的行为称作"见外",也是这个道理。这其实也是一种"眼所见者未必实"的现象。因此,如果你看到有人对你很客气,就认为他对你好,那就错了

本文的要点及逻辑错误分析如下。

1. 从哲学意义上来说,事物的表象不等于事物的真相。我们亲眼看到的,显然只是事物的表象而不是真相。这是不准确的。"事物的表象"不能等同于"我们亲眼看到的",二者的内涵和外延都是完全不同的。"我们亲眼看到的"是在主观能动性范围内能够观察到的具体事物,而"事物的表象"是客观事物所呈现出来的具体实在。

2. 只有将看到的表象加以分析,透过现象看本质,才能看到真相。这很明显是不准确的。"分析表象,透过现象看本质"固然是我们认识事物真相的一个必要条件,但是这并不是充要条件。洞悉事物真相的方法有很多,不可能只凭这一点。

3. 我们亲眼看到的未必是真实的东西,即"眼所见者未必实"。这里有偷换概念的嫌疑。句中"真实"的"实"是哲学上是否存在的"是",而"眼所见者未必实"的"实"是价值判断真假中的"真",二者不能等同。

4. 举例来说,人们都看到旭日东升,夕阳西下,也就是说,太阳环绕地球转。但是,这只是人们站在地球上看到的表象而已,其实这是由地球自转造成的。由此可见,眼所见者未必实。由地球自转现象,推断"眼所见者未必实"这一观点也是不准确的。第一,"太阳环绕地球转"这一假设是先民限于科技条件,基于地球不动而做出的判断,这是一种科学上的误解,并不涉及"真实"的"实";第二,以地球这样一个案例推断所有,也是不公正的。

5. 我国古代哲学家老子早就看到了这一点。他说过,人们只看到房子的"有"(有形的结构),但人们没看到的"无"(房子中无形的空间)才有实际效用。这也说明眼所见者未必实,未见者为实。这里完全曲解了老子的原文:"故有之以为利,无之以为用。"这讲的是客观实在与主观存在之间的辩证关系,和"眼见为实"完全不是一个维度。换言之,"有"不等于"真实","无"也不等于"不为实"。

6. 老子曰:"夫礼者,忠信之薄。"韩非的《解老篇》解释为:"是以父子之间,其礼朴而不明,故曰:'礼薄也。'"这里的"礼"指的不是正常的、必要的礼仪。因此,以这句话说明"眼所见者未必实""如果你看到有人对你很客气,就认为他对你好,那就错了"是不准确的。

7. 其他错误,言之成理即可得分。

具体的写作思路参见逻辑错误分析,此处从略。

三、参考范文与高分技巧

眼所见者未必实

文/王焉元

给定题干从哲学推理、玄学思想、礼学观念三个角度入手进行推理,得出了"眼所见者未必实"

的结论。① 整个推理过程在学科内涵上存在很多"硬伤",造成了论证与结论的自我矛盾。

首先,材料将"事物的表象"等同于"我们亲眼看到的"。事实上,二者的内涵和外延都是完全不同的。前者是在主观能动性范围内能够观察到的具体事物,而后者是客观事物所呈现出来的具体实在。更何况"真实"的"实"是哲学上是否存在的"是",而"眼所见者未必实"的"实"是价值判断真假中的"真",二者不能等同。②

其次,由地球自转现象,推断"眼所见者未必实"这一观点也是不准确的。第一,"太阳环绕地球转"这一假设是先民限于科技条件,基于地球不动做出的判断,这是一种科学上的误解,并不涉及"真实"的"实";第二,以地球这样一个案例推断所有,也是不公正的。

再次,老子曰:"故有之以为利,无之以为用。"这讲的是客观实在与主观存在之间的辩证关系,和"眼见为实"完全不是一个维度。换言之,"有"不等于"真实","无"也不等于"不为实"。③

最后,老子曰:"夫礼者,忠信之薄。"韩非的《解老篇》解释为:"是以父子之间,其礼朴而不明,故曰:'礼薄也。'"这里的"礼"指的不是正常的、必要的礼仪。因此,以这句话说明"眼所见者未必实""如果你看到有人对你很客气,就认为他对你好,那就错了"是不准确的。

综上,该论证虽然想要自有建树,但是终究难以自圆其说。"眼所见者未必实"这一结论,还需要紧密结合哲学上的"物质"观念进行详细的分析。

高分技巧:本题是论证有效性分析中难度较大的一个题目,在当年"难上了热搜",但是这篇文章对材料的反驳是非常精彩的。作者举重若轻,引经据典地逐条反驳材料中的逻辑错误。文章条理清晰,文采斐然,值得我们学习。

---

① 以高度精练的语言概括材料。
② 这一句从哲学角度分析材料中的观点,反驳十分有力。
③ 这一句全面分析了材料对老子观点的曲解。

2022年入学考试真题　关于默默无闻

一、题干审读与难度分析

分析下述论证中存在的缺陷和漏洞,选择若干要点,写一篇600字左右的文章,对该论证的有效性进行分析和评论。

默默无闻、无私奉献虽然是人们尊崇的德行,但这种德行其实不能成为社会的道德精神。

一种德行必须借助大众媒体的传播,让大家受其感染,并化为自觉意识,然后才能成为社会的道德精神。但是,默默无闻、无私奉献的精神所赖以存在的行为特点是不事张扬、不为人知。既然如此,它就得不到传播,也就不可能成为社会的道德精神。

退一步讲,默默无闻、无私奉献的善举经媒体大力宣传后为更多的人所了解,这就从根本上使这一善举失去了默默无闻的特性。既然如此,这一命题就无从谈起了。

再者,默默无闻的善举一旦被媒体大力宣传,当事人必然会受到社会的肯定与赞赏,而这就是社会对他的回报。既然他从社会得到了回报,怎么还可以说是无私奉献呢?

由此可见,默默无闻、无私奉献的德行注定不可能成为社会的道德精神。

(论证有效性分析的一般要点是:概念特别是核心概念的界定和使用是否准确并前后一致,有无各种明显的逻辑错误,论证的论据是否成立并支持结论,结论成立的条件是否充分,等等)

整体难度 ★★★	内容难度 ★★★	形式难度 ★★

本题难度中等。

从内容上看,材料延续了最近几年思辨类话题的特点,侧重于考查具有争议性的社会热点现象。整体看来与过去几年的难度持平,是比较"标准"的论证有效性分析。

从形式上看,材料采取"总—分—总"的结构,比较规范

二、论证结构、逻辑错误与写作思路

本段材料的论证结构如下。

中心论点	默默无闻、无私奉献虽然是人们尊崇的德行,但这种德行其实不能成为社会的道德精神
论据支撑	一种德行必须借助大众媒体的传播,让大家受其感染,并化为自觉意识,然后才能成为社会的道德精神。但是,默默无闻、无私奉献的精神所赖以存在的行为特点是不事张扬、不为人知。既然如此,它就得不到传播,也就不可能成为社会的道德精神
	默默无闻、无私奉献的善举经媒体大力宣传后为更多的人所了解,这就从根本上使这一善举失去了默默无闻的特性。既然如此,这一命题就无从谈起了
	默默无闻的善举一旦被媒体大力宣传,当事人必然会受到社会的肯定与赞赏,而这就是社会对他的回报。既然他从社会得到了回报,怎么还可以说是无私奉献呢

本文的要点及逻辑错误分析如下。

1. 一种德行必须借助大众媒体的传播,让大家受其感染,并化为自觉意识,然后才能成为社会的道德精神。这一说法是过于绝对的,忽略了"一种德行"成为"社会的道德精神"的其他原因。

2. 默默无闻、无私奉献的精神所赖以存在的行为特点是不事张扬、不为人知。既然如此,它就得不到传播,也就不可能成为社会的道德精神。这里存在三个逻辑错误:第一,"不事张扬、不为人知"和"得不到传播"之间不构成因果关系;第二,"不可能"的表达过于绝对;第三,"不事张扬、不为人知"不等于"得不到传播",在此基础上认为"不能成为社会的道德精神"也是不成立的,这中间有偷换概念的嫌疑。

3. 默默无闻、无私奉献的善举经媒体大力宣传后为更多的人所了解,这就从根本上使这一善举失去了默默无闻的特性。这一说法是过于绝对的,媒体宣传的正是其"默默无闻"的特质,怎么能说从根本上使善举丧失了这一特性呢?

4. 默默无闻的善举一旦被媒体大力宣传,当事人必然会受到社会的肯定与赞赏,而这就是社会对他的回报。既然他从社会得到了回报,怎么还可以说是无私奉献呢?这里犯了混淆概念的逻辑错误。"当事人得到了回报"和"无私奉献"完全是两码事,不能混为一谈。另外,考生需注意,这里也存在强加因果的嫌疑。

5. 其他错误,言之成理即可得分。

具体的写作思路参见逻辑错误分析,此处从略。

三、参考范文与高分技巧

如此论证,岂能服人?

文/王嘉怡

上述材料从三个角度加以分析,得出了"默默无闻、无私奉献的德行不能成为社会的道德精神"的结论。① 整个推理过程看似真知灼见,实则标新立异,现将其主要逻辑错误分析如下。

首先,材料先入为主地认为:一种德行必须借助大众媒体的传播,让大家受其感染,并化为自觉意识,然后才能成为社会的道德精神。这样的说法是不符合实际的,有绝对化论证的嫌疑。众所周知,有很多的社会道德精神,是一个社会,乃至一个民族融入血脉的精神力量,是"与生俱来"的,何必要依靠"大众媒体的传播"呢?②

其次,作者进一步指出:默默无闻、无私奉献的精神所赖以存在的行为特点是不事张扬、不为人知。既然如此,它就得不到传播,也就不可能成为社会的道德精神。此处的推理在逻辑上难以必然成立,有偷换概念的嫌疑。很显然,"不事张扬、不为人知"不等于"得不到传播",在此基础上认为"不可能成为社会的道德精神"也是不成立的。

再次,该论证还提出:默默无闻、无私奉献的善举经媒体大力宣传后为更多的人所了解,这就从根本上使这一善举失去了默默无闻的特性。其说法并不准确。众所周知,我们学习、宣传这些

---

①对材料核心观点的概括很简练。
②结合现实反驳材料,十分有力。

善举,正是为了让"默默无闻"发扬光大,怎么能说丧失了这一特性呢?①

最后,论述者还提出:默默无闻的善举一旦被媒体大力宣传,当事人就会收到社会对他的回报,如此,就不能说是无私奉献了。该推理也是难以必然成立的。无私奉献在前,社会回报在后,这并不是一对一的补偿关系,怎可如此推理?

综上所述,材料列举的论据均无法支持其结论,所得出的结论也是难以必然成立的。"默默无闻、无私奉献"仍然是值得我们提倡的社会道德精神。

高分技巧:本文采取"总—分—总"的结构逐条反驳材料中的逻辑错误。值得我们学习的有以下几点:第一,对材料的理解非常透彻,能够抓住材料的核心观点,并围绕这一观点展开论证;第二,在具体的反驳过程中,能够借力打力,从材料出发,采用反证法,批评其论据不成立;第三,文章语言要言不烦,刀刀见血。

---

① 用反问句反驳材料。

经济类综合能力

论证有效性分析

扫码听课

2011年入学考试真题 怎么看待汉语能力测试？

一、题干审读与难度分析

分析下述论证中存在的缺陷和漏洞，选择若干要点，写一篇600字左右的文章，对该论证的有效性进行分析和评论。

从今年开始，教育部、国家语委将在某些城市试点推出一项针对国人的汉语水平考试——"汉语能力测试（HNC）"。该测试主要考以汉语为母语的人的听、说、读、写四方面的综合能力，并将按照难度分为各个等级。其中，最低等级相当于小学四年级水平（扫盲水平），最高等级相当于大学中文专业毕业水平。考生不设职业、学历、年龄限制，可直接报考。公众对于这项新事物，支持和反对的意见都有。

支持者认为，在世界各地掀起学习汉语的热潮的今天，孔子学院遍地开花，俨然一个"全世界都在说中国话"的时代就要来临。但是国人的汉语能力，如提笔忘字、中英文混杂、网络用语不规范等现象普遍存在。目前大家都感到母语水平下降，但是对差到何种程度，差在哪里，怎么入手解决，无人能言。而汉语能力测试有一个科学的评测标准，可以帮助应试者了解其汉语水平在特定人群、地域中的位置。这样的测试一定会唤起大家对母语文化的重视。

以下是几种有代表性的反对观点：

观点一，汉语学习更多的是培养一种读书氛围，养成良好的阅读习惯，不能太功利；汉语要保存、要维系，需要培养的是修养而不是一种应试能力；在当前汉语衰退的环境下，要让汉语重新"热"起来，应从维系汉语文化的长远发展着手，营造一种大众的、自由的、向上的母语学习环境。

观点二，中国的孩子在中国的土地上学习母语有完整的教育体系，在这种情况下，这项测试的诞生不仅是一种浪费，还严重干扰了当前的汉语教学；汉语的综合水平量化，就使得原来丰富生动的语言扭曲化、简陋化。

观点三，对于把汉语作为母语的中国人来说，会用、会说汉语就可以了，不是人人都要成为作家，汉语类的能力测试更适合外国人来考。

（改编自《汉语考试族群添新成员 汉语能力测试你怎么看？》，《人民日报（海外版）》，2011年8月8日；《国家汉语能力测试10月份在江苏等地试点》，《中国日报》，2011年8月14日）

（论证有效性分析的一般要点：概念特别是核心概念的界定和使用是否准确并前后一致，有无各种明显的逻辑错误，论证的论据是否成立并支持结论，结论成立的条件是否充分，等等）

整体难度★★★	内容难度★★★	形式难度★★

本题难度中等。

从内容上看，本题涉及汉语能力测试，相关的问题和各种观点在材料中都表述明确，理解难度不大。

从形式上看，正反双方的观点均条理清晰，考生比较容易掌握材料的论证结构。

二、论证结构、逻辑错误与写作思路

本段材料的论证结构如下。

中心论点		是否应该举行汉语能力测试
论据支撑	支持观点	"全世界都在说中国话"的时代就要来临
		国人的汉语能力,如提笔忘字、中英文混杂、网络用语不规范等现象普遍存在
		国人都感到母语水平下降,但对差到何种程度,差在哪里,怎么入手解决,无人能言
		汉语能力测试有一个科学的评测标准,可以帮助应试者了解其汉语水平在特定人群、地域中的位置。这样的测试一定会唤起大家对母语文化的重视
	反对观点	汉语学习不能太功利;汉语需要培养的是修养而不是一种应试能力;应从维系汉语文化的长远发展着手,营造一种大众的、自由的、向上的母语学习环境
		汉语能力测试的诞生不仅是一种浪费,还严重干扰了当前的汉语教学;汉语的综合水平量化,就使得原来丰富生动的语言扭曲化、简陋化
		对于把汉语作为母语的中国人来说,会用、会说汉语就可以了,不是人人都要成为作家,汉语类的能力测试更适合外国人来考

本文的要点及逻辑错误分析如下。

1.随着信息技术的发展,国人中确实存在提笔忘字、中英文混杂、网络用语不规范等现象,但这不能等同于国人的汉语水平下降。

2.国人在使用汉语的过程中的确存在一些问题,但这并不意味着国人不知道自己的母语水平"差到何种程度,差在哪里"。

3.即便参加了汉语能力测试,应试者也不一定能够根据测试结果了解其汉语水平在特定人群、地域中的位置。

4.由汉语能力测试可以帮助应试者了解其汉语水平在特定人群、地域中的位置,得不出"这样的测试一定会唤起大家对母语文化的重视"的结论。

5.汉语学习需要良好的读书氛围和阅读习惯,但汉语能力测试的推出并不是将汉语学习功利化。

6.汉语的保存和维系需要培养修养,这样的修养可以在一定程度上通过汉语能力测试体现出来。

7."当前汉语衰退的环境"这一表述与实际情况不符。

8.推行汉语能力测试与营造大众的、自由的、向上的母语学习环境并不矛盾,前者可以适应后者的需要。

9."汉语能力测试的诞生不仅是一种浪费,还严重干扰了当前的汉语教学",以及"汉语的综合水平量化,就使得原来丰富生动的语言扭曲化、简陋化",这两种说法都太过片面。

10. 国人对汉语的使用绝不能仅停留在"会用、会说就可以了"的水平上，提高汉语水平的长远意义不容忽略。

11. 其他错误，言之成理即可得分。

具体的写作思路参见逻辑错误分析，此处从略。

三、参考范文与高分技巧

是否应该推行汉语能力测试？①

文/王嘉怡

汉语能力测试的推出引发了支持与反对双方的讨论，各类观点看似有理，实则存在不少逻辑错误，现分析如下。

支持者认为②，"全世界都在说中国话"的时代就要来临，国人的汉语水平正在下降。这种说法是不准确的。国人在使用汉语的过程中的确存在一些问题，但这并不意味着国人的汉语水平普遍下降。此外，汉语能力测试有科学的评测标准，但这只是一个相对的标准，没有实际比较价值，即便参加了汉语能力测试，应试者也不一定能够根据测试结果了解其汉语水平在特定人群、地域中的位置。参加汉语能力测试可以帮助应试者了解自身的汉语水平，但规范母语的使用和培养母语文化不同，要唤起人们对母语文化的重视，还需要在语言环境等诸多因素上做出努力。③

反对者认为，汉语学习不能太功利，汉语需要培养的是修养，而不是一种应试能力。这样的说法是有一定道理的，但汉语能力测试的推出并不意味着将其功利化，也不能认为其培养的是一种机械的应试能力，它与大众的、自由的、向上的母语学习环境并不矛盾。相反，这样的测试可以推动这种环境的形成。汉语能力测试的诞生是一种浪费，它会使得丰富生动的语言扭曲化、简陋化，这种说法未免太过牵强。汉语这样富有内涵的语言完全可以呈现在书面上，它与考试这种形式的存在并不冲突。国人仅仅会说、会用汉语是远远不够的，我们不仅要规范使用汉语，还要为汉语文化的传承与发扬贡献力量。④

综上所述，人们对于汉语能力测试的推行褒贬不一，但都无法做出有力论证，对于是否应该继续推行汉语能力测试，还需要进一步考量。

高分技巧：本文最值得学习的地方是其归纳论述的方法和技巧。文章的主体部分分两大点分别阐述支持者和反对者意见中的逻辑错误。此外，作者在评析双方观点的逻辑错误时保持中立、客观的态度，这也值得我们学习。

---

① 找出材料的关键所在，进行质疑。
② 材料从支持和反对两个角度讨论这一问题，所以反驳材料时也从这两个角度进行分析。
③ 结合具体事实，削弱材料中的论证。
④ 这段对于汉语能力测试的认识是非常深刻的。

2012年入学考试真题　　迁都之议是否可行？

一、题干审读与难度分析

分析下述论证中存在的缺陷和漏洞，选择若干要点，写一篇600字左右的文章，对该论证的有效性进行分析和评论。

2010年9月17日，北京发生"惊天大堵"。当日，北京一场细雨，长安街东西双向堵车，继而严重堵车现象蔓延至143条路段，北京市交管局路况实时显示图几乎通盘红色。央视著名主持人白岩松以"令人崩溃""惨不忍睹"的字眼来形容这一"大堵"。全国工商联房地产商会理事陈宝存在接受媒体采访时称，北京"首堵"已成常态，不"迁都"已经很难改变城市的路况。

12月13日，上海学者沈晗耀在接受媒体采访时表示：要解决北京集中暴发的城市病，迁都是最好的选择，并提出未来的新首都应选在湖南岳阳或河南信阳。有人将其表述称为"迁都治堵"。12月15日，沈晗耀告诉《郑州晚报》记者，媒体"曲解"了他迁都的本意，他的设想是在中部与西部、南方和北方连接处的枢纽地区建设"新首都"，培育符合市场经济规律的"政策拉力"，以此根本改变中国生产力分布失衡的状况。治疗北京日益严重的城市病，只是迁都后的一个"副作用"。

沈晗耀说，他所认为的新都选址，不应该是一个已经成型的大中型城市，而应是再造一个新城。与大多数建议者一样，沈晗耀将"新都"的选址定在了中原地区或长江流域，较好的两个迁都地址，一个是湖南岳阳，另一个是河南信阳。距离武汉二三百公里的地方都是最佳的选择。他的理由是，这些地方水资源充沛、交通便利、地势平坦。更重要的理由是，迁都能够带动中西部的发展，有利于经济重心的转移。

其实，1980年就有学者提出将首都迁出北京的问题。1986年，又有学者提出北京面临迁都的威胁，一度引起极大的震动。2006年，凶猛夹袭的沙尘暴将"迁都"的提议推向高潮。当年3月，参加全人大会议的479名全国人大代表，联名向全国人大常委会提出议案，要求将首都迁出北京。此后，北京理工大学教授胡星斗在网上发出酝酿已久的迁都建议书："中国北方的生态环境已经濒临崩溃。我们呼吁，把政治首都迁出北京，迁到中原或南方。"他还上书中央、全国人大、国务院，建议分都、迁都和修改宪法。2008年，民间学者秦法展和胡星斗合作撰写了长文《中国迁都动议》，提出"一国三都"构想，即选择佳地建立一个全新的国家行政首都，而上海作为国家经济首都，北京则只留文化职能，作为文化科技首都。

网络上，关于迁都引发的争议，依旧在热议，甚至已有"热心人士"开始讨论新首都如何命名。但现实是，每一次环境事件都会引发民间对于迁都的猜想和讨论，不过，也仅仅限于民间。

（改编自《大堵车引中国"迁都"争论 多地掀民间"选都"热》，中国新闻网，2010年12月17日）

（论证有效性分析的一般要点是：概念特别是核心概念的界定和使用是否准确并前后一致，有无各种明显的逻辑错误，论证的论据是否成立并支持结论，结论成立的条件是否充分，等等）

| 整体难度 ★★★★ | 内容难度 ★★★ | 形式难度 ★★★★ |

本题难度较大。

从内容上看,材料结合的是"迁都"这一热点话题,而且涉及城市交通治理、区域经济发展、环境保护等现实问题,在理解上难度不大。

从形式上看,这篇文章有两个难点:一是文章篇幅较长,给阅读和理解带来一定的困难;二是文章内在的逻辑性隐藏在段落之间,需要考生自己总结。

二、论证结构、逻辑错误与写作思路

本段材料的论证结构如下。

中心论点	"迁都"的可行性
论据支撑	(治理交通拥堵)北京"首堵"已成常态,不"迁都"已经很难改变城市的路况
	(缓解地区失衡)沈晗耀认为,要解决北京集中暴发的城市病,迁都是最好的选择,并提出未来的新首都应选在湖南岳阳或河南信阳。这些地方不仅水资源充沛、交通便利、地势平坦,而且迁都于此能够带动中西部的发展,有利于经济重心的转移
	(解决环境问题)1980年就有学者提出将首都迁出北京的问题;沙尘暴问题又将"迁都"提议推向高潮;胡星斗认为中国北方的生态环境已经濒临崩溃,要把政治首都迁出北京,迁到中原或南方;"一国三都"构想的提出

本文的要点及逻辑错误分析如下。

1. 北京"首堵"问题已成常态,解决北京城市拥堵问题可以从交通管制、基础设施等多个方面入手,不一定只有"迁都"才能改变城市的路况。

2. 将"新首都"建立在中部与西部、南方和北方连接处的枢纽地区,可能会在一定程度上缓解生产发展不平稳的问题,但地区差异仍然存在,无法根本改变中国生产力分布失衡的状况。

3. 一个国家首都的选址要综合考虑多种因素,上海学者沈晗耀仅从自然地理条件优越和有利于中西部的发展这两个方面,得出"新都"选址应在湖南岳阳或河南信阳,这样的论证显然不具备说服力。

4. 首都是一个国家的政治职能中心,因此"迁都能够带动中西部的发展,有利于经济重心的转移"的说法是不严密的。

5. 面对生态环境的破坏,应该想方设法去改善,单将首都迁出北京是不能根本解决环境问题的,新首都也有可能会出现类似的环境问题。

6. 北京理工大学教授胡星斗在网上发出的迁都建议书中提出:中国北方的生态环境已经濒临崩溃。这种说法过于绝对,缺乏真实性。

7. 首都的设定具有多重意义,"一国三都"构想过于理想化,不符合实际。

8. 其他错误,言之成理即可得分。

写作思路提示:本题材料较长,在具体的写作过程中应该注意对材料进行提炼,这样才能简明扼要地撰写出一篇高分文章。另外，还要注意对材料结构的划分，根据材料中不同专家的观点，进行针对性的分析，这样才能深入反驳材料。

三、参考范文与高分技巧

迁都之议并不可行①

文/王嘉怡

材料从北京的"惊天大堵"入手，援引了许多学者的意见，论证了"迁都"的可行性。这些观点看似合理，实则纸上谈兵，真正如此实行，不仅很难药到病除，而且可能如抱薪救火一般，使问题更加严重。②下面从几个角度加以分析。

首先，各位学者关于迁都的建议固然有可取之处，对于缓解交通压力也能起到一定的作用。但是，究其本质，这是一种"高射炮打蚊子"的做法。③缓解交通压力的方法不计其数，一定存在比迁都更加便宜、合理的建议。

其次，"迁都治堵"说到底是一种想当然的解决问题的方法。众所周知，一国首都设在哪座城市，是经济、政治、文化、社会、军事等诸多因素共同作用的结果。毫不夸张地说，首都是国家的命脉所在，牵一发而动全身，怎可轻易迁离？④

再次，提议迁都的各位学者，在具体的论述中或多或少都有一些言过其实、危言耸听，如北京理工大学教授胡星斗认为，中国北方的生态环境已经濒临崩溃。这样的说法，依据何在？我们承认，环境污染是切实存在的，是否真的到了已经崩溃的地步？这是值得商榷的。⑤

最后，无论是迁都，建设新首都，还是"一国两都""一国三都"，这些都是以管窥豹的片面观点，只考虑了缓解交通和环境压力，而没有考虑其他因素，这是难以成立的。假如真的实行"一国三都"，那么很有可能会导致行政效率低下，又该如何处理？岂不是剜却心头肉，又难以医好眼前疮，这种"赔了夫人又折兵"的举措，怎能实行？⑥

综上所述，材料中提出的论据均无法支撑其结论。"迁都治堵"纯属异想天开，必然不可行。

高分技巧：本文采取"总—分—总"的结构。首先，总体否定迁都的提议。其次，分四个角度详细地反驳材料中关于迁都的建议，结合社会发展现实进行分析。最后，再次总结全文的观点，表明材料结论不成立。整篇文章有头有尾、有条有理，值得我们学习和借鉴。

---

①因为材料观点明显错误，所以标题直接否定材料观点。
②高分语料，值得积累。
③引用歇后语，使语言显得风趣幽默。
④这段话对于"迁都"的认识是非常准确的，值得学习。
⑤反驳有理有据。
⑥高分语料，值得学习。

2013年入学考试真题 是否应该彻底取消"黄金周"?

一、题干审读与难度分析

分析下述论证中存在的缺陷和漏洞,选择若干要点,写一篇600字左右的文章,对该论证的有效性进行分析和评论。

1999年10月开始实行的"黄金周"休假制度,在拉动经济、为国人带来休闲度假新观念的同时,也暴露出很多问题。因此,自2006年起,陆续有人提出取消"黄金周"的建议。2008年,"五一"黄金周取消,代之以清明、端午、中秋等传统节日"小长假"。2012年"国庆黄金周"后,彻底取消"黄金周"的声音再次引起公众的注意。

支持取消者认为:

第一,"黄金周"造成景区混乱和资源调配不合理,浪费了社会资源,打乱了正常的生活秩序,不利于经济长期可持续发展。

第二,"黄金周"人为地将双休日挪在一起,使大家不得不连续休假七天,同时要连续工作七天,这在很大程度上是一种"被放假"的安排,体现了一种群众运动式的思维,是计划经济的产物,不符合自主消费的原则。

第三,当初实行"黄金周"是一种阶段性的考虑,随着带薪休假制度的落实,应该彻底取消"黄金周"。

反对取消者认为:

第一,"黄金周"对旅游业的成熟和发展起到了极大的促进作用,对经济的拉动也功不可没。任何事物都有利有弊,不能只看到弊端就彻底取消。

第二,随着消费者出游经验的不断丰富,旅游消费必将更加理性。错峰出游、路线选择避热趋冷等新的消费习惯会使一些现有问题得到解决。

第三,目前我国可享有带薪休假的职工仅有三层,年假制度不能落实,"被放假"毕竟比"被全勤"好,实在的"黄金周"毕竟要比虚无缥缈的带薪休假更加现实。

(改编自《旅游界反对取消十一黄金周 新假期改革效果尚不明确》,《南方日报》,2008年9月9日;《黄金周假期惹争议 最终取消是必然》,凤凰网资讯,2012年10月8日;《彻底取消黄金周高估了带薪休假环境》,东方网,2012年10月4日)

(论证有效性分析的一般要点是:概念特别是核心概念的界定和使用是否准确并前后一致,有无各种明显的逻辑错误,论证的论据是否成立并支持结论,结论成立的条件是否充分,等等)

| 整体难度 ★★★ | 内容难度 ★★★ | 形式难度 ★★ |

本题难度中等。

从内容上看,材料讨论的是"'黄金周'能否取消"这一问题,这个问题对于考生来说并不陌生,在理解上难度不大。

从形式上看,正反双方的观点都是比较清晰的,条理分明,考生比较容易掌握材料的论证结构。

二、论证结构、逻辑错误与写作思路

本段材料的论证结构如下。

中心论点		是否应该彻底取消"黄金周"
论据支撑	支持观点	"黄金周"不利于经济长期可持续发展
		"黄金周"在很大程度上是一种"被放假"的安排,体现了一种群众运动式的思维,是计划经济的产物,不符合自主消费的原则
		"黄金周"是一种阶段性的考虑,随着带薪休假制度的落实,应该彻底取消"黄金周"
	反对观点	"黄金周"对旅游业的成熟和发展起到了极大的促进作用,对经济的拉动也功不可没,不能只看到弊端就彻底取消
		随着消费者出游经验的不断丰富,旅游消费必将更加理性,新的消费习惯会使一些现有问题得到解决
		"被放假"毕竟比"被全勤"好,实在的"黄金周"毕竟要比虚无缥缈的带薪休假更加现实

本文的要点及逻辑错误分析如下。

1."黄金周"会在一定程度上造成景区混乱,但从全国范围来看,并没有导致资源调配不合理和社会资源浪费,"不利于经济长期可持续发展"的说法过于绝对。

2."黄金周"人为地将双休日挪在一起,这只是将节假日的时间安排进行了调整,和"被放假"的安排不是同一个概念,更不能说它是计划经济的产物。

3.人们选择"黄金周"出行是出于自愿,而不是强制行为,符合自主消费原则。

4.带薪休假制度的落实和"黄金周"制度的实行并不矛盾。

5.随着消费者出游经验的不断丰富,旅游消费不一定会更加理性,错峰出游、路线选择避热趋冷等新的消费习惯可能会引发新的问题。

6.目前我国可享有带薪休假的职工仅有三层,不能等同于年假制度没有落实,也不能说带薪休假制度是"虚无缥缈"的。

7.其他错误,言之成理即可得分。

写作思路提示:本题所呈现的材料是"双方辩论",在具体的写作过程中千万不要拉一踩一。在评析双方的观点时,要保持中立、客观的态度,这样才能取得较高的分数。

三、参考范文与高分技巧

辩证看待"黄金周"①

文/王嘉怡

马克思主义唯物辩证法启示我们,任何事物都有两面性,我们在思考问题、做出决策的时候,必须要考虑正、反两个方面,取其所长,去其所短。② 材料中,正反双方关于"黄金周"的看法启示我们,应该理性看待问题。材料中,正反双方的观点,都是不准确的,都值得进一步商榷,现将其简要分析如下。

支持取消"黄金周"的观点中,存在的主要逻辑错误有:首先,"黄金周"不利于经济长期可持续发展。这明显是片面看问题。"黄金周"为国民经济带来的效益是毋庸置疑的。其次,"黄金周"在很大程度上是一种"被放假"的安排,体现了一种群众运动式的思维,是计划经济的产物,不符合自主消费的原则。这明显是偷换概念的论证,此"计划"非彼"计划",焉能混为一谈?③

反对取消"黄金周"的看法也是不准确的。比如,论证者以为,"被放假"毕竟比"被全勤"好,实在的"黄金周"毕竟要比虚无缥缈的带薪休假更加现实。这明显属于非黑即白的两极化思维。再比如,这些人将"黄金周"造成的社会问题置若罔闻,认为随着经济的发展,这些问题自然会解决,这个看法明显是偏颇而片面的。

"黄金周"的设立,是国家基于我国发展现状提出的一项实事求是的政策。其存废,不但关系到社会大众的假期安排,还涉及国计民生等,必须要结合实际情况进行分析。文中支持方和反对方所说的,虽然均有一定道理,但是,根据分析可以知道,其说法都是片面的,关于这一问题,我们还应进行更加全面、系统的权衡。

高分技巧: 本文对于材料中逻辑错误的反驳是非常集中的。采取概括论述的方法,将材料中的逻辑错误进行整理和压缩,之后集中于一段内分别进行论述。按照这种方法展开写作,文章容易得到一个较高的分数。

---

①材料中对于"是否彻底取消'黄金周'"有正、反两种意见,所以标题直接点出要辩证看待"黄金周"。
②这段话为全文奠定了理论基础。
③这一段,将支持者的观点逐一反驳,非常有条理。

2014年入学考试真题　如何看待高考改革？

一、题干审读与难度分析

分析下述论证中存在的缺陷和漏洞，选择若干要点，写一篇600字左右的文章，对该论证的有效性进行分析和评论。

2013年10月，北京市教育委员会公布的《2014—2016年北京高考高招改革框架方案》（征求意见稿）显示，从2016年起，该市高考语文由150分增至180分；数学仍为150分；英语由150分减为100分，其中听力占30分，阅读、写作等占70分。这一举措引发了各方对高考改革的热烈讨论。

支持者的理由如下：第一，语文高出英语分值80分，有助于强化母语教育，因为不少学生对外语投入的时间、精力和金钱远远超过语文。第二，母语是学习的基础，只有学好母语才能学好包括英语在内的其他科目。第三，很多中国人从幼儿园开始就学习英语，但除了升学、求职、升职经常需要考英语，普通人在工作、生活中很少用到英语。第四，此举可以改变现有的"哑巴式英语"教学的状况，突出英语作为语言的实际应用作用。

反对者的理由如下：第一，没必要那么重视语文，因为我们就生活在汉语环境中，平时说的、看的都是汉语，喊着"救救汉语"的人实在是杞人忧天。第二，普通人学习英语时不可能像学习母语时那样"耳濡目染"，若还要在学校里弱化英语教学，那么英语就更难学好了。第三，中学生学习负担沉重并不全是因为英语，英语改革需要有周密的调研，高考改革也应从全局考虑。第四，这一举措把中小学的英语教学负担推给了大学，并没有考虑到学生今后的发展，因为学生读大学时还得参加英语四六级考试，而检验教育成果的一个重要方面就是学生以后的就业情况。

（改编自《北京高考改革方案：降低英语分值 提高语文分值》，人民网，2013年10月28日；《英语特级教师：反对高考英语改革的九点理由》，中国教育在线，2013年10月24日）

（论证有效性分析的一般要点是：概念特别是核心概念的界定和使用是否准确并前后一致，有无各种明显的逻辑错误，论证的论据是否成立并支持结论，结论成立的条件是否充分，等等）

整体难度★★★	内容难度★★★	形式难度★★

本题难度中等。

从内容上看，本题涉及"高考改革"这一问题，这个问题对于考生来说并不陌生，在理解上难度不大。

从形式上看，正反双方的观点都是比较清晰的，条理分明，考生比较容易掌握材料的论证结构。

二、论证结构、逻辑错误与写作思路

本段材料的论证结构如下。

中心论点	是否应该进行高考改革	
论据支撑	支持观点	语文的分值高出英语有助于强化母语教育
		只有学好母语才能学好包括英语在内的其他科目
		普通人在工作、生活中很少用到英语
		高考改革可以改变现有的"哑巴式英语"教学的状况,突出英语的实际应用作用
	反对观点	没必要那么重视语文,喊着"救救汉语"的人实在是杞人忧天
		高考改革会在学校里弱化英语教学,使得英语更难学好
		高考改革不会有效减轻中学生学习的沉重负担
		高考改革把中小学的英语教学负担推给了大学,没有考虑到学生今后的发展

本文的要点及逻辑错误分析如下。

1. 语文分值增高,不代表学生会增加投入语文学习的时间和精力,也不一定有助于强化母语教育。

2. 学习母语是学习其他科目的基础,但学好其他科目不一定要学好语文。

3. 很多中国人日常不会使用英语,不等同于英语学习没有意义。

4. 英语分值降低,不一定会加强对实用英语的考查力度,高考改革会改变"哑巴式英语"教学的状况的说法太过绝对。

5. 即便我们生活在汉语环境中,日常汉语的使用也会存在不规范的现象,重视汉语学习仍然意义重大。

6. 高考改革降低了英语分值,但这并不意味着要弱化英语教学。

7. 高考英语分值降低不一定减轻了中小学的英语教学负担;学生进入大学学习要提高自主学习能力,大学的英语教学负担也不一定会增加。

8. 学生就业情况的确是检验教育成果的一个方面,但这对论证"是否有必要进行高考改革"作用不大。

9. 其他错误,言之成理即可得分。

具体的写作思路参见逻辑错误分析,此处从略。

三、参考范文与高分技巧

理性看待高考英语改革

文/王嘉怡

材料中,正反双方就高考英语改革的问题分别发表了自己的看法。这些看法看似条分缕析,实则管窥蠡测,其间存在不少逻辑错误,①现将支持者和反对者在论证中的主要逻辑错误分

---

①高分语料,值得积累。

析如下。

　　首先,支持者认为,降低英语分值是应该的,因为普通人在工作、生活中很少用到英语。这一说法毫无疑问是片面的。众所周知,英语在当今社会是非常重要的,人们在日常的工作、学习、生活中,时时刻刻都能接触到英语。①

　　其次,有些支持者认为,高考英语改革可以改变现有的"哑巴式英语"教学的状况,突出英语作为语言的实际应用作用。这一说法也是不准确的。我们承认,改变"哑巴式英语"是学习英语的重要目的之一,但是,这没有必要,也没有资格作为高考英语改革的标准,推动英语活学活用的方式有很多,不能只局限于改革。

　　再次,反对者认为,高考英语改革不会有效减轻中学生沉重的学习负担,反而会加重。这里很显然是主观臆断式的结论。高考英语改革的目的就是减负增效。怎么能说高考英语改革不能有效减轻学习负担呢?

　　最后,还有反对者认为,这样的改革把中小学的英语教学负担推给了大学,没有考虑到学生今后的发展。这属于机械看问题。第一,英语学习是终身性的,不存在前一阶段的任务推给下一阶段的说法。第二,中小学、高中、大学对于英语的学习,是前赴后继的推进,而并非彼此对立的存在。②

　　总而言之,高考英语改革这一政策才刚刚推行,是对是错,是好是坏,需要在实践中不断检验,而并非如文中这样进行主观臆断式的判断。③

　　高分技巧:高考英语是每位考生都经历过的,所以在具体的写作过程中难免会出现带有主观色彩的观点,这是非常不利的。本文本着实事求是的态度,对于正反双方的观点做了中立、客观的分析与批判,这是值得我们学习和借鉴的。

---

①结合实际来反驳材料中的观点,值得借鉴。
②分层次阐述材料中的逻辑错误。
③结合现实总结全文。

2015年入学考试真题　　如何解决网络假货问题？

一、题干审读与难度分析

分析下述论证中存在的缺陷和漏洞，选择若干要点，写一篇600字左右的文章，对该论证的有效性进行分析和评论。

2014年11月，中国互联网大会，阿里巴巴集团董事局主席马云和京东集团创始人刘强东，围绕网络假货问题各自发表了看法。

刘强东已多次指责淘宝"假货"和"逃税"问题，大会开幕前，他在接受媒体采访时直言不讳：中国互联网假货的流行会严重影响消费者的网购信心，这是整个电商行业发展的最大"瓶颈"。刘强东说，目前，网络卖假货、水货的公司大多是大型的、有组织化的，动辄几千万、几个亿规模的公司。

阿里巴巴董事长马云高调回击了刘强东："你想想，25块钱就买一块劳力士手表，这是不可能的，原因是你自己太贪。"他指出：售假商家最怕去淘宝网上，阿里巴巴很容易就可以查出是谁在卖。这一两年来，中国电商行业发展迅猛，若靠假货，每天的交易额不可能达到六七十亿。阿里巴巴每年支出逾1 610万美元用来打击假货，打假行动也获得了国际认可，使得美国贸易代表将淘宝从2012年的恶名市场名单中移除。

刘强东指出，解决网络假货问题要依靠行业合作和政府监管。他建议，打击售假：一是在电商行业内大力推广电子发票；二是推动卖家进行电子工商注册。政府相关部门要联合起来加强跨平台联合监管，共同打击有组织、有规模的售假商家。他建议从电商征税这一源头上来解决问题。一方面，将交税的营业额起征点提高到100万元；另一方面，对于百人以上运作的大商户，应注册电子工商营业执照，使用电子发票。

马云认为，解决网络假货问题要依靠生态系统和大数据。互联网技术能够为知识产权保护和打击制售假冒伪劣商品提供更有利的条件。生态系统建设和大数据技术能够快速找出假货来源，在信用体系中弘扬正能量，从而有效地解决假货问题。马云还补充说，阿里巴巴集团正在建设一个互联网生态系统，该系统对假货的打击和知识产权的保护都很有效。

（改编自《火药味！两个大佬互联网大会上互掐》，《广州日报》，2014年11月21日）

（论证有效性分析的一般要点是：概念特别是核心概念的界定和使用是否准确并前后一致，有无各种明显的逻辑错误，论证的论据是否成立并支持结论，结论成立的条件是否充分，等等）

整体难度★★★	内容难度★★★	形式难度★★

本题难度中等。

从内容上看，本题涉及"互联网假货"这一问题，材料主要罗列了马云和刘强东两人的观点，在理解上有一定的难度。

从形式上看，正反双方的观点都是比较清晰的，有助于考生掌握材料的论证结构

二、论证结构、逻辑错误与写作思路

本段材料的论证结构如下。

中心论点	刘强东和马云对网络假货问题的看法
论据支撑	刘强东认为,中国互联网假货的流行会严重影响消费者的网购信心,这是整个电商行业发展的最大"瓶颈"
	马云认为,假货的存在是因为一部分消费者"太贪";阿里巴巴已展开了严厉的打假行动,并且取得了一定的成效
	刘强东指出,解决网络假货问题要依靠行业合作和政府监管;解决互联网假货问题要从征税这一根源上进行
	马云认为,解决网络假货问题要依靠生态系统和大数据

本文的要点及逻辑错误分析如下。

1. 马云用25元买劳力士手表的例子,试图说明假货存在是因为有的消费者"太贪",这忽略了售假商家的原因,属于片面看问题。

2. 阿里巴巴可以很容易查出是谁在卖,这与打击淘宝假货问题之间没有严格的因果联系。

3. 美国贸易代表将淘宝从2012年的恶名市场名单中移除,不能充分说明淘宝的打假行动卓有成效。

4. 推广使用电子发票和提高起征点加强了税务机关对电商的监管,但这仅可以作为减少售假商家的必要条件,不一定能够有效打击商家售卖假货。

5. 生态系统建设和大数据技术能够快速找出假货来源,但"查找假货"和"打击假货"不是同一概念,不一定能够有效解决假货问题。

6. 互联网生态系统对假货的打击和知识产权的保护都很有效,这样的说法缺乏依据,说服力不够。

7. 其他错误,言之成理即可得分。

写作思路提示:材料中有关马云和刘强东二人的发言都具有一定的迷惑性,考生会因为其社会地位而不敢进行分析。我们在写作过程中一定要秉承实事求是的原则,详细分析二人观点中的逻辑错误。

三、参考范文与高分技巧

似是而非的论证

文/王嘉怡

假货问题算得上是电商行业发展过程中的"瓶颈"。材料中,马云和刘强东就这一问题分别发表了自己的看法,这些看法是否正确呢?

首先,马云有这样的论述:"你想想,25块钱就买一块劳力士手表,这是不可能的,原因是你自己太贪。"这一说法很显然是管中窥豹,只见一斑。我们承认,消费者"太贪"的确是假货存在的一个原因,但是,其更主要的原因是不法商家"太黑",怎可将全部原因归到消费者头上?①

其次,刘强东指出,解决网络假货问题要依靠行业合作和政府监管,并提出了具体的措施。这些宏观政策当然是没有问题的。但是,这里过分强调了行业和政府的力量,忽略了市场经济中的其他组织和个人的力量。② 这样的政策,能否真正达到药到病除的效果?我想还是值得考量的。

再次,马云认为,解决网络假货问题要依靠生态系统和大数据,并强调阿里巴巴集团正在建设一个互联网生态系统,该系统对假货的打击和知识产权的保护都很有效。这一论述存在忽略他因的错误。③ 事实上,假货的有效治理需要各方面力量的共同作用,过分强调其中任何一方面都是不准确的。

最后,马云指出,阿里巴巴每年支出逾1 610万美元用来打击假货,打假行动也获得了国际认可,使得美国贸易代表将淘宝从2012年的恶名市场名单中移除。这个成绩是值得骄傲的,但是,也不能因此忽略现实中存在的大量制假售假问题。要全面、准确地考虑这一问题。

总之,打假之路,任重道远,应该继续努力。

高分技巧:本文结合市场经济发展的实际情况来分析马云、刘强东二人观点各自的不足,很有见地。而且,文章作者对互联网商业生态系统的了解十分透彻,将这些知识应用于论证有效性分析的写作中,会产生非常好的效果。

---

① 这句话反驳十分有力,而且语言风趣幽默,值得学习。
② 一针见血地指出论述中的逻辑错误。
③ 具体指出在论证中的逻辑错误。

2016年入学考试真题　结婚证书应当设立有效期吗?

一、题干审读与难度分析

分析下述论证中存在的缺陷和漏洞,选择若干要点,写一篇600字左右的文章,对该论证的有效性进行分析和评论。

在我们国家,大多数证书都是有有效期的。不要说驾照、营业执照等年年要年审的证书了,连身份证也有十年或二十年更换的规定,然而我们的结婚证书,都是不需要年审、不需要换证的。

我认为结婚证书也应有有效期。新领的,有效期7年;到期后,需重新到民政部门去办理存续手续,存续十年;十年过后,就不用办存续手续了。为什么呢?

首先,让男女双方能定期审视自己的婚姻生活。通过办理证书存续手续,男女双方能够有机会好好审视双方结合以来的得与失,从而问一下自己:我还爱他吗?他还爱我吗?自己的婚姻有没有必要再延续呢?通过审视,就能很好地发现自己在上个婚期内有没有亏待过对方,这对今后的婚姻无疑大有益处。

其次,让双方再说一遍"我愿意",提高夫妻各自的责任感。从热恋的激情甜蜜到婚姻中的熟悉平淡,这似乎是大多数情感的必经过程。然而疲惫的情感却容易使婚姻进入"瓶颈"。经过一段时期的婚期考验后,在办理婚姻二次手续时再向对方说一声"我愿意",无疑更显真诚、更显实在、更多理性、更能感动对方。即使以前在共同生活中有很多磕磕绊绊,但一句"我愿意"相信可以消除许多误会和猜疑;新婚时说的"我愿意",有太多的感情冲动;而一段婚姻后再说的"我愿意",不光更具真情实意,还具有更强的责任感:你不对我负责,我到期就跟你说"再见"。

最后,让一些垂死的婚姻自然死亡,减少许多名存实亡的婚姻的存在,降低离婚成本。现在很多家庭,即使双方已经彻底破裂,却因多种原因而维系着,维系的最主要原因就是不愿去法院打官司,而通过这种婚姻到期存续,就没必要一定要通过办理离婚手续才可离婚,只要有一方说"我不愿意",双方就没有婚姻关系了,这样将会使更多对婚姻抱着"好死不如赖活着"想法的人,能够轻松获得解脱。

(选自《发展外语》(第二版),北京语言大学出版社,2011年)

(论证有效性分析的一般要点是:概念特别是核心概念的界定和使用是否准确并前后一致,有无各种明显的逻辑错误,论证的论据是否成立并支持结论,结论成立的条件是否充分,等等)

整体难度★★★	内容难度★★★★	形式难度★★

本题难度中等。

从内容上看,本题涉及"结婚证书的有效期"这一问题,材料的论证比较抽象,在理解上有一定的难度。

从形式上看,材料条理分明,逻辑清楚,考生比较容易掌握其论证结构。

二、论证结构、逻辑错误与写作思路

本段材料的论证结构如下。

中心论点	结婚证书应当设立有效期
论据支撑	让男女双方能定期审视自己的婚姻生活
	提高夫妻各自的责任感
	减少许多名存实亡的婚姻的存在

本文的要点及逻辑错误分析如下。

1. 结婚证书和需要进行年审的驾照、营业执照之间存在本质差异，不能将结婚证书和驾照、营业执照进行简单类比。

2. 通过办理结婚证书存续手续，不一定会使男女双方认真审视各自的得与失；男女双方认真审视各自的得与失可以通过多种方式实现，不一定要通过结婚证书存续手续才能实现。

3. "我愿意"三个字不一定会展示真诚、实在和理性，一句简单的话显然达不到提高双方责任感的效果，材料过分夸大了其作用。

4. 一段婚姻后再说"我愿意"，不一定会更具真情实意，也不一定会有更强的责任感。

5. 婚姻到期存续将会使更多抱着"好死不如赖活着"想法的人得到解脱，这种论述过于理想化。

6. 其他错误，言之成理即可得分。

具体的写作思路参见逻辑错误分析和高分技巧，此处从略。

三、参考范文与高分技巧

不切实际的空中楼阁①

文／王嘉怡

材料的论述者认为，应该为结婚证书设立一个七年的有效期。乍一看，这个"甜蜜的设想"是十分温馨的，但是如果仔细考量，这根本经不起推敲，现将其主要逻辑错误分析如下。②

首先，材料认为驾照、营业执照、身份证等，都有固定期限，所以，结婚证书也应该设立有效期限。这一说法明显是不准确的，有无效类比的嫌疑。驾照是技能认证，营业执照是资格认证，身份证是身份认证，这些证件和结婚证书有着本质的不同，怎可机械照搬？③

其次，作者试图论证这样的观点，结婚证书设立有效期，可以让男女双方能定期审视自己的婚姻生活，这对今后的婚姻无疑大有益处。这样的说法难以让人苟同。男女双方定期审视自己的婚姻的方法有很多，比如广为流行的"hello stranger"游戏，可以让双方重新回忆爱情、享受婚姻，何必采取这种冷冰冰的手段呢？④

---

① 用比喻的手法，指出材料所述不切实际。
② 这句话既指出了材料中的逻辑错误，又符合材料所论述的内容。
③ 结合不同证件的性质，指出材料中存在无效类比的逻辑错误。
④ 这句话结合现实情况进行反驳，削弱了材料中的论证，值得学习。

再次,文章进一步指出,在办理婚姻二次手续时再向对方说一声"我愿意",无疑更显真诚、更显实在、更多理性、更能感动对方。这样的说法也是值得商榷的。婚姻关系的建立与维持,本来就是建立在双方各自的责任与义务的基础之上的。难道不再说一遍"我愿意",这份情感就不真诚、不实在、不理性、不能感动对方了吗?①

最后,该论证还认为,这一措施可以让一些垂死的婚姻自然死亡,减少许多名存实亡的婚姻的存在,降低离婚成本。这一说法真是让人啼笑皆非。感情的破灭与婚姻的解散涉及诸多方面,怎么能单纯依靠结婚证书的有效期呢?

综上所述,这篇材料看似旁征博引、言之凿凿,实则以蠡测海、以管窥豹②,其得出的结论是难以让人信服的。

高分技巧:本文在具体的写作过程中有很多技巧值得我们学习和借鉴。我们在反驳材料中的论证时,如果能结合自己掌握的知识和技巧进行分析,会取得非常好的效果。比如本文引用"hello stranger"游戏中的内容展开反驳,既有理有据,又合情合理,是非常具有特色的。

---

① 采用反问,增强语气,反驳材料中的论证。
② 高分语料,值得积累。

2017年入学考试真题　做大市场就万事大吉？

一、题干审读与难度分析

分析下述论证中存在的缺陷和漏洞，选择若干要点，写一篇600字左右的文章，对该论证的有效性进行分析和评论。

我们知道，如果市场规模扩大，最终产品的需求将是巨大的。采用先进技术进行生产的企业，因为产品是高附加值的，所以投资回报率高，工人的工资报酬也高。如果工人得到的工资报酬高，那么所有的工人都会争先恐后地选择在采用先进技术生产的企业工作。这样一来，低技术、低附加值、低工资的劳动密集型企业就会自动淘汰出局了，市场上最终生存下来的都是采用先进技术的高新技术企业。

相反，如果市场规模狭小，最终产品的需求非常小，而且采用先进技术的成本很高，生产出来的高技术产品根本无人问津，企业无利可图，因此没有一家企业愿意采用先进技术进行生产。这时工人即使拥有高技术，也会发现英雄无用武之地。最终，市场上剩下的都是低技术、低附加值、低工资的劳动密集型企业了。

由此可见，市场规模决定了先进技术的采用与否。没有大的市场规模就别指望涌现高新技术企业。中国不仅拥有庞大的国内市场，而且拥有更庞大的国际市场，所以大可不必为中国低技术、低附加值、低工资的劳动密集型企业担心，更不要大动干戈搞什么产业结构升级。政府应该采取"无为而治"的方针，让市场去进行"自然选择"，决定什么样的企业最终存活下来。所以，政府唯一要做的就是做大市场，只要政府把市场做大了，就什么都不用发愁了。

（论证有效性分析的一般要点是：概念特别是核心概念的界定和使用是否准确并前后一致，有无各种明显的逻辑错误，论证的论据是否成立并支持结论，结论成立的条件是否充分，等等）

整体难度★★★★	内容难度★★★★	形式难度★★★★

本题难度较大。

从内容上看，本题涉及"市场规模"这一问题，在理解上有一定的难度，需要考生具备一些经济学的基本常识。

从形式上看，材料的论证结构并不是十分清晰，各个论据之间的衔接需要考生根据文意自己整理，具有一定的难度。

二、论证结构、逻辑错误与写作思路

本段材料的论证结构如下。

中心论点	市场规模决定了先进技术的采用与否，政府唯一要做的就是做大市场，只要政府把市场做大了，就什么都不用发愁了

论据支撑	市场规模扩大	最终产品的需求将是巨大的,生产技术先进的企业投资回报率高
		如果工人得到的工资报酬高,那么所有的工人都会争先恐后地选择在采用先进技术生产的企业工作
		低技术、低附加值、低工资的劳动密集型企业就会自动淘汰出局了,市场上最终生存下来的都是采用先进技术的高新技术企业
	市场规模狭小	最终产品的需求非常小,而且采用先进技术的成本很高,生产出来的高技术产品根本无人问津,企业无利可图
		工人即使拥有高技术,也会发现英雄无用武之地
		市场上剩下的都是低技术、低附加值、低工资的劳动密集型企业

本文的要点及逻辑错误分析如下。

1.市场上存在多家企业,即便最终产品的需求是巨大的,生产技术水平高的企业也不一定有良好的销路并取得高投资回报率。

2.工人选择用工单位与用工单位的用人要求之间可能存在差别。即便工人愿意进入生产水平高的企业,若其工作技能并未达到该企业的用人要求,也是不能进入的。

3.如果市场规模狭小,最终产品的需求非常小,而且采用先进技术的成本很高,生产出来的高技术产品根本无人问津,企业就无利可图。这种说法忽略了企业生产经营的其他因素。

4.企业能否使用先进的生产技术受多方面因素制约,因此"市场规模决定了是否采用先进的生产技术"的说法不成立。

5.没有大的市场就别指望涌现高新技术企业,这样的论证太过绝对。

6.中国的劳动密集型企业也面临转型问题,产业结构升级势在必得,"市场上剩下的都是低技术、低附加值、低工资的劳动密集型企业"的说法脱离实际。

7.政府调控是"看得见的手",市场经济下仍然需要政府调节,让政府"无为而治",让市场进行"自然选择",是不现实的。

8.其他错误,言之成理即可得分。

具体的写作思路参见逻辑错误分析,此处从略。

三、参考范文与高分技巧

似是而非的论证

文/王嘉怡

材料通过对正、反案例进行对比分析,得出:政府无须过多干预经济,只要将市场做大,所有问题都会迎刃而解。这一说法看似有理有据,实则异想天开,现将其主要疏漏之处简要分析如下。

首先，材料的论证基础是作者的两个假设：如果市场规模扩大，则最终产品的需求扩大，工人争先恐后地选择在采用先进技术生产的企业工作，这样低技术、低附加值、低工资的劳动密集型企业就会自动淘汰出局；如果市场规模狭小，则最终产品的需求非常小，没有一家企业愿意采用先进技术进行生产，这样低技术、低附加值、低工资的劳动密集型企业就被剩下来了。这两个假设是作者的主观判断，并非客观现实，基于这样的假设进行推理，不可能得出正确的结论。①

其次，作者在这两个假设的基础上得出了结论：市场规模决定了先进技术的采用与否。没有大的市场规模就别指望涌现高新技术企业。这个论证是偏颇的。一方面，这个结论是基于错误的假设前提做出的，是不成立的；另一方面，从理论上来说，这个说法过于绝对，忽略了其他因素，值得进一步商榷。②

最后，作者认为，不要大动干戈搞什么产业结构升级，政府应该采取"无为而治"的方针，让市场去进行"自然选择"，决定什么样的企业最终存活下来。无论从事实还是逻辑上来说，这个说法都难以必然成立。国民经济的健康稳定发展，绝非靠"自然调节"就能够实现的。

综上所述，材料提供的论据均无法支撑其结论成立，这是一份值得商榷的论证。

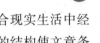

高分技巧：本文的主体部分分三段将材料中的逻辑错误一一进行反驳，而且结合现实生活中经济发展的实际情况进行分析，这样的反驳是非常具有力度的。另外，"总—分—总"的结构使文章条理清晰、论述严谨。

---

① 这段话一针见血地指出了材料中的逻辑错误。
② 从两个方面反驳材料中的逻辑错误。

2018年入学考试真题 ‖ 市场竞争有利于谁?

一、题干审读与难度分析

分析下述论证中存在的缺陷和漏洞,选择若干要点,写一篇600字左右的文章,对该论证的有效性进行分析和评论。

市场竞争有利于谁?有些人认为有利于消费者。在市场中,不同的商家为了各自的利益相互争斗,客观上会为第三方——消费者——带来好处。因为他们在争斗中相互压价,使消费者占得便宜。

非常肯定地说,这种建立在把生产者和消费者相互割裂的基础上的观点是极其错误的。消费者是谁?在现代社会,消费者不是什么第三者,他们之所以有消费能力,是因为他们作为公司的员工获得报酬。市场的主导消费者是谁?也是在单位默默工作,以获得收入的劳动雇佣人。消费者即生产者。市场竞争还会与消费者毫无切身利益关系吗?还会是消费者占得便宜吗?

两家电器公司价格大战,我作为IT公司的员工,感到自己占了便宜,因为电器价格下降了。但是对于电器公司呢?价格战使利润率降低,使电器公司的员工丧失了提高工资的可能。利润是公司再投资的来源,也是工资的来源,这损害了相关竞争公司的员工利益。我在为电器公司竞争而感到占便宜的同时,IT公司之间也在竞争,我如同那个电器公司的员工一样恨自己的公司因许多竞争对手的存在而无法独占或占领大部分市场。所以谁也没有占便宜,因为市场竞争是普遍的。总的来说,"市场竞争受益者是消费者"是个伪命题。

那么市场竞争真正的受益者是谁?是那些能在市场竞争中取得优势的社会集团。而在市场竞争中处于劣势的总是大多数,他们只占有较小的利润份额。那么,他们的员工就要承担竞争不利的威胁——降低薪水。他们的境遇越是恶化,那么他们的员工的购买力就越低。但是,处于竞争劣势中的总是大多数公司的员工,他们是消费者中的主力军。

总之,市场竞争有利于占据竞争优势的行业的员工——当他们作为消费者的时候,购买力会加强;不利于处于竞争劣势中的行业的员工——当他们同样作为消费者的时候,购买力会减弱。市场竞争只是私有制条件下各市场主体利益相互对抗的产物,本身便是内耗,将一种混乱和内耗罩上有利于消费者的光环,根本是靠不住的。

(论证有效性分析的一般要点是:概念特别是核心概念的界定和使用是否准确并前后一致,有无各种明显的逻辑错误,论证的论据是否成立并支持结论,结论成立的条件是否充分,等等)

整体难度★★★	内容难度★★★★	形式难度★★

本题难度中等。

从内容上看,本题涉及"市场竞争"这一问题,需要考生具有一定的经济学基础,并进行仔细辨析,难度较大。

从形式上看,材料条理分明,逻辑清楚,考生比较容易掌握其论证结构。

二、论证结构、逻辑错误与写作思路

本段材料的论证结构如下。

中心论点	竞争只是私有制条件下各市场主体利益相互对抗的产物,本身便是内耗,将一种混乱和内耗罩上有利于消费者的光环,根本是靠不住的
论据支撑	消费者即生产者。在现代社会,消费者不是什么第三者,他们之所以有消费能力,是因为他们作为公司的员工获得报酬。市场的主导消费者是谁?也是在单位默默工作,以获得收入的劳动雇佣人
	以 IT 公司之间的竞争为例,说明市场竞争是普遍的。总的来说,"市场竞争受益者是消费者"是个伪命题
	市场竞争有利于占据竞争优势的行业的员工——当他们作为消费者的时候,购买力会加强;不利于处于竞争劣势中的行业的员工——当他们同样作为消费者的时候,购买力会减弱

本文的要点及逻辑错误分析如下。

1.文中认为,建立在把生产者和消费者相互割裂的基础上的观点是极其错误的,这个论点本身就是偏颇的。

2.消费者是谁?在现代社会,消费者不是什么第三者,他们之所以有消费能力,是因为他们作为公司的员工获得报酬。市场的主导消费者是谁?也是在单位默默工作,以获得收入的劳动雇佣人。这段话显然没有明确消费者和劳动雇佣人之间的关系,这两个身份完全可以并存,但是不能因为一方而否定另一方。

3.两家电器公司价格大战的例子不足以完全说明"市场竞争受益者是消费者"是个伪命题。

4.市场竞争真正的受益者是谁?是那些能在市场竞争中取得优势的社会集团。而在市场竞争中处于劣势的总是大多数,他们只占有较小的利润份额。那么,他们的员工就要承担竞争不利的威胁——降低薪水。他们的境遇越是恶化,那么他们的员工的购买力就越低。这段的推理是片面的。

5.市场竞争有利于占据竞争优势的行业的员工——当他们作为消费者的时候,购买力会加强;不利于处于竞争劣势中的行业的员工——当他们同样作为消费者的时候,购买力会减弱。这是明显的片面看问题。

6.市场竞争只是私有制条件下各市场主体利益相互对抗的产物,本身便是内耗,将一种混乱和内耗罩上有利于消费者的光环,根本是靠不住的。结合材料中的论证,这一观点是难以成立的。

7.其他错误,言之成理即可得分。

具体的写作思路参见逻辑错误分析,此处从略。

三、参考范文与高分技巧

如此论证,岂能服人?

文/王嘉怡

材料从理论推演和实践分析两个角度对"市场竞争"这一问题进行了分析,认为"竞争只是私有制条件下各市场主体利益相互对抗的产物,本身便是内耗,将一种混乱和内耗罩上有利于消费者的光环,根本是靠不住的"。这一说法看似无懈可击,实则漏洞百出,①现将其主要逻辑错误分析如下。

首先,材料中认为:消费者之所以有消费能力,是因为他们作为公司的员工获得报酬,也就是说他们本身就是生产者。这一说法实际上是在偷换概念。我们在讨论消费者和生产者这两个概念的时候,是在不同的学术语境和概念内涵的基础之上的,②不能将它们混为一谈。

其次,文中以两家电器公司价格大战,作为 IT 公司的员工,并未占到便宜为例,说明"'市场竞争受益者是消费者'是个伪命题"。这一说法明显是站不住脚的。以两家电器公司竞争的情况难以推断市场竞争的整体情况,更何况,这个案例本身也存在着诸多问题。③

最后,作者认为,市场竞争有利于那些能在市场竞争中取得优势的社会集团。而竞争中处于劣势的总是大多数,他们只占有较小的利润份额。这一说法也是不符合客观事实的,需要我们进一步商榷。在市场经济中,有序竞争有利于企业做大、做强、做优。④

综上所述,材料中存在诸多逻辑错误,其得出的结论必然是不可信的。

高分技巧:本文的主体部分分了三段,将材料中主要的逻辑错误进行了反驳,这种归纳总结式的集中论述非常值得我们学习。我们要注意一点,经济类综合能力考试的论证有效性分析,往往需要我们结合经济学知识,尤其是金融学知识进行反驳,这样才能彻底分析材料中的逻辑错误。

---

① 高分语料,值得学习。
② 具体指出了把哪两个概念进行了偷换。
③ 指出以偏概全两个层次上的错误。
④ 这一点结合具体的经济学知识来说明问题,十分具有针对性。

2019年入学考试真题 ▎▎人工智能时代

一、题干审读与难度分析

分析下述论证中存在的缺陷和漏洞,选择若干要点,写一篇600字左右的文章,对该论证的有效性进行分析和评论。

AlphaGo(阿尔法狗)战胜李世石后,更可怕的结果刚刚到来。机械将在更多领域内取代人类这件事基本上已经是板上钉钉了。这场全新的产业动荡将由新一波自动化热潮所引领。从体力工作到脑力劳动,自动化将触及一切工种,机器人也必将取代人类。

这并非危言耸听。机器的地位在已经迈入自动化的产业中将更加稳固。当机器人最终彻底取代组装流水线上的工人以后,他们也将很快取代库房管理工人。这些不知疲惫的铁皮家伙能够全天无休地举起70千克重的货物,并对其检索、分类,然后装上卡车。水果和蔬菜采摘的机器化也将继续推进,到最后,除了农家乐以外,不会再有人类采摘果蔬。药房只需配备一台负责发药的机器人,药剂师也因此可以将更多精力花在为病人咨询上。然后,打扫办公室和学校这种更需要灵活技巧的工作会被夜间工作的清洁机器人取代,而奔驰在高速公路上的卡车司机也将变为自动驾驶机器人。

与此同时,机器人也将被继续引进传统的白领工作领域。实际上,我们已经在工作环境中使用了不少人工智能技术,只不过我们不这么说罢了。Narrative Science 已经开发了一款可以自动根据体育比赛数据撰写体育新闻,或者通过网络上的数据信息来分析企业股价走势的软件。在将来,那些需要大量处理文书工作的岗位都会被机器人所取代,包括医学领域的许多职业,就连和文书无关的工作,比如手术,也愈发机械化了。任何需要大量信息的重复性工种都将迅速进入自动化处理时代,无论你是律师、医生、建筑师、记者,还是程序员,全都无法幸免。机器人取代人类的浪潮将会翻天覆地。

(论证有效性分析的一般要点是:概念特别是核心概念的界定和使用是否准确并前后一致,有无各种明显的逻辑错误,论证的论据是否成立并支持结论,结论成立的条件是否充分,等等)

整体难度★★★	内容难度★★★	形式难度★★

本题难度中等。

从内容上看,本题涉及"人工智能"这一热点话题,需要考生对"人工智能"有一定的了解,理解难度不大。

从形式上看,材料条理分明,逻辑清楚,考生比较容易掌握其论证结构。

二、论证结构、逻辑错误与写作思路

本段材料的论证结构如下。

中心论点	机器人必将取代人类
论据支撑	机器的地位在已经迈入自动化的产业中将更加稳固
	机器人也将被继续引进传统的白领工作领域。实际上,我们已经在工作环境中使用了不少人工智能技术,只不过我们不这么说罢了

本文的要点及逻辑错误分析如下。

1. AlphaGo(阿尔法狗)战胜李世石只是个特例,无法证明机械将在更多领域内取代人类这件事基本上已经是板上钉钉了。

2. 这场全新的产业动荡将由新一波自动化热潮所引领。从体力工作到脑力劳动,自动化将触及一切工种,机器人也必将取代人类。这里犯了绝对化论证的错误。根据实际情况来看,机器人应该是帮助人类,而并非取代人类。

3. 由流水线、药房、清洁、驾驶等工种的情况,根本无法说明机器的地位在已经迈入自动化的产业中将更加稳固。这里犯了以偏概全的错误。流水线等工种是无法代表所有工种的。

4. 由某软件可以根据体育比赛数据撰写体育新闻、通过网络上的数据信息来分析企业股价走势,无法证明机器人也将被继续引进传统的白领工作领域并取代人类。

5. 无论你是律师、医生、建筑师、记者,还是程序员,全都无法幸免。机器人取代人类的浪潮将会翻天覆地。这里犯了绝对化论证的错误。将机器人的"冲击"视为"洪水猛兽",是极端思维的体现。

6. 其他错误,言之成理即可得分。

具体的写作思路参见参考范文与高分技巧,此处从略。

三、参考范文与高分技巧

机器人必将取代人类?[①]

文/王嘉怡

材料认为,机器人已经在自动化产业和传统白领工作领域被广泛应用。长此以往,机器人会取代人类。这样的说法是难以必然成立的,现将其逻辑错误分析如下。

首先,AlphaGo战胜李世石只是个特例,无法证明机械将在更多领域内取代人类这件事基本上已经是板上钉钉了。在此基础上认为,自动化将触及一切工种,机器人也必将取代人类,犯了绝对化论证的错误。根据实际情况来看,机器人的作用都是帮助人类,而并非取代人类。

其次,机器人在流水线、药房、清洁、驾驶等工种中取得长足发展。这是事实,但是无法根据这几个工种的情况就说明机器的地位在已经迈入自动化的产业中将更加稳固。这里犯了以偏概全的错误。[②] 事实上,人类从事的很多涉及思维决策、价值分析的工作,都是机器人无法取代的。

再次,文中提到,有一款软件可以根据体育比赛数据撰写体育新闻、通过网络上的数据信息

[①] 对材料的核心观点表示质疑。
[②] 材料中提供的论据是正确的,但是论证无法支撑其观点成立。

来分析企业股价走势。这是事实，但是这不能作为机器人取代白领的证据。比如，体育解说、体育精神阐释等就是机器人难以完成的。

最后，文中认为，无论你是律师、医生、建筑师、记者，还是程序员，全都无法幸免。机器人取代人类的浪潮将会翻天覆地。这里犯了绝对化论证的错误，缺乏必要的调研。结合现实来看，人工智能虽然有一定的作用，但是说其会取代人类，实在是危言耸听。①

综上所述，材料中列举的事实均无法支撑其结论的成立，该论证的有效性值得进一步分析。

高分技巧：材料讨论的是社会生活中的一个热点话题——人工智能是否会取代人类。在具体的写作过程中，本文立足于现实，对材料中的逻辑错误逐一进行反驳，这种写作思路和技巧值得我们学习。

---

① 结合事实反驳材料。

2020年入学考试真题 金融机构的发展

一、题干审读与难度分析

分析下述论证中存在的缺陷和漏洞,选择若干要点,写一篇600字左右的文章,对该论证的有效性进行分析和评论。

在漫长的发展过程中,金融机构和金融功能逐步形成和完善,但相比金融机构的发展演化,金融功能作为核心和基础则表现得更为稳定,主要表现为提供支付、资产转化、风险管理、信息处理和监督借款人等方面。近年来,金融科技发展突飞猛进,金融业产生了革命性的变化。

数百年来,金融业有了很大变化,但金融功能比金融机构更具稳定性。在金融需求推动下,如今的金融规模总量更大、结构更复杂。金融科技发展带来的开放、高效、关联、互通,使金融风险更隐蔽、传递更迅速。互联网的普及为场景金融带来了庞大的用户基础,移动支付技术的发展为各式线上、线下金融场景的联动提供了更多的可能;风控技术的进步使得金融安全性得以保障;大数据技术则为整个场景金融生态的良性运转提供着关键性的技术支持。场景金融成为金融功能融合加速器。通过场景平台将金融的四项功能融为一体,或集成于一个手机。人与商业的关系迈入"场景革命",供给、需求方便地通过"场景"建立连接,新场景正层出不穷地被定义,新平台不断被新需求创造,新模式不断在升级重塑。

当前金融机构对于金融服务的供给力度仍然不足,特别是长尾客户的金融需求一直以来未被有效满足,巨大的服务真空为金融科技带来机会。通过金融科技的运用,打破传统的金融边界和竞争格局,创造出新的业务产品、渠道和流程,改变金融服务方式及社会公众的生活方式,解决传统金融的痛点;提高在传统业务模式下容易被忽视的微型企业客户的服务供给,将掀开金融竞争和金融科技发展的新的一幕。这对于发展中小企业业务、消费金融和普惠金融意义重大。所以金融科技发展与支持实体经济发展必须要结合起来,金融支持经济薄弱环节的同时要注意"普"和"惠"的兼顾。

(论证有效性分析的一般要点是:概念特别是核心概念的界定和使用是否准确并前后一致,有无各种明显的逻辑错误,论证的论据是否成立并支持结论,结论成立的条件是否充分,等等)

整体难度★★★	内容难度★★★★	形式难度★★★

本题难度较大。

从内容上看,本文改编自《追寻金融科技之本》主题演讲,作者系 SFI 理事长、中国-中东欧基金董事长,理解难度较大,涉及金融机构和金融功能等专业知识,对考生的知识储备有一定的要求。

从形式上看,材料的逻辑比较清晰,难度不大。

二、论证结构、逻辑错误与写作思路

本段材料的论证结构如下。

中心论点	金融功能比金融机构更具稳定性(注意:本文节选自演讲稿,其中心论点并不是十分明确,而是比较分散的,确定其他中心也是可以的)
论据支撑	在金融需求推动下,如今的金融规模总量更大、结构更复杂。金融科技发展带来的开放、高效、关联、互通,使金融风险更隐蔽、传递更迅速
	人与商业的关系迈入"场景革命",供给、需求方便地通过"场景"建立连接,新场景正层出不穷地被定义,新平台不断被新需求创造,新模式不断在升级重塑
	当前金融机构对于金融服务的供给力度仍然不足,特别是长尾客户的金融需求一直以来未被有效满足……所以金融科技发展与支持实体经济发展必须要结合起来,金融支持经济薄弱环节的同时要注意"普"和"惠"的兼顾

本文在历年真题中是比较特殊的,其内容比较专业。本文的要点及逻辑错误分析如下。

1. 相比金融机构的发展演化,金融功能作为核心和基础则表现得更为稳定,主要表现为提供支付、资产转化、风险管理、信息处理和监督借款人等方面。这里提供的证据不足以论证金融功能表现更为稳定。

2. 数百年来,金融业有了很大变化,但金融功能比金融机构更具稳定性。这里缺乏"稳定性"的定义。

3. 互联网的普及、移动支付技术的发展、风控技术的进步、大数据技术的支持能否确保场景金融成为金融功能融合加速器,是值得进一步分析的。

4. 通过场景平台将金融的四项功能融为一体,或集成于一个手机。人与商业的关系迈入"场景革命",供给、需求方便地通过"场景"建立连接。这里过分夸大了场景平台的作用。

5. 当前金融机构对于金融服务的供给力度仍然不足,特别是长尾客户的金融需求一直以来未被有效满足,巨大的服务真空为金融科技带来机会。这里对于金融服务的评价是不符合现实的。

6. 通过金融科技的运用,打破传统的金融边界和竞争格局,创造出新的业务产品、渠道和流程,改变金融服务方式及社会公众的生活方式,解决传统金融的痛点。这里过分夸大了运用金融科技的作用。

7. 提高在传统业务模式下容易被忽视的微型企业客户的服务供给,将掀开金融竞争和金融科技发展的新的一幕。这对于发展中小企业业务、消费金融和普惠金融意义重大。这里犯了夸大可能性的错误。

8. 其他错误,言之成理即可得分。

具体的写作思路参见逻辑错误分析,此处从略。

三、参考范文与高分技巧

似是而非的论证

文/王嘉怡

材料通过对金融机构与金融功能的分析,得出了一系列似是而非的论证。这些论证看似有理,实则存在诸多漏洞,现简要分析如下。

首先,数百年来,金融业有了很大变化,但金融功能比金融机构更具稳定性。这里缺乏对"稳定性"这一特征的内涵和外延的定义。而"稳定性"恰恰是全文的核心概念,这就导致全文的核心概念不明确,以至于接下来的分析都属于"无根之木"。

其次,互联网的普及、移动支付技术的发展、风控技术的进步、大数据技术的支持能否确保场景金融成为金融功能融合加速器,是值得进一步分析的。众所周知,技术为金融行业带来了很多新的"颠覆",但是这种"颠覆"的作用究竟有多大,还值得进一步商榷。

再次,通过场景平台将金融的四项功能融为一体,或集成于一个手机。人与商业的关系迈入"场景革命",供给、需求方便地通过"场景"建立连接。这里过分夸大了场景平台的作用。事实上,互联网的"场景革命"的确变革了金融生态,但是,很多传统金融专业,比如谈判、决策、风险分析等,是"场景革命"难以解决的。

最后,通过金融科技的运用,打破传统的金融边界和竞争格局,创造出新的业务产品、渠道和流程,改变金融服务方式及社会公众的生活方式,解决传统金融的痛点。这里过分夸大了运用金融科技的作用。

综上所述,材料所列举的论据均无法支持其结论成立,其有效性值得进一步分析。

高分技巧:本文最值得学习的是作者对于金融学专业知识的理解和应用。作者能够立足于学科背景知识,有针对性地质疑材料观点,这一点是值得我们学习和借鉴的。这也是参与经济类综合能力考试的考生在复习写作的过程中最需要掌握的一种技巧。

2021年入学考试真题 要根治诈骗并不难

一、题干审读与难度分析

分析下述论证中存在的缺陷和漏洞，选择若干要点，写一篇600字左右的文章，对该论证的有效性进行分析和评论。

人们受骗上当的事时有发生，乃至有人认为如今的骗术太高明而无法根治。其实，如今要根治诈骗并不难。

首先，从道理上讲，正义终将战胜邪恶，这是历史已证明的规律。诈骗是一种邪恶的行为，最终必将被正义的力量彻底消灭。既然如此，诈骗怎么不能根治呢？

其次，很多诈骗犯虽然骗术高明，但最终都被绳之以法，这说明在法治社会中，诈骗犯根本无处藏身。这样，谁还敢继续行骗呢？没有人敢继续行骗，诈骗不就被根治了吗？

最后，还可以通过全社会的防范来防止诈骗的发生。诈骗的目的，无非是想骗取钱财。凡是要你花钱的事情，你都要慎重考虑。例如，有些投资公司建议你向他们投资，有些机构推荐你参加高收费的培训，有些婚恋对象向你借巨款。诸如此类，其实都不靠谱。所有的人如果都不相信这些话，诈骗就无法得逞。诈骗无法得逞，不就是被根治了吗？如果建立更加有效的防范机制，根治诈骗就更容易了。

总之，无论从道理上讲，还是从行骗者或被骗者的角度来看，如今要根治诈骗根本不是难事。

（论证有效性分析的一般要点是：概念特别是核心概念的界定和使用是否准确并前后一致，有无各种明显的逻辑错误，论证的论据是否成立并支持结论，结论成立的条件是否充分，等等）

整体难度★★★	内容难度★★★★	形式难度★★★

本题难度较大。

从内容上看，本篇材料是比较贴近日常生活的。但是，在具体的论证过程中，需要考生具有一定的逻辑思维能力，否则会被材料中"强词夺理"的论述说服。

从形式上看，有一定难度，需要考生仔细厘清论证结构。

二、论证结构、逻辑错误与写作思路

本段材料的论证结构如下。

中心论点	要根治诈骗并不难
论据支撑	从道理上讲，正义终将战胜邪恶，这是历史已证明的规律。诈骗是一种邪恶的行为，最终必将被正义的力量彻底消灭。既然如此，诈骗怎么不能根治呢

续表

论据支撑	很多诈骗犯虽然骗术高明,但最终都被绳之以法,这说明在法治社会中,诈骗犯根本无处藏身。这样,谁还敢继续行骗呢?没有人敢继续行骗,诈骗不就被根治了吗
	通过全社会的防范来防止诈骗的发生。诈骗的目的,无非是想骗取钱财。凡是要你花钱的事情,你都要慎重考虑。例如,有些投资公司建议你向他们投资,有些机构推荐你参加高收费的培训,有些婚恋对象向你借巨款。诸如此类,其实都不靠谱。所有的人如果都不相信这些话,诈骗就无法得逞。诈骗无法得逞,不就是被根治了吗?如果建立更加有效的防范机制,根治诈骗就更容易了

本文的要点及逻辑错误分析如下。

1. 诈骗是一种邪恶的行为,最终必将被正义的力量彻底消灭。这里明显属于偷换概念。将"邪恶的行为"这一集合概念等同于"诈骗"这一单独概念。

2. 很多诈骗犯虽然骗术高明,但最终都被绳之以法,这说明在法治社会中,诈骗犯根本无处藏身。"被绳之以法"只能说明对诈骗的打击力度大,无法说明诈骗犯无处藏身。

3. 在法治社会中,诈骗犯根本无处藏身,谁还敢继续行骗呢?没有人敢继续行骗,诈骗不就被根治了吗?从事实上看,这是不符合实际情况的。正所谓利令智昏,只要有巨额利润,就可能会有人愿意去冒险。

4. 通过全社会的防范来防止诈骗的发生。诈骗的目的,无非是想骗取钱财。凡是要你花钱的事情,你都要慎重考虑。但即使遇事时慎重考虑了,有些时候还是会落入骗子的陷阱。

5. 有些投资公司建议你向他们投资,有些机构推荐你参加高收费的培训,有些婚恋对象向你借巨款。诸如此类,其实都不靠谱。所有的人如果都不相信这些话,诈骗就无法得逞。这里犯了以偏概全的错误。有些人对这类现象不敏感,还是有可能会轻信他人的。

6. 如果建立更加有效的防范机制,根治诈骗就更容易了。实际上,我们社会缺乏的正是"有效的防范机制"。

7. 其他错误,言之成理即可得分。

写作思路提示:本文涉及考生在日常生活都能接触到的"诈骗"问题,所以在写作过程中注意两点。第一,一定要分清楚逻辑和事实,就材料而论材料,不要引入过多的生活常识进行论证;第二,论述过程一定要公正、客观,不要带有个人情绪。

三、参考范文与高分技巧

根治诈骗并不难?

文/王嘉怡

给定题干认为:如今要根治诈骗并不难。[①] 仔细分析这一结论,就会发现其是难以必然成立的,现简要分析如下。

[①] 概括材料观点,简明扼要。

首先，材料指出，正义终将战胜邪恶是历史已证明的规律。诈骗这种邪恶行为，最终必将被正义的力量彻底消灭。这里的论证很显然是不准确的，有偷换概念的嫌疑。"正义战胜邪恶"是历史的必然趋势，但是，在这个必然的过程中，"诈骗"是仍然存在的，不能以宏观趋势代替具体事件。①

其次，材料提到，很多诈骗犯虽然骗术高明，但最终都被绳之以法，这说明在法治社会中，诈骗犯根本无处藏身。这样就没人敢继续行骗了。这样的说法也是不准确的。正所谓利令智昏，在巨额经济利益的驱动下，很多人还是"明知山有虎，偏向虎山行"地进行诈骗活动。

再次，材料认为，凡是要你花钱的事情，你都慎重考虑，就不会上当。这样的说法也是过于绝对的。在现实生活中，很多人受教育水平低，防范能力差，即使遇事时慎重考虑了，有时候还是会落入诈骗的圈套。②

最后，材料还指出，所有的人如果都不相信这些话，诈骗就无法得逞，这样诈骗就会被根治。这一说法是过于乐观的。正如上文所言，很多人对诈骗行为不敏感，再加之社会缺乏有效的防范机制，所以短期内消灭诈骗还是有一定难度的。

综上所述，材料的观点是难以必然成立的。"防骗"路漫漫，需要全社会共同努力。

高分技巧：本文的主体部分分四段逐一分析材料中的逻辑错误，并在开头和结尾表明了自己对材料的整体态度。全文结构严谨，语言准确，是一篇难得的佳作，值得我们学习和借鉴。

---

①这里讲清楚了宏观趋势和个人利益的区别。
②依据现实反驳材料，颇具力度。

2022年入学考试真题　　纸质阅读方式将会寿终正寝？

一、题干审读与难度分析

分析下述论证中存在的缺陷和漏洞，选择若干要点，写一篇600字左右的文章，对该论证的有效性进行分析和评论。

国内公布的一项国民阅读调查分析报告显示，大城市的数字阅读率正以较快的速度增长，这说明数字阅读正在改变人们传统的阅读习惯，即将成为国人主要的阅读方式。

数字阅读和传统的纸质阅读相比较，具有绝对的优势。各种电子阅读器在实体商店和网上商店比比皆是，人们可以十分方便地买到和使用；互联网时代全球信息一体化，国人可以方便地使用这些丰富的资源，这无疑会加速数字阅读的发展。

另外，为满足受众需求，电子类的报纸、杂志、书籍等出版物迅猛增加，而原有纸质媒体，如古籍等也正在加速实现数字化。这些不争的事实也在佐证传统的纸质阅读方式将很快被人们舍弃而寿终正寝。

（论证有效性分析的一般要点是：概念特别是核心概念的界定和使用是否准确并前后一致，有无各种明显的逻辑错误，论证的论据是否成立并支持结论，结论成立的条件是否充分，等等）

整体难度★★	内容难度★★	形式难度★★★★

本题难度中等。

从内容上看，本题涉及"纸质阅读和电子阅读"这一热点，考生对其并不陌生，可以结合生活实际展开论证，所以并不难。

从形式上看，材料较短，所以分析论证的余地不大，有一定难度。

二、论证结构、逻辑错误与写作思路

本段材料的论证结构如下。

中心论点	纸质阅读方式将很快被人们舍弃而寿终正寝
论据支撑	国内公布的一项国民阅读调查分析报告显示，大城市的数字阅读率正以较快的速度增长，这说明数字阅读正在改变人们传统的阅读习惯，即将成为国人主要的阅读方式
	数字阅读和传统的纸质阅读相比较，具有绝对的优势。各种电子阅读器在实体商店和网上商店比比皆是，人们可以十分方便地买到和使用；互联网时代全球信息一体化，国人可以方便地使用这些丰富的资源，这无疑会加速数字阅读的发展
	电子类的报纸、杂志、书籍等出版物迅猛增加，而原有纸质媒体，如古籍等也正在加速实现数字化

本文的要点及逻辑错误分析如下。

1. 国内公布的一项国民阅读调查分析报告显示,大城市的数字阅读率正以较快的速度增长,这说明数字阅读正在改变人们传统的阅读习惯,即将成为国人主要的阅读方式。这一段论证中有两个逻辑错误:第一,数字阅读率增长,并不意味着人们改变了传统的阅读习惯,这是一种非黑即白的思维,实际上二者可以共同发展。第二,由大城市的数字阅读率的增长速度较快,不能推出数字阅读将成为国人主要的阅读方式。

2. 数字阅读和传统的纸质阅读相比较,具有绝对的优势。这里过分夸大了数字阅读的优势,主要表现在:第一,各种电子阅读器在实体商店和网上商店比比皆是,人们可以十分方便地买到和使用。"买到和使用"不等于"阅读",这是两个概念。第二,互联网时代全球信息一体化,国人可以方便地使用这些丰富的资源,这无疑会加速数字阅读的发展。这是正确的,但是数字阅读的发展,不等于传统的纸质阅读的消亡。

3. 为满足受众需求,电子类的报纸、杂志、书籍等出版物迅猛增加,而原有纸质媒体,如古籍等也正在加速实现数字化。这些是事实,但是只能说明人类阅读方式的多元化,不能证明传统的纸质阅读会消亡。

写作思路提示:本文最核心的逻辑错误是"非黑即白"的二元化思维——数字阅读的发展,不必然推出传统的纸质阅读的消亡。考生在写作过程中一定要抓住这个核心,做到"擒贼先擒王"。

三、参考范文与高分技巧

纸质阅读将要寿终正寝?[①]

文/王嘉怡

上述材料认为,随着数字阅读的快速发展,纸质阅读最终会寿终正寝。整段论证看似有理有据,实则是非黑即白的二元化思维的体现,现简要分析如下。

首先,材料根据一项国民阅读调查分析报告认为:大城市的数字阅读率正以较快的速度增长,这说明数字阅读正在改变人们传统的阅读习惯,并成为国人的主要阅读方式。这样的说法是难以必然成立的。大城市的数字阅读率的快速增长,并不足以推出人们改变了传统的阅读习惯,二者有本质区别。在此基础上推出数字阅读"成为国人主要的阅读方式"更是无稽之谈。[②]

其次,材料过分夸大了数字阅读相较于纸质阅读的优势:第一,各种电子阅读器在实体商店和网上商店比比皆是,人们可以十分方便地买到和使用。"买到和使用"不等于"阅读",这是两个概念。第二,互联网时代全球信息一体化,国人可以方便地使用这些丰富的资源,这无疑会加速数字阅读的发展。这是正确的,但是数字阅读的发展,不等于传统的纸质阅读的消亡。第三,材料只强调了数字阅读的好处,忽略了数字阅读会带来的不良影响,这也是不公正的。[③]

[①]因为材料的中心论点明显错误,所以标题直接对其进行否定。
[②]此处采用了组合式攻击的写作技巧。材料中有很多逻辑错误,而且它们之间有交叉和关联,所以集中放在一段内进行分析。
[③]本段以"第一""第二""第三"的方式逐条反驳材料中的逻辑错误,非常具有说服力,值得学习。

最后，为满足受众需求，电子类的报纸、杂志、书籍等出版物迅猛增加，而原有纸质媒体，如古籍等也正在加速实现数字化。这些是事实，但是只能说明人类阅读方式的多元化，不能证明传统的纸质阅读会消亡。相反，这些方式恰恰可以证明，传统的纸质阅读在科技时代会通过新的方式重新唤醒活力。

综上所述，材料的论证存在诸多疏漏之处，"纸质阅读方式将很快被人们舍弃而寿终正寝"的结论必然难以成立。

高分技巧：本文采取"总—分—总"的结构，先总体否定材料结论，接着分三个角度详细分析了材料中的疏漏之处，最后总结文章观点。因为材料给了三组论证，所以本文分三部分逐条进行反驳，非常有力度，值得我们学习。

管理类综合能力

论说文

扫码听课

1997年入学考试真题 洋名 ≠ 扬名

一、题干审读与难度分析

根据所给材料写一篇500字左右的议论文,题目自拟。

时下,商店、企业取洋名似乎成了一种时尚,许多店铺、厂家竞相挂起了洋招牌,什么爱格尔、欧兰特、哈勃尔、爱丽芬、奥兰多等触目皆是。翻开新编印的黄页电话号码簿,各种冠了洋名的企业也明显增多。甚至国货产品广告也以取洋名为荣。

难度分析

本题考查观点型论说文,难度中等。材料提到的是一种社会现象:企业取洋名。这一现象在考生的日常生活中是比较常见的,而且,社会各界对其的讨论也比较多,所以在具体的写作过程中应该难度不大。

二、立意方向与写作思路

材料指出如今的商店、企业等都爱取洋名,对于此现象,可以从以下角度切入。

1. 企业不应该崇洋媚外,崇拜甚至专注于"洋名"。
2. 企业不应该只在名字上大做文章,也要着力发展质量、服务、科技等内在项目。
3. 如何建立好的品牌战略?
4. 其他立意,在命题范围内均可。

写作过程中,考生在批判"企业取洋名"这一现象的同时,还可以具体提出"国货"打造自己品牌的方法和途径。这样有破有立、有正有反,可以增强文章的说服力。

三、参考范文与高分技巧

从"取洋名"说起

文/王焉元

时下,商店、企业取洋名成为一种时尚,不少企业以取洋名为荣。这种崇洋媚外的现象,并不会给企业带来实质性的帮助,甚至还会抑制企业的发展。

"取洋名"会给企业带来什么危害?企业一味地跟随"取洋名"的脚步,不仅会使人误以为其是个外国品牌,进一步夸大外国品牌的实力,削弱本土品牌的影响力,还会使下一代崇洋媚外,产生"外国的月亮比中国圆"的感受,使中国的企业发展受到更大的阻力。

为什么会出现这么多"取洋名"现象?第一,政府监管力度不够。上游大有睁一只眼闭一只眼的态势,下游必定就势而为。第二,企业为了扩大自己的市场份额,先于他人抢占一席之地,便通过洋品牌为自己造势,塑造企业形象。第三,由于洋品牌多年的渗透、资本主义对本土品牌的打压,消费者潜移默化地形成了崇洋媚外的心理,盲目地认为外国的才是最好的。

怎样解决大肆"取洋名"的现状?政府要改变以往的态度,加大对市场的监管力度,严厉打击一味崇洋媚外的企业心理。企业也要树立正确的价值观,增强品牌自信,体现本土品牌的优越性。消费者更要扭转消费心态,用一双慧眼发现本土品牌的优点,支持本土品牌的发展。另外,我们也可以利用互联网经济,积极宣扬本土品牌。

综上所述,"取洋名"归根结底是本土品牌不够自信的表现,为此我们更应杜绝崇洋媚外,大力推动本土企业形成自己的特色与模式。从不"取洋名"开始,积极培养品牌自信,这已成为我国企业发展刻不容缓的要求。

高分技巧:文章采用了"总—分—总"的结构。第一段引出问题,接下来三段分别说危害、谈原因、提对策。最后一段总结全文。整体来看,全文既有事实分析,也有道理论证,二者相互结合,非常具有说服力,值得我们学习和借鉴。

1998年入学考试真题 儿童高消费

一、题干审读与难度分析

根据所给材料写一篇500字左右的议论文,题目自拟。

当前,儿童高消费已经越来越严重,许多家长甚至让孩子吃名牌、穿名牌、用名牌、玩名牌,而自己却心甘情愿地过着节俭的日子。

难度分析

本题考查观点型论说文,难度中等。材料提到的是一种不良的社会现象:儿童高消费。这是日常生活中比较常见的一种消费现象,社会各界对其展开了非常充分的讨论,因而难度不大。但是,就这样一个"熟悉"的问题,如何谈出"新意"则需要考生认真思考。

二、立意方向与写作思路

材料描述的是让孩子用名牌的东西,而自己过着节俭的日子的社会现象,可以从以下立意入手。

1. 反对儿童高消费。
2. 家长对子女的教育问题。
3. 提倡"勤俭节约"。
4. 教育理念问题(一定要结合消费观)。
5. 其他立意,只要符合题目要求即可。

我们在写作过程中可以从以下几个角度出发:第一,为什么会存在这样的现象?我们可以结合实际情况分析原因。第二,这一社会现象会产生哪些恶劣的影响?第三,根治这一社会现象的措施。在具体的写作过程中,我们可以单独阐述其中一点,也可以将三点放在一起分析。

三、参考范文与高分技巧

"儿童高消费"面面观

文/王焉元

随着生活水平的提高,越来越多的父母用"名牌"包装孩子。殊不知,父母的虚荣心已经给孩子的成长造成了很大影响,同时也为难了自己。所以,我们要呼吁:儿童消费要抛弃"畸形",回归"理性"。

儿童高消费现象的根源是父母的畸形消费观和物质虚荣心。比如某档亲子节目中几位明星的孩子所穿的服饰均售价不菲,"潮童"背后,是明星家长们盲目地"比学赶帮超"——通过奢侈的消费行为彰显自己的经济实力与社会地位。

儿童高消费现象造成的恶劣影响也是十分严重的。首先,从小被名牌包裹的孩子,易形成金钱、物质至上的错误价值观,影响其学习、交友、工作的态度以及未来的发展。其次,盲目地追求名牌也可能给家长带来巨大的经济压力,影响正常的家庭生活。最后,这种攀比心理容易引起"拜金主义"在全社会横行,造成虚伪、浮躁的社会风气。

因此,在儿童消费的过程中,我们要积极提倡和树立合理的消费观——只买对的,不买贵的。让孩子们知道:一粥一饭,当思来之不易;半丝半缕,恒念物力维艰。家长要言传身教,以身作则;学校要加强教育,积极引导;社会舆论要树立正确的价值观,营造积极向上的环境。

儿童高消费,看似无关紧要,但是如果放任不管,将会成为阻碍社会前进的"洪水猛兽",所以一定要高度重视,积极采取解决措施,促进理性消费观的形成。

高分技巧:文章采用了"总—分—总"的结构。第一段引出问题。接下来三段分别分析了儿童高消费现象产生的原因、儿童高消费现象带来的影响、儿童高消费现象的解决办法。最后一段总结全文。整体来看,全文线索清晰、逻辑严谨、事例丰富,是一篇佳作。

1999年入学考试真题 门采尔的答案

一、题干审读与难度分析

根据所给材料写一篇500字左右的议论文，题目自拟。

一位画家在拜访德国著名画家门采尔时诉苦说："为什么我画一张画只要一天的时间，而卖掉一张画却要等上整整一年？"门采尔严肃、认真地回答说："倒过来试试吧，如果你用一年的时间去画它，那么只需要一天的时间就能够把它卖掉。"

难度分析

本题考查观点型论说文，难度中等。材料给出了一位画家与门采尔的对话。考生需要理解门采尔的话的真实用意，并从这一点切入，撰写文章。

二、立意方向与写作思路

材料实际上讲述的是"付出和收获"，可以从以下立意入手。

1. 要想有丰富的收获，必须要有大量的付出。
2. 认真对待工作，要有精益求精的觉悟。
3. 工作中要有负责的态度，才能做出优秀成果。
4. 慢工出细活。
5. 匠人精神。
6. 其他立意，在命题范围内均可。

在具体的写作过程中，我们应该重点强调这一对话所蕴含的道理（慢工出细活）的重要意义。我们可以采取平行式的方法展开对这一品质的重要意义的阐述。

三、参考范文与高分技巧

成功需要有恒心

文/王焉元

门采尔曾经对一位画家说，如果他能花很长的时间去用心完成一幅画，那么他就可以在很短的时间内将它售卖出去。俗话说，慢工出细活。在这样一个追求速度和效率的时代，能静下心来一心一意地将一件事情做好着实难能可贵。

学术的发展需要有恒心。北大唯一的终身教授、著名的国学大师季羡林先生，在晚年时仍然笔耕不辍，坚持写作，每天坚持4点起来读书。季先生的事迹不仅让他成为学术界公认的大师和泰斗，更深深地激励和感染了一代又一代的青年人，让我们在学习的道路上走得更加坚定。

科技的发展需要有恒心。中国著名科学家屠呦呦将自己的毕生精力都奉献于青蒿素的提取和研究，最终获得成功，不仅为世界的医学事业做出了巨大的贡献，还为中国赢得了荣誉。拥有恒心的科技人员可以致力于研究,最终将科学推向一个更高的巅峰。

<u>企业的发展需要有恒心。</u>企业发展的恒心,就是对于品牌价值的坚持。北京烤鸭全聚德坚持用最精细的服务和最古老的烤制方法将北京烤鸭的老味道传承下来,最终在中国乃至世界饮食文化企业中屹立不倒。

<u>苟有恒,何必三更眠五更起;最无益,莫过一日曝十日寒。无论我们正身处于什么样的时代,对学术、科技以及企业而言,持之以恒无疑是通向成功之路的不二法门。</u>

高分技巧:文章第一段从门采尔的论述中提炼出了"恒心"这个中心词。接下来分别论证了学术、科技、企业三个领域都需要有"恒心",并选用案例来支持自己的观点。结尾总结全文,再次点题。

1999年10月考试真题　　企业领导者的素质

一、题干审读与难度分析

以"小议企业领导者的素质"为题，写一篇500字左右的议论文。

难度分析

本题考查观点型论说文，难度较小。本题采取命题作文的形式，给定了一个标题。考生只要在题意范围内撰写一篇文章即可。而且，文章仅要求500字左右，节约了很多时间。

二、立意方向与写作思路

标题的中心词是"素质"，这里只要围绕"领导者必备的素质"展开写作即可，比如严于律己、敢作敢当、遵纪守法等道德素质，或者组织协调、开拓创新、科学决策等能力素质。

在具体的写作过程中，我们可以选择一种素质进行深入分析，也可以罗列多种素质进行深入论述。

三、参考范文与高分技巧

小议企业领导者的素质

文/王焉元

《孙子兵法》有云："将者，智、信、仁、勇、严也。夫将者，国之辅也，辅周则国必强，辅隙则国必弱。"古代将者如此，当代企业领导者亦然。唯有高素质的领导者，方能铸就现代企业的辉煌明天。而领导者应具备以下三点素质。

第一，不断超越自我的创新精神。只有专注创新，才能立于不败之地。京东集团在面临市场困境时，大胆创新，关闭所有实体店面，将线下的经营搬到线上。连续6年创造200%的利润增长。这启示我们：创新是一个企业兴旺发达的不竭动力，而创新也是领导者应有的素质。

第二，敢于冒险的经营战略。市场经济前景广阔，风险与机遇并存，看准了就要敢闯敢拼。张瑞敏，闻名遐迩的海尔集团CEO，无论是面对赞誉还是质疑，他都一如既往，敢闯敢拼。即使是在企业灭亡的危机之前，他也能科学理性地应对，这才是所有领导者都需要的胆魄。

第三，高屋建瓴的哲学思考。面对纷繁复杂的国际形势，若不能学会辩证思考，得出高瞻远瞩的结论，就只能就事论事地疲于应付。2002年，中国黄金集团陷入困境，总经理张兆学用哲学的智慧将中国黄金储备增值到万亿。从跟随到领军，他向世界展示了中国黄金行业的风采。

企业的成绩是闯出来的，突破是干出来的。作为企业的领导者，只有拥有创新精神，敢于冒险，目光长远，遇河架桥、逢山开路，才能促进企业的发展，推动中国经济的腾飞。

高分技巧：这篇文章列举了企业家最基本的素质，即不断超越自我的创新精神、敢于冒险的经营策略、高屋建瓴的哲学思考。作者通过具有代表性的案例来佐证自己的观点，论述十分深入，值得我们借鉴。

2000年入学考试真题 成功也是失败之母

一、题干审读与难度分析

根据所给材料写一篇500字左右的议论文,题目自拟。

解放初期,有一次毛泽东和周谷城谈话。毛泽东说:"失败是成功之母。"周谷城回答说:"成功也是失败之母。"毛泽东思索了一下,说:"你讲得好。"

难度分析

本题考查关系型论说文,难度较大。材料呈现了一段历史故事,需要考生理解故事中毛泽东与周谷城之间的对话的真正含义——成功与失败之间的关系。"成功"与"失败"是一对辩证的概念,需要考生仔细辨析

二、立意方向与写作思路

本题在立意时,应该将"成功是失败之母"与"失败是成功之母"结合起来,可以从以下立意入手。

1. 胜不骄,败不馁,时刻保持乐观、谦虚的心态。
2. "生于忧患,死于安乐"的精神。
3. 要用辩证的眼光看待问题,积极和消极的一面都要考虑到。
4. 成功和失败二者相互转换,可引用老子的话:"长短相形,高下相倾。"
5. 其他立意,在命题范围内均可。

在具体的写作过程中,考生可以从道理和事实两个角度论述"胜不骄,败不馁"这一精神对于成功的重要意义,可采取平行式的方法展开写作。

三、参考范文与高分技巧

持满戒盈行方远

文/王焉元

材料通过毛泽东与周谷城的对话,引出"成功是失败之母"的观点。"失败是成功之母"已成为耳熟能详的名言警句,但是从辩证的角度看,"成功是失败之母"也颇有见地:成功之后,只有戒骄戒躁、谦逊审慎,才能稳步发展。

戒骄戒躁、谦逊审慎是每个人持续成长的内在驱动。孙家栋先生是我国航天事业的开辟者之一。他这一生的传奇不仅源自热爱,更源自他多年如一日的持满戒盈。反观当下,成功后骄奢自满的人比比皆是,最后落得个"眼看他高楼起,眼看他宴宾客,眼看他楼塌了"的局面。正所谓"其兴也勃焉,其亡也忽焉"。

戒骄戒躁、谦逊审慎是企业基业长青的基石。华为董事长任正非在其文章《华为的冬天》中指出：我们公司的太平时间太长了，在和平时期升的官太多了，这也许就是我们的灾难。正是这样如履薄冰、战战兢兢，不居功自傲，才有今天的华为，才有震惊世人的业绩。

戒骄戒躁、谦逊审慎是国家长治久安的保障。历来打江山易、守江山难，正是因为坐上江山宝座后，往往忘记了一路奋斗的艰难。也正是如此，习近平总书记多次告诫全党，无论何时，都要戒骄戒躁，秉持谦逊审慎的态度前行。正因为有这样的优良传统，才成就了第一大党的百年荣光。

"满招损，谦受益，时乃天道。"自省吾身，常思己过，持满戒盈行方远。

高分技巧：文章第一段从毛泽东的论述中提炼出这样的观点——只有戒骄戒躁、谦逊审慎，才能稳步发展。接下来分别论证了这种品质对于个人、企业、国家的重要作用。本文在论证过程中援引案例证明观点，且案例与当下的结合十分紧密，是一篇佳作。

2000年10月考试真题 在幼儿园学到最重要的东西

一、题干审读与难度分析

根据下面一则材料,写一篇不少于500字的议论文,题目自拟。

有人问一位诺贝尔奖获得者:"您在哪所大学学到了您认为最主要的一些东西?"出人意料,这位诺贝尔奖获得者回答说是在幼儿园,他说:"把自己的东西分一半给小伙伴们,不是自己的东西不要拿,东西要放整齐,做错了事情要表示歉意,要仔细观察大自然。从根本上说,我学到的全部东西就是这些。"

难度分析

本题考查观点型论说文,难度较大。材料为大家呈现了一个富有哲理性的故事,需要考生理解这位诺贝尔奖获得者在幼儿园到底学到了什么。考生应从诺贝尔奖获得者的回答中提炼出若干关键词,并论述这些关键词对于人生成长的重要意义

二、立意方向与写作思路

材料是在叙述"好习惯"的重要性,可以从以下立意入手。

1. 培养良好习惯,才能成就好的未来。

2. "德"比"才"重要。

3. 个人素质是做学问的良好基础。

4. 一切从基础做起。

5. 其他立意,在命题范围内均可。

材料内容比较抽象,在具体的写作过程中,考生应该从材料中抽绎出一种精神品质,然后结合理论与事实阐述这一品质对于成功的重要意义,这样才能真正把握材料的核心观点。

三、参考范文与高分技巧

成功不易,从小做起

文/王焉元

当这位诺贝尔奖获得者被问起在哪所大学学到了此生最重要的东西时,谁也没有想到他的回答竟然是幼儿园。每个人的成功背后或许有着不同的影响因素,但好习惯、好品德将牵引他们离成功更近一步。

从"小时"做起,好的开始将是成功的一半。幼儿园作为孩子的第一个学校,其将影响孩子的一生。孩子小的时候,是其一生中吸收知识和信息最快、最广的时候,如果能在这一期间拥有一个好的基础环境,那么孩子的成长道路也就有了一个好的开端。

从"小事"做起,好习惯早养成。在幼儿园里,老师要求孩子们将东西放整齐、仔细观察大自然、彼此之间乐于分享,这分别培养了他们在生活、学习和交往中的良好习惯。生活有秩序、学习有思路、交往有态度,这些方面都会对孩子未来的学习和工作起到积极的作用。

　　从"小是"做起,不以恶小而为之。幼儿园教育孩子,做错了事情要表示歉意,不是自己的东西不要拿,这些能够帮助他们建立最初的是非观念。苏联伟大的革命家列宁曾在小的时候打碎过亲戚家的花瓶,最终勇于认错,得到了家人的肯定和谅解。个体年幼时良好品格的形成对于其长大后的人生与事业发展也起着至关重要的作用。

　　每位父母都希望自己的儿女长大后能成为德才兼备的社会栋梁。为此,引导每位孩子从"小时""小事""小是"做起,他们在长大后才会离成功更近一步。

　　高分技巧:首先,从材料中提炼出"好习惯、好品德将牵引人走向成功"的中心观点。其次,文章从"小时""小事""小是"三个角度切入,全面论述自己的中心观点。在每个分论点之下,还有充分的道理论证,使文章结构严谨、逻辑清楚。最后,总结全文,深化中心观点。

2001年入学考试真题　　坚持的奇迹

一、题干审读与难度分析

根据所给材料写一篇600字左右的议论文,题目自拟。

1831年瑞典化学家萨弗斯特朗发现了元素钒。对这一重大发现,后来他在给他朋友化学家维勒的信中这样写道:在宇宙的极光角,住着一位漂亮可爱的女神。一天,有人敲响了她的门。女神懒得动,在等第二次敲门。谁知这位来宾敲过后就走了。她急忙起身打开窗户张望:"是哪个冒失鬼?啊,一定是维勒!"如果维勒再敲一下,不是会见到女神了吗?过了几天又有人来敲门,一次敲不开,继续敲。女神开了门,是萨弗斯特朗。他们相晤了,钒便应运而生!

难度分析

本题考查观点型论说文,难度中等。材料呈现了一则小故事,要求考生理解这个故事中萨弗斯特朗在信件中所强调的是什么,并根据自己的理解论述坚持对于成功的意义。

二、立意方向与写作思路

材料引用瑞典化学家萨弗斯特朗给维勒的信中的一个片段:相比维勒,萨弗斯特朗因为多坚持了一次,再次敲了女神的门而成功地发现了元素钒。写作可以从以下立意入手。

1. 做事贵在坚持,只要坚持下去,就可以成功。
2. 执着而卓绝,是一种精神,更是一种境界。
3. 其他立意,在命题范围内均可。

这个故事所蕴含的话题依然属于成功素质类。考生在具体的写作过程中,要讨论坚持对于成功的意义和价值。最好采取平行式的展开方式,援引事实证明自己的观点。

三、参考范文与高分技巧

坚持的奇迹

文/王焉元

"锲而舍之,朽木不折;锲而不舍,金石可镂。"从萨弗斯特朗给维勒的调侃似的信件中我们可以看出,萨弗斯特朗通过不懈坚持发现了元素钒,由此可以体会到坚持的重要性。

锲而舍之,是成功最大的拦路虎。泰山不让土壤,故能成其大;河海不择细流,故能就其深。我们都学习过《伤仲永》,在替仲永惋惜的同时,也明白了即使年少再聪慧,不坚持学习,最终也会"泯然众人也"。成功不是自然而然就有的,而是从决定去做的那一刻起,持续累积而成的。这是一段路程,它终究属于能够坚持到底的人。

锲而不舍,是成功的必要前提。热播电影《这个杀手不太冷静》中有这样一句台词:成功只比未成功多坚持一次。正如萨弗斯特朗比维勒多坚持了一次,其成功地发现了元素钒。成功不会一蹴而就,在这个过程中,易于放弃是我们最大的弱点,然而成功的必由之路就是不断地重来一次。

锲而舍之易,锲而不舍难。正因为这样,成功才只属于少数人。"古今之成大事业、大学问者,必经过三种之境界:'昨夜西风凋碧树,独上高楼,望尽天涯路。'此第一境界也。'衣带渐宽终不悔,为伊消得人憔悴。'此第二境界也。'众里寻他千百度,蓦然回首,那人却在灯火阑珊处。'此第三境界也。"如此坚持下来了,成功也就会来了。

宝剑锋从磨砺出,梅花香自苦寒来。没有达不到的成功,只有坚持不下来的人,我们要永远坚信:一日一钱,十日十钱;绳锯木断,水滴石穿。在想要放弃时,再坚持一下,也许成功就来了。

高分技巧:文章采取正反对比的方法,一正一反论证了坚持的重要作用。最后引用王国维的"三境界说"深化自己的观点。文章使用"萨弗斯特朗"和"仲永"的案例论证自己的观点,比较具有说服力。另外,文章的论述语言简明扼要,值得我们学习和借鉴。

2001年10月考试真题 "相马"与"赛马"

一、题干审读与难度分析

近些年来,新闻媒体经常报道公开招考公务员,乃至招考厅局级领导干部的消息,这同我国传统习惯中的"伯乐相马"似乎有了不同。

请以"相马""赛马"为话题,写一篇600字左右的议论文,题目自拟。

> **难度分析**
>
> 本题考查关系型论说文,难度较大。这里涉及两种不同的人才选拔机制,即"相马"与"赛马",考生首先要理解这两种选拔机制的含义、优势、弊端,最好加以比较和分析,这样才能真正地理解题干,写出高分文章。

二、立意方向与写作思路

材料以"相马""赛马"为喻,阐述用人之道。写作可以从以下立意入手。

1. 选拔人才可以举荐为主。
2. 选拔人才应该以公平、公正、公开的考试方式为主。
3. 选拔人才可以举荐和考试相结合的方式进行。
4. 探讨用人制度的改革。
5. 其他立意,在命题范围内均可。

考生在具体的写作过程中,最好将"相马"与"赛马"结合起来论述,具体讨论这两种人才选拔机制的利弊,然后提出自己的结论,即以"相马"与"赛马"相结合的方式选拔人才,这是最佳的写作思路。虽然单纯讨论其中一种选拔方式也是可以的,但是稍显偏颇。

三、参考范文与高分技巧

"相马"与"赛马"

文/王焉元

人才是立国之本、强国之基、兴国之要。那么,如何才能保证人才尽快地脱颖而出?我国目前的人才选拔机制主要有"相马"与"赛马"。我认为,这两种选拔机制各有利弊,应该紧密结合。

所谓"相马",就是指通过内部考核、提拔、晋升来促进人才的成长。这可以保证我们对人才进行多方位、各角度的考查,进而选拔出知根知底的优秀干部。比如,我国各级公务员的晋升,都需要经过内部严格的筛选、考核、试用等程序,确保人尽其才。由此可见,"相马"是选拔人才的一种重要机制。

但是,如果片面依靠"相马"选拔人才,会造成"一人得道,鸡犬升天"的腐败现象和"一荣俱荣,一损俱损"的连带关系,导致人才选拔过程中出现"拉山头""搞宗派"等一系列"毒瘤"。这样不但制约了人才的成长,也阻碍了事业的发展。

所谓"赛马",就是指通过公开招考选拔人才。这种选拔方式,一方面扩大了人才的来源,另一方面保证了程序和制度的公平性。比如,历史上的"贞观之治"就跟唐太宗完善科举制度、广纳四海人才有直接的关系。

然而,如果片面依靠"赛马"选拔人才,容易导致"高分低能""有才无德"等现象出现。例如,某些贪官污吏能力出众、成绩突出,但是,由于他们品德败坏,滋生了严重的腐败现象,阻碍了社会的进步。

综上所述,作为人才选拔机制,"相马"与"赛马"各有利弊,我们必须将二者结合起来,才能选拔出品学兼优的人才。

高分技巧:本题要求探讨"相马"与"赛马"两种不同的人才选拔机制。文章就直接以这两种机制为核心展开。在文章的主体段落中分别探讨了"相马"与"赛马"的利弊,道理论据和事实论据相结合,使文章论述有力,且可信度较高。在全文的最后进行总结,提出应该把两种人才选拔机制结合起来,才能选拔出品学兼优的人才。全文逻辑清晰,对于两种人才选拔机制都有比较深入、系统的分析,是一篇佳作。

2002年入学考试真题 ▎▎压力是把双刃剑

一、题干审读与难度分析

阅读下面一段材料，按要求作文。

在这次激烈的招聘考试中，有些志在必得的应聘者未能通过，有些未抱希望的应聘者却取得了好成绩。前者说，压力大，影响了发挥；后者说，没有压力，发挥了高水平。看来，压力确实能破坏人的情绪。但是，人们又常说，没有压力就没有动力，这说明压力又不可缺少。

究竟应当如何认识和对待压力呢？请以"压力"为话题，写一篇文章，可以发表议论，可以记叙经历，也可以抒发情感，所写内容必须在"压力"的范围内。文体自选，题目自拟，不少于700字。

> **难度分析**
>
> 本题考查观点型论说文，难度中等。材料给定了一段论述，探讨压力正、反两个方面的作用。这是一个老生常谈的问题。在日常生活中，"压力"是所有考生必须面对的问题之一，比较熟悉，在具体的写作过程中难度不大。

二、立意方向与写作思路

本题要求以"压力"为话题，结合材料展开写作，我们可以从以下立意入手。

1. 变压力为动力。
2. 压力的积极方面。
3. 压力的消极方面。

本题最佳的写作思路是以"正确看待压力"为立意，指出压力有好处，也有坏处，我们必须要调整心态，正确对待压力。

三、参考范文与高分技巧

压力的作用

文/王焉元

<u>不经一番寒彻骨，怎得梅花扑鼻香？</u>熬过酷寒的严冬便是蓬勃的暖春、激情的盛夏以及丰收的金秋。这就是压力的作用。人生也是如此，"欲戴王冠，必承其重"，想要取得一番成就，必须要承受压力。

<u>压力是人生的催化剂</u>。有的人因其更加璀璨夺目。艾默生曾说过：奇迹往往是在压力中产生的。兵法有云："置之死地而后生。"面对"生死存亡"的压力，项羽及其步卒并没有被压垮，而是一鼓作气取得了战争的胜利，最终成就了"战无不胜"的西楚霸王。由此可见，压力是激发一个人，乃至一个团队最重要的因素。

压力是企业腾飞的阶梯。有的企业因其更加辉煌。面对智能手机激烈的竞争态势,小米集团正承受着"前有猛虎,后有群狼"的压力。但是,小米集团积极"备战",化压力为动力,通过技术创新与服务改善的双方面变革,走出了一条"为发烧而生"的高性价比道路。所以说,压力是企业发展的重要因素。

　　压力是国家进步的源泉。改革开放之初,国家领导人深知我国与西方国家的巨大差距。在"弱国无外交"的警醒下,在党的带领下,国民自发在各行各业学习西方先进理论技术或者自主研发创新,一改中国颓废的精神面貌。国人相信,终有一天会实现中华民族的伟大复兴。

　　然后,我们也必须指出,压力有时也会给人造成极大的精神负担。当下很多"高知""高管""高干"人群因为压力过大而崩溃、精神失常,甚至自我毁灭,这也为我们敲响了警钟,让我们一定要注意压力的负面影响。

　　不经历风雨,怎能见彩虹?压力面前,如能迎难而上,不畏艰辛,顽强克服,那么压力最终会化作点燃绚丽烟火的一捧柴火。

　　高分技巧:文章从材料中提炼出了"正视压力"这个观点。然后,在文章的主体段落部分,分别论证了压力对于个人、企业、国家的作用。在具体的论述过程中,援引了充分的道理和事实进行论证,增强了文章的说服力。在结尾之处,总结全文。文章思路清晰、语言精练,是一篇佳作。

2002年10月考试真题 穷则变,变则通

一、题干审读与难度分析

阅读下面的材料,根据要求作文。

中国古代的《易经》中说:"穷则变,变则通。"这就是说,当我们要解决一个问题而遇到困难无路可走时,就应变换一下方式方法,这样往往可以提出连自己也感到意外的解决办法,从而收到显著的效果。

请以"穷则变,变则通"为话题写一篇作文,可以写你自己的经历、体验或看法,也可以联系生活实际展开议论。文体自选,题目自拟,不少于700字。

> **难度分析**
>
> 本题考查观点型论说文,难度中等。材料的核心是《易经》中的名言——"穷则变,变则通",需要考生理解这句话的核心——创新、变通的精神,并根据这个核心展开写作

二、立意方向与写作思路

写作时以"穷则变,变则通"为核心展开即可,可以从以下两点入手。

1. 变通视角,变通思维。

2. 辩证地探讨"变"与"通"之间的关系。

在具体的写作过程中,考生可以进一步思考"变通"之后的结果,分不同层面考察"穷则变,变则通,通则久"。这样写,文章会比较有层次感。

三、参考范文与高分技巧

穷则变,变则通,通则久

文/王焉元

"穷则变,变则通,通则久。"正如毛泽东所说,前途是光明的,道路是曲折的。世界潮流浩浩荡荡,我们在前进的道路上难免会遇到坎坷。在逆境中寻找新思路、变通视角,对我们的发展有着重要的意义。

穷则变。万事万物在发展过程中都会遇到"瓶颈",而瞬息万变的外部环境,又难免有可能会成为发展的阻碍。1840年,英国的坚船利炮打开了中国的国门,国家蒙辱、人民蒙难、文明蒙尘,中华民族遭受了前所未有的劫难。从那时起,无数有志气、有理想的中华儿女开始寻求救国的道路,人民奋起反抗,志士奔走呐喊,各种救国方案轮番出台,变通之路轰轰烈烈。可见,事物的发展是曲折的,曲折的道路是需要变通的。

变则通。道路行不通的时候需凝聚力量,合理变化,变化之后自然就会豁然开朗。一百年前,

在国家迫切需要新思想引领救亡运动的时候,南仲甫,北守常,变化思路,谱写历史伟业的浩瀚篇章,中国共产党也在马克思列宁主义同中国工人运动的紧密结合中应运而生,改变了近代以后中华民族发展的方向和进程,改变了中国人民和中华民族的前途和命运,改变了世界发展的趋势和格局。可以说,在深刻的变化下,中华民族任人宰割、饱受欺凌的时代一去不复返了!

　　通则久。合理变化则行得通,行得通则可以长久,遇事不钻牛角尖,懂得通融屈伸,就能无往不利。中国共产党一经诞生,就把为中国人民谋幸福、为中华民族谋复兴确立为自己的初心使命。为有牺牲多壮志,敢教日月换新天。我们党带领广大人民打赢了一系列战争,结束了黑暗的旧局面,确立了社会主义基本制度,建立了社会主义市场经济体制,解放思想,实事求是,中华民族迎来了从站起来、富起来到强起来的伟大飞跃。

　　穷极则变化,变化则通达,能通达则能恒久。回首过去,展望未来,变通图存,书写历史,我们必将在激烈的形势下擘画新蓝图。

　　高分技巧:文章从《易经》的论述中提炼出了"穷则变,变则通,通则久"这一核心观点。之后,分别从三个角度展开论述。在具体的论述过程中,列举了充分的事例来证明自己的观点。文章结尾之处,再次点明全文的核心观点。

2003年10月考试真题　　读经不如读史

一、题干审读与难度分析

"读经不如读史。"

对上述观点进行分析，论述你同意或不同意这一观点的理由，可根据经验、观察或者阅读，用具体理由或实例佐证自己的观点。题目自拟，全文500字左右。

> **难度分析**
>
> 本题考查关系型论说文，难度较大。题干的核心是"读经不如读史"，理解这句话的核心含义要求考生对中国传统文化有一定的理解，并在自己理解的基础上撰写一篇文章来表达自己的观点。

二、立意方向与写作思路

"经"原指儒家思想著作，是中国古代思想的浓缩；"史"即历史，读史可以使人对社会发展过程有一定的思考。写作可以从以下几个方面入手。

1. 赞同"读经不如读史"。
2. 反对"读经不如读史"，即支持"多读经"。
3. "读经"和"读史"一样重要，都不可忽视。

在具体的写作过程中，可以选择肯定材料的观点，也可以否定材料的观点，或辩证地分析这一观点，考生根据自己的写作实际决定即可。

三、参考范文与高分技巧

读经不如读史

文/王嘉怡

"经史子集"四部之学是中华文化的根基，是每个炎黄子孙都应该熟读、深思、力行的经典。但是，在当前这个大转弯、快节奏、高强度的时代，我认为"读经不如读史"，因为"读史"对我们当下有更大的实用价值。

首先，读史可以明智。阅读历史可以提升我们的智慧。"太阳底下没有新鲜事"，我们所面临的所有困境，在某种意义上可以看作历史的"复制"与"重演"。广泛地阅读历史，有助于我们吸取历史教训，积累类似经验，提升个人智慧。这是读史最直接的作用。

其次，读史可以明志。阅读历史可以激励我们的志向。苏轼年少时，熟读史书，在阅读《后汉书·范滂传》时，为范滂的人格魅力所折服，立下了"男儿当如是"的志向。之后，终其一生，苏轼时时以范滂为标杆，坚守自己的志向，矢志不渝。可见，读史对个人立志的影响巨大。

最后，读史可以明治。阅读历史可以实现我们的梦想。唐太宗有言：以史为鉴可以知兴替。历史是我们了解兴亡成败的一面镜子。"历览前贤国与家，成由勤俭败由奢。"通过阅读历史，我们可以知道历史兴亡成败的缘由，进而了解治国安邦的秘诀。

当然，我们必须指出的是，"读经"的意义和价值也是非常大的。十三经，煌煌巨典，承载着儒家文化的全部智慧，是中华民族的"圣经"。但是，在日新月异的今天，这种"涵养"并非一朝一夕可以练就的。也正是由于此，我们才说在当下"读经不如读史"。

综上所述，"读经"和"读史"固然密不可分，二者本无所谓孰优孰劣，谁好谁坏。但是，在快节奏的当下，我们还是提倡"读经不如读史"。

高分技巧：本文开宗明义，指出在当下"读史"具有更大的意义。接下来分四个角度阐明"读史"的重要意义。同时也指出，"读经不如读史"并不意味着"读经"不对，而是不适合当下。最后卒章显志，深化主题。全文叙议结合，而且对"读经不如读史"的理解非常深刻，值得我们学习和借鉴。

2004年入学考试真题　　态度决定高度

一、题干审读与难度分析

根据以下材料，自拟题目撰写一篇600字左右的议论文。

一位旅行者在途中看到一群人在干活，他问其中一位在做什么，这个人不高兴地回答："你没有看到我在敲打石头吗？若不是为了养家糊口，我才不会在这里做这些无聊的事。"旅行者又问另外一位，他严肃地回答："我正在做工头分配给我的工作，今天收工前我可以砌完这面墙。"旅行者问第三位，他喜悦地回答："我正在盖一座大厦。"他为旅行者描绘大厦的形状、位置和结构，最后说："再过不久，这里就会出现一座宏伟的大厦，我们这个城市的居民就可以在这里聚会、购物和娱乐了。"

难度分析
本题考查观点型论说文，难度较小。材料提供了一则寓言故事。三位工人对自己的工作表达了截然不同的看法。考生在审题时，应该思考这三位工人表达的差异，进而确定立意，撰写文章。

二、立意方向与写作思路

材料叙述了一则寓言故事：旅行者和三位工人对话。这三位工人做的是同一件事，当旅行者询问他们在做什么时，他们的回答却不同。写作可以从以下几个方面入手。

1. 心态决定格局，人要有乐观向上的心态。
2. 敬业的人最伟大，只有足够敬业才能获得事业上的成功。
3. 做事情要有远大的理想。
4. 无论是工作还是生活，都应该有长远的计划。

在具体的写作过程中，我们可以侧重于从第三个工人的优秀品质入手，分析这种优秀品质对我们工作、生活的意义，进而展开文章。

三、参考范文与高分技巧

眼界决定境界，态度决定高度

文/王嘉怡

三位工人在面对同一份工作时，分别给出了敲打石头、砌墙和盖大厦三种截然不同的态度。这启示我们：只有提高自己的眼界、放大处事的格局、拓宽解决问题的思路，才能真正走向成功。

高眼界，有助于我们实现高目标。第二次世界大战时，盟军总指挥艾森豪威尔提出，要想使美国在国际上取得绝对的话语权，就必须先啃下"硬骨头"，所以应先集中主要兵力抵抗德国。这一决定迅速扭转了法西斯战场的战局，也为美国称霸世界奠定了绝对的基础。

大格局，有助于我们取得大成就。20世纪，电话尚未普及，需要通过接线员转接。因竞争商户贿赂了接线员，原本属于一商户的顾客的电话被全部转给了竞争商户。面对这种不当竞争，这位商户痛定思痛，发明了电话自动分线装置，最终名利双收。

新思路，有助于我们开拓新领域。随着社会的不断发展，工业化进程蓄势待发，瓦特便基于此契机制造出了第一台有实用价值的蒸汽机。之后又经过一系列的重大改进，使之成为"万能的原动机"，在工业上得到广泛的应用，第一次工业革命由此拉开序幕，人类由农业领域拓展到了工业领域。

高眼界才能发展高境界，大格局才能突破大成就，新思路才能决定新出路。乘风破浪会有时，学会站在全局的角度思考问题，整个世界就会豁然开朗。

高分技巧：本文从材料中抽绎出"高眼界、大格局、新思路"三个关键词，并援引丰富的事实证明——高眼界才能发展高境界，大格局才能突破大成就，新思路才能决定新出路。全文侧重于事实论证，采用夹叙夹议的方法行文，值得我们借鉴。

2004年10月考试真题　　滑铁卢的教训

一、题干审读与难度分析

根据以下材料，自拟题目撰写一篇700字左右的议论文。

在滑铁卢战役的第一阶段，拿破仑的部队兵分两路。右翼由拿破仑亲自率领，在利尼迎战布鲁查尔；左翼由奈伊将军率领，在卡特勒布拉斯迎战威灵顿。拿破仑和奈伊都打算进攻，而且，两个人都精心制订了对各自战事而言均为相当优秀的作战计划。但不幸的是，这两个计划均打算用格鲁希指挥的后备部队，从侧翼给敌人以致命一击，但他们事前并没有就各自的计划交换意见。当天的战斗中，拿破仑和奈伊所发布的命令又含糊不清，致使格鲁希的部队要么踌躇不前，要么在两个战场之间疲于奔命，一天之中没有投入任何一方的作战行动，最终导致拿破仑惨败。

难度分析

本题考查观点型论说文，难度中等。材料提供了一段历史故事，故事中，拿破仑的部队因未及时沟通而惨败。考生在审题立意时，应该从这一角度切入，探讨沟通的重要性

二、立意方向与写作思路

分析材料得出拿破仑战败的原因，并联系现实对其进行论述。立意方向可以根据拿破仑战败的原因来联系企业管理问题，或围绕"沟通"行文。

1. 沟通的重要性。
2. 组织的重要性。
3. 领导和睦的重要性。

材料为考生阐述了"拿破仑滑铁卢之败"这一故事，我们在行文时，最好的写作思路是分析"拿破仑为什么战败"，通过追究问题的根源来阐明自己的观点。

三、参考范文与高分技巧

滑铁卢之败，败在管理

文/王嘉怡

历史上，有许许多多的大小战役，其中，滑铁卢战役不仅仅因其强悍的主将拿破仑而闻名，更是失败的代名词。虽然有两名优秀的将领，两套精心制订的相当优秀的作战计划，拿破仑却止步于滑铁卢战役。有效管理的缺失，使这支曾经横扫欧洲的军队遭受重创。不得不让人感慨，滑铁卢之败，败在管理。

滑铁卢之败，败在沟通。两套目的一致的作战计划，在如此重要的战役中，两名优秀的将领却没有就各自的计划交换意见。战场凶险，在事先的准备过程中却没进行及时、有效的沟通，这无疑为这场战役的惨败埋下了引线。没有有效的沟通，必然会导致组织的内耗，使得良好的资

源、计划等不能发挥等效的作用,实际的收益大打折扣。

滑铁卢之败,败在协调。良好的协调能力能够减少矛盾,将内耗降到最低。然而在滑铁卢战役中,两名将领没有协调好作战计划之间的矛盾,反而发布含糊不清的命令,致使格鲁希的部队要么踌躇不前,要么在两个战场之间疲于奔命,一天之中没有投入任何一方的作战行动。这不仅产生了巨大的损耗,而且最终导致拿破仑惨败。在现代企业管理中,各部门协调运作,往往能达到"1+1>2"的效果,而滑铁卢战役中这种协调的缺乏,使得失败的引线被点燃。

滑铁卢之败,败在组织。对良好的组织来说,每项活动都应该在一个管理者和一个计划下被准确地指导,且组织中的每个人都应该只接受一个上级的指挥。否则,下属会陷入混乱,整个系统会变成一团乱麻。两个将领、两套方案,以及含糊不清的命令,都使得军队混乱。

虽然滑铁卢战役早已尘埃落定,但其对今天的企业管理仍有深刻的借鉴意义。今天的管理者,必须清醒地认识到管理不当对企业的危害,并在企业内部妥善处理好沟通、协调、组织等重要工作。

高分技巧:文章围绕着这样一个核心问题——滑铁卢之战为何失败?文章的主体部分从三个角度分析了具体的原因——败在沟通、败在协调、败在组织。而且在分析失败的原因时,通过丰富的管理学或经济学知识来论证分论点,使文章具有说服力。最后总结全文,照应开头。全文分析鞭辟入里,事实充分、准确,道理清晰,是一篇考场佳作。

2005年入学考试真题 —— 考文垂决策的得失

一、题干审读与难度分析

根据下述内容，自拟题目，写一篇短文，评价丘吉尔的决策，说明如果你是决策者，在当时的情况下你会做出何种选择，并解释决策依据。700字左右。

"二战"时期，英国首相丘吉尔曾做出一个令他五脏俱焚的决定。当时盟军已经破译了德军的绝密通信密码，并由此得知下一个空袭目标是英国的一个城市考文垂。但是，一旦通知这个城市做出任何非正常的疏散和防备，都将引起德军的警惕，使破译密码之事暴露，从而丧失进一步了解德军重大秘密的机会。所以丘吉尔反复权衡，最终下令不对这个城市做任何非正常的提醒。结果，考文垂在这次空袭中一半被焚毁，上千人丧生。然而，通过这个密码，盟军了解到了德军在几次重大战役中的兵力部署情况，制定了正确的应对策略，取得了重大的军事胜利。

难度分析

本题考查评论型论说文，难度中等。材料提供了一个具有争议性的历史事件，要求考生对这一事件发表自己的看法，并解释依据。整体来说，难度不大，考生能够有理有据地表明自己的观点即可。

二、立意方向与写作思路

材料提供了一个历史事件，让考生评价，并提出"在当时的情况下你会做出何种选择，并解释决策依据"。因此，写作可以从以下两个方面入手。

1. 支持丘吉尔的做法。
2. 反对丘吉尔的做法。

立意为"支持丘吉尔的做法"时，在具体的写作过程中，可以结合经济学、社会学等方面的知识分析和论述"丘吉尔考文垂决策"的合理性；立意为"反对丘吉尔的做法"时，在具体的写作过程中，可以结合自己的分析指出"丘吉尔考文垂决策"的不合理之处。注意：无论是支持还是反对，都必须"言之有理"，最好引入经济学中"机会成本"的概念进行综合的分析和论述。

三、参考范文与高分技巧

为丘吉尔的决策点赞

文/王嘉怡

"二战"期间，丘吉尔为了获得更多更有价值的情报，选择放弃考文垂。虽然考文垂损失惨重，但是盟军也因此获得了更大的军事胜利。我认为，丘吉尔的决策是正确的。如果我是丘吉尔，我也会做出同样的选择。

首先，从经济学原理的角度来看，作为理性的人，我们时时刻刻都面临着权衡取舍，选择了A就意味着放弃了非A，任何理性的人在做选择的时候，都会偏向使自己利益最大化的一方。在这个例子中，如果选择通知考文垂，就意味着放弃了获得更多更有价值的情报；如果选择获得更多更有价值的情报，就必须放弃考文垂。两相比较，任何一个理性的人都会选择利益最大化的一方面，很显然，放弃考文垂才是最正确的决策。

其次，从具体的历史环境和条件来看，也许有人会说，这一选择对考文垂的居民不公平。持这种论调的人，只知其一，不知其二。战争是残酷的，是任何人都避免不了的。是战争，就免不了流血牺牲。虽然我们对考文垂居民的不幸表示十二万分的惋惜，但是在当时的情况下，这是不得不做的决定。作为领导者的丘吉尔，也是在反复权衡之后，才做出这一决定的。<u>我们不能仅站在考文垂的立场上批评丘吉尔，而应该站在一个更加宏观、更加具体的历史背景下来理解这一决策</u>。

最后，从领导者的根本责任和权力来看，丘吉尔作为这场战争的领导者，其根本责任是保证这场战争的胜利。为了保障这个责任，我们应该允许丘吉尔有做出选择的权力。这种赋权在丘吉尔担任领导者之前就已经完成了。所以，在不违背道德、法律的前提下，我们应该尊重丘吉尔作为领导者的选择。

综上，我认为丘吉尔的决策是正确的，我们应该为丘吉尔的决策点赞。

高分技巧：文章首段总结了丘吉尔关于考文垂的决策，并表明自己支持丘吉尔的决策。论述部分一正一反地论证了自己的观点，在进行反面论证时，结合现实展开论证，十分具有说服力。文章结尾总结全文，深化观点。

2005年10月考试真题　　最重要的事在我们身旁

一、题干审读与难度分析

根据下面这首诗,写一篇700字左右的论说文,题目自拟。

如果你不能成为挺立山顶的苍松,
那就做山谷一棵小树陪伴溪水淙淙;
如果你不能成为一棵大树,
那就化作一丛茂密的灌木;
如果你不能成为一只香獐,
那就化作一尾最活跃的小鲈鱼,享受那美妙的湖光;
如果你不能成为大道宽敞,
那就铺成一条小路目送夕阳;
如果你不能成为太阳,
那就变成一颗星星在夜空闪亮。
不可能都当领航的船长,
还要靠水手奋力划桨;
世上有大事、小事需要去做,
最重要的事在我们身旁。

难度分析

本题考查观点型论说文,难度较大。材料以诗歌的形式呈现,在理解上有一定的难度,要求考生有较强的文本分析能力。整个材料都是围绕着"世上有大事、小事需要去做,最重要的事在我们身旁"这个中心句进行说理的,所以考生在审题立意时,围绕这一点展开即可。

二、立意方向与写作思路

本题的立意十分集中,主要为以下两个方面。

1. "最重要的事在我们身旁",要从身边的事做起,从细节做起。
2. 目标的制定要符合实际情况,切忌因过高而脱离现实或者眼高手低。

材料有一个核心观点——"做最好的自己",在写作的时候可以侧重于阐述"如何才能做最好的自己",并结合具体的事实分析这一问题。

三、参考范文与高分技巧

做最好的自己

文/王嘉怡

诗歌通过苍松和小树、大道和小路、太阳和星星等的对比,向我们传递了这样一种观点:如果你不能成为伟大的人,那就请做最好的自己。

　　首先,做最好的自己要全面认识自我,不设立过高的目标。1958年5月,党的八大二次会议通过"鼓足干劲、力争上游、多快好省地建设社会主义"的总路线。会后,"大跃进"运动在全国范围内开展。全国各个地区、各个部门、各个行业相继提出了一系列不切实际的口号,相互攀比,浮夸之风刮遍全国。作为历史来看,这样脱离实际显得极其可笑。像这样没有全面认识国力、生产力,以及自我能力的运动,注定会失败。

　　其次,做最好的自己要认真尽己所能,发挥自己的实力。羽毛球奥运冠军林丹是大家敬佩的偶像,但"超级丹"不止一次赞扬自己的对手李宗伟。李宗伟在中国也有很多球迷,他的粉丝们喜欢的是他在赛场上的认真、执着,在每一次比赛中充分发挥自己的实力,尽自己最大的努力争取胜利。伟大的定义有很多种,很多人认为伟大是获得多少次奥运冠军,但是还有一种伟大是坚持的力量、拼搏向上的精神,而李宗伟恰恰做到了这一点,所以他也是我们学习的榜样。

　　最后,做最好的自己要不断提升自我,让今天比昨天更优秀。1989年出生的苏炳添,在奥运赛场上已是一位老将:2012年,在伦敦奥运会上成为中国短跑史上首个晋级男子百米半决赛的选手;2015年,以9秒99的成绩成为真正意义上第一个百米跑进10秒的亚洲选手;2021年,以9秒83的成绩挺进决赛,创造了亚洲奇迹。虽然他没有得到金牌,但他超越了昨天的自己,不断提升、不断进步,创造了一个又一个奇迹。这是对自我的一种肯定,也是对奥运精神很好的诠释。

　　人生路漫漫,我们面对大千世界,若成不了伟人,就做最好的自己。每个人对自己、对世界最大的贡献,就是成为最好的自己,展现自己所有的天分,用于利人利己的地方。

　　高分技巧:文章从诗歌中提炼出"做最好的自己"的观点。文章的主体部分从三个角度论证了"如果你不能成为伟大的人,那就请做最好的自己"。在每个分论点之下都列举了翔实的案例,这一点是最难能可贵的。文章的结尾重申诗歌的主要观点。本文首尾连贯,一气呵成,是难得的好文章。

2006年入学考试真题　未雨绸缪

一、题干审读与难度分析

根据以下材料,围绕企业管理写一篇论说文,题目自拟,700字左右。

两个和尚分别住在东、西两座相邻的山上的寺庙里。两山之间有一条清澈的小溪。这两个和尚每天都在同一时间下山去溪边挑够一天用的水。久而久之,他们就成了好朋友。光阴如梭,日复一日,不知不觉已经过了三年。有一天,东山的和尚没有下山挑水,西山的和尚没有在意:"他大概睡过头了。"哪知第二天,东山的和尚还是没有下山挑水;第三天、第四天也是如此;过了十天,东山的和尚还是没有下山挑水。西山的和尚担心起来:"我的朋友一定是生病了,我应该去拜访他,看是否有什么事情能够帮上忙。"于是他爬上了东山,去探望他的老朋友。

到达东山的寺庙,西山的和尚看到他的老友正在庙前打太极拳,一点也不像十天没喝水的样子。他好奇地问:"你已经十天都没有下山挑水了,难道你已经修炼到可以不用喝水就能生存的境界了吗?"东山的和尚笑笑,带着他走到寺庙后院,指着一口井说:"这三年来,我每天做完功课后,都会抽空挖这口井。如今终于挖出水来了,我就不必再下山挑水啦。"西山的和尚不以为然:"挖井花费的力气远远甚于挑水,你又何必多此一举呢?"

难度分析
本题考查观点型论说文,难度中等。材料提供了一则寓言故事,故事中正反双方有两种截然不同的做法,考生可以从中发现题干强调的是"未雨绸缪"的精神,以此为中心展开全文即可

二、立意方向与写作思路

材料给定了一则寓言故事以供讨论,提炼材料观点后,围绕企业管理,写作可以从以下几个方面入手。

1. 企业要有长远的目光,立足于未来思考问题。
2. 企业管理要敢于创新,从不同的视角看问题。
3. 从坚持的角度立意。

在写作过程中,一定要注意题干中的"围绕企业管理"这一要求,可以结合企业管理的不同角度展开,具体讨论在企业管理的各个领域应该如何"用发展的眼光看问题"。

三、参考范文与高分技巧

用发展的眼光看问题

文/王嘉怡

东山的和尚用做完功课后剩余的时间为自己挖了一口井。而就是这口井,使东山的和尚不用再像过去三年一样日复一日地挑水,为东山的和尚创造了更多的可利用时间。当今社会的发展非常迅速，一个企业需要管理者带着发展的眼光进行管理。

在人力资源管理方面，企业需要做好人才选拔和培养，为企业随时可能面临的变化提供足够的人员储备。现在很多企业因考虑到人力、行政等职能部门不是为企业创造营业收入的部门，而减少对人力资源管理方面的投入，这反而阻止了企业的发展。试想当企业面临一个机遇，而这个机遇需要投入大量人力、物力才能达到最佳效果时，应该如何应对呢？因此，在人力资源管理方面，需要提前储备人才和做好人才培训，才能迎接挑战。

在产品创新管理方面，企业需要不断更新、进化产品，才能适应市场需求的变化。诺基亚手机从巅峰到衰败，就是因为产品的更新与进化没有跟上市场需求的变化，从而被消费者遗弃。相反，苹果手机看到了主流消费者的偏好，没有将研发精力放在产品多样的款式上，而是更注重产品的现代化、科技化和操作的体验感，进而赢得了市场。因此，在产品创新管理方面，企业只有不断地发展，才能永生。

在业务发展管理方面，企业需要不断尝试新的业务板块，才能使企业具有多元的业务结构，以抵抗可能发生的行业风险。房地产行业已经从曾经的黄金时期进入白银时期，土地供应锐减。一些大品牌企业，如万科、链家，在早期就开始尝试长租公寓、办公空间运营等业务板块，主动适应房地产转型。因此，在业务发展管理方面，企业需要尝试新的业务板块，才能适应行业转型。

企业管理需要有发展的眼光，才能使企业永葆青春。

高分技巧：文章将中心论点确定为"用发展的眼光看问题"，并结合题干要求，围绕企业管理展开分论点。其主体部分从人力资源、产品创新、业务发展三个角度论证了这一中心论点。最后，总结全文，照应开头。本文主要采用道理论证，语言准确、鞭辟入里，是一篇佳作。

2006年10月考试真题 可口可乐的长远战略

一、题干审读与难度分析

根据以下材料,围绕企业管理写一篇论说文,题目自拟,700字左右。

20世纪80年代,可口可乐公司因缺少发展空间而笼罩在悲观情绪之中:一方面,它以35%的市场份额控制着软饮料市场,这个市场份额几乎是在反垄断政策下企业能达到的最高点;另一方面,面对更年轻、更充满活力的百事可乐的积极进攻,可口可乐似乎只能采取防守的策略,为一两个百分点的市场份额展开惨烈的竞争。尽管可口可乐的主管很有才干,员工工作努力,但是他们的内心其实很悲观,看不到如何摆脱这种宿命:在顶峰上唯一可能的路径就是向下。

郭思达(Roberto Goizueta)在接任可口可乐的CEO后,在高层主管会议上提出这样一些问题:"世界上44亿人口每人每天消费的液体饮料平均是多少?"答案是:"64盎司。"(1盎司约为31克)"那么,每人每天消费的可口可乐又是多少呢?""不足2盎司。""那么,在人们的肚子里,我们的市场份额是多少?"郭思达最后问。

通过这些问题,高管和员工们关注的核心问题不再是可口可乐在美国可乐市场中的占有率,也不再是在全球软饮料市场中的占有率,而变成了世界上每个人要消费的液体饮料市场中的占有率。而这个问题的答案是:可口可乐在世界液体饮料市场中所占的份额微乎其微,少到可以忽略不计。高层主管们终于意识到,可口可乐不应该只盯着百事可乐,还有咖啡、牛奶、茶,甚至水,而这一市场的巨大空间远远超出人们的想象。

> **难度分析**
>
> 本题考查观点型论说文,难度中等。材料为一个管理学案例,其核心是郭思达的提问,我们只要理解这些问题,并以此立意撰写一篇文章即可

二、立意方向与写作思路

本题的立意角度较多,考生在具体的写作过程中,以企业管理为背景,以郭思达的提问为中心,选择以下一个方面展开即可。

1. 遇到困难要善于变通。
2. 企业不仅要盯紧市场,还要有所创新。
3. 企业看问题的目光要长远。
4. 运用智慧,找准适合自己的方向,做出适合自己的决策。
5. 企业管理者要有大局观。
6. 企业要多样化发展。

在具体的写作过程中,考生可以结合企业管理尝试具体地讨论郭思达这些提问在实际应用中的作用和意义。注意一定要结合企业管理的具体事实进行分析,千万不要以空对空,泛泛而谈。

三、参考范文与高分技巧

变通赢得发展

文/王嘉怡

20世纪80年代,可口可乐公司在新任CEO的带领下,用"跳出盒子"的思考方式分析公司的发展方向和未来,善于创新、敢于突破,为可口可乐现今的霸主地位打下了坚实的基础。放眼全球,只有那些敢于离开舒适区、勇于挑战、善于不断创新的企业,才能真正做到占领市场,引领未来。

敢于离开舒适区,方能破茧成蝶。任何企业,如果只躺在功劳簿上,只经营自己擅长的业务,那么很容易就会消失在激烈竞争的商业红海里。当年,由于经济危机,百年老店GE连年面临着巨额亏损,如何使这个标志着"美国梦"的企业存活下去?时任总裁韦尔奇带领团队离开舒适区,进行系列改革:一是砍业务;二是砍组织。再次实现了"美国梦"。因此,带领团队离开舒适区,为企业创造更高的价值,方能破茧成蝶。

勇于挑战,方能打下新的疆土。不惧挑战,勇于突破,是现今企业占领市场的良方。星巴克CEO霍华德·舒尔兹不惧挑战,在经过近十年的市场调研和分析后,于2018年在意大利开设了第一家星巴克,使星巴克离征服意大利市场的目标更近了。因此,勇于挑战,无论是挑战自我还是挑战难以攻占的市场,都可为企业带来一方新的天地。

善于不断创新,方能引领未来。企业的创新基因将影响企业的未来。无论是马斯克提出要创造特斯拉电动车的时候,还是他提出要研发一套属于特斯拉自己的无人驾驶技术的时候,得到的都不是支持,而是汽车行业大佬们的嘲讽,但他并没有放弃,而是坚持自己的创新理念。现今,汽车行业的大佬们无一不恍然大悟般地紧跟特斯拉。因此,创新是企业成功的重要基因。

长风破浪会有时,直挂云帆济沧海。企业管理者要"跳出盒子"思考,敢于离开舒适区,勇于挑战并善于不断创新,方能使企业顺利前行!

高分技巧:文章针对郭思达的提问提炼出这样的中心论点——"要敢于离开舒适区、勇于挑战、善于不断创新"。首段直接提出自己的观点。主体段落分别论述了三个分论点,并且利用丰富的案例来支撑自己的观点,增强文章的说服力。最后总结全文,首尾照应。整篇文章事例充分,论证严密,是一篇佳作。

2007年入学考试真题　　第一个脚印的魅力

一、题干审读与难度分析

读以下材料,写一篇700字左右的议论文,题目自拟。

电影《南极的司各脱》讲述了英国探险家司各脱上校到南极探险的故事。司各脱历尽艰辛,终于到达南极,却在归途中不幸被冻死。在影片的开头,有人问司各脱:"你为什么不能放弃探险的生涯?"他回答:"留下第一个脚印的魅力。"司各脱为留下第一个脚印付出了生命的代价。

难度分析

本题考查观点型论说文,难度中等。材料提供了一部电影的片头。材料中司各脱面对别人的提问,回答自己去南极是为了"留下第一个脚印的魅力"。考生需要理解这句话的真正含义,并且围绕探索精神撰写一篇文章

二、立意方向与写作思路

材料讲述的是一位探险家热衷于探险,最终献出生命的故事。写作立意方向如下。

1. 敢于冒险,敢于挑战。
2. 敢为天下先,做第一个吃螃蟹的人。
3. 冒险虽然收益比较大,但是风险也很大,要辩证地看待冒险。

要注意,材料中提到了一个具有比喻色彩的核心词——"第一个脚印"。考生在写作时,如果能从这一角度切入,结合理论与实际展开论述,则可以写出比较贴合主题的文章。

三、参考范文与高分技巧

第一个脚印的魅力

文/王嘉怡

英国探险家司各脱历尽艰辛抵达南极,却在返回途中不幸被冻死,有人曾问他为什么不放弃探险,他的回答是留下第一个脚印的魅力。人类历史上向来不缺勇于探索真理、追求开拓创新的先行者,他们在各自的领域都留下了"第一个脚印",而这些"脚印"不断引领着社会向前发展。留下第一个脚印的魄力,魅力无穷。

什么是第一个脚印的魅力? 2021年东京奥运会落下帷幕,我国的体育健儿在面对更高、更快、更强的目标时,奋勇向前。打破亚洲短跑纪录的苏炳添、远超第二名的挺举冠军李雯雯、14岁的新一代"跳水皇后"全红婵,无一不在各自的领域留下了第一个脚印。留下第一个脚印,就是要勇于面对挑战自我、超越自我的追求。这种追求,就是第一个脚印带给我们的魅力。

为什么要追求第一个脚印? 现代社会发展迅速,新的领域层出不穷,跟上世界发展的脚步并改变世界发展方向,成为当代人的追求。如今,支付宝、微信等线上支付功能已渗透我们每个人

的生活,其安全、高效、便捷的特征,让无纸化支付迅速抢占市场,为支付方式的改变留下了第一个脚印。为什么要追求第一个脚印?为的就是保持饥饿感、永不满足现状的精神,拿出绝对的勇气,奋勇向前。

怎样追求第一个脚印?首先,我们要明确追求,敢于制定符合自己实力的奋斗目标,并向更高领域的未知发起挑战,肩负起继往开来的宏伟抱负。其次,我们要积极地顺应经济全球化的发展,推动科技创新,不断拼搏,为赢得未来而努力向前。最后,我们要有直面挫折的勇气,任何事物的发展都不可能一帆风顺,及时吸取教训,总结经验,以"三千越甲可吞吴"的坚定信念继续向前。

路漫漫其修远兮,吾将上下而求索。我们必将担负责任,不断突破,追求卓越,为促进全人类发展的目标设定更高的标准、更严的要求,书写新时代下拼搏的华章,为世界留下一个又一个富有魅力的脚印。

高分技巧:本文采用递进式的写作方法,围绕着"第一个脚印"展开,详细地分析了这种勇于探索、直面挑战的精神对我们人生的影响。全文采用了夹叙夹议的方法,在叙述案例的同时展开议论,值得我们学习。

2007年10月考试真题 给"眼高手低"正名

一、题干审读与难度分析

读以下材料,写一篇700字左右的议论文,题目自拟。

著名作家曹禺先生说过这样一段话:我看,应该给"眼高手低"正名。它是褒义词,而不是贬义词。我们认真想一想,一个人做事眼高手低是正常的,只有眼高起来,手才能跟着高起来。一个人不应该怕眼高手低,怕的倒应该是眼也低手也低。我们经常是眼不高,手也低的。

难度分析

本题考查观点型论说文,难度较大。材料为一段曹禺先生说过的话。这段话主要集中于对"眼高手低"这个词的论述。论述非常辩证,考生需要仔细分析才能够理解其真正的含义

二、立意方向与写作思路

材料的核心是关于"眼高手低"的论证。考生应该立足于"只有眼高起来,手才能跟着高起来",找到正确的立意。本题可参考以下立意。

1. 只有眼界高,能力才会提高。
2. 要制订高远的目标,这样才能成功。
3. 仰望天空,脚踏实地。
4. 眼要高,手也要高。

在具体的写作过程中,考生应该注意材料中曹禺先生关于"眼高手低"的一个全新的阐述,所以考生可以具体阐述何为"眼高"?何为"手低"?"眼高手低"的具体含义及其作用。

三、参考范文与高分技巧

给"眼高手低"正名

文/王嘉怡

曹禺先生曾说过一段话为"眼高手低"正名,他认为一个人做事只有眼高起来,手才能跟着高起来。现实看来也是如此,只有眼界变高,能力才会随之提高;只有树立高远的目标,远大的理想才能得以实现。

眼高,树立高远目标。2021年东京奥运会落下帷幕,我国的体育健儿奋勇拼搏,实现了多个项目的新突破。乒乓球运动员马龙更是在这一届奥运会上实现了历史上唯——一个全满贯记录。正是因为他为自己的职业生涯持续地设定新的目标,他才能不断突破自我,实现更高的理想;也正是因为他有着别人不敢尝试的高要求,他才能一次次地超越极限,创造奇迹。

手低,激励不断前进。单看《白鹿原》这部作品,很难想象它的作者陈忠实曾官至厅级。为了创作这本长篇小说,实现自己年少的文学梦,他毅然辞去职务,从零学起,只为追求自己爱了一辈

子的东西。手低在这里并不意味着能力不足,而是代表着一种面对未知勇往直前的勇气与魄力,这种力量推动着人朝着理想不断前行。

眼高加手低,明确高远目标,不断提升自身能力。近现代美国发展迅猛,以其资本优势垄断了世界上多数高新技术产业,使得其他国家在美国的笼罩下发展受阻。但是华为并没有妥协,它将自己的目标放在了垄断之上,不断引进高新技术人才,不断努力进行技术革新,终于突破层层封锁,率先掌握了5G技术,掌握了科技领域新的话语权。眼高才有动力,手低才能前行,这最终铸就了华为今天的成就。

综上所述,我们在发展的过程中既要能够仰望天空,又要做到脚踏实地。如今面对个人发展的前进步态、国家艰巨的改革发展任务,以及复杂敏感的企业生存环境,我们必须做到提高眼界,树立高远的目标,在追逐目标的同时不断充实、不断提高,砥砺前行,相信最终梦想会照进现实。

高分技巧:本文采用步步为营的方法,先分别论证曹禺先生语境下"眼高"和"手低"的含义与作用。在此基础上,论证二者结合的必要性,充分深化主题。此外,结尾立足于曹禺先生的论述,结合现状展开,行文方式难能可贵。

2008年入学考试真题 "原则"与"原则上"

一、题干审读与难度分析

"原则"就是规矩,就是准绳,而在日常生活和工作中,常见的表达方式是:"原则上……,但是……。"

请以"原则"与"原则上"为议题写一篇论说文,题目自拟,700字左右。

难度分析
本题考查关系型论说文,难度较大。要求考生理解"原则"和"原则上"这两个词的真正含义,以及二者之间的关系,并在此基础上撰写一篇文章

二、立意方向与写作思路

本题指定以"原则"与"原则上"为议题进行写作,可以从二者之间的关系入手展开探讨,也可以单独议论"坚持原则"。但是仔细体会题干,会发现材料对"原则上……,但是……"是持否定态度的,所以在具体的写作过程中最好避免这一不良现象。讨论"原则上"这一不良现象的根源、影响,并在此基础上具体地阐述如何杜绝这一不良现象。

三、参考范文与高分技巧

莫让"原则上"钻了空子

文/王嘉怡

在日常生活和工作中,我们经常会听到"原则上……,但是……"这样的说法,"原则"与"原则上"仅有一字之差,含义却天差地别。因为"原则"是规矩,是准绳,而"原则上"却是一种腐败现象。

这种腐败现象有什么危害?社会发展至今,需要公平的人才选拔机制,然而"原则上"的出现会损害公平、公正的制度。极少数腐败分子利用手中掌握的特权,喊着"原则上"的口号,不断向人才队伍输送既得利益者。这就拉低了整体人才的档次,导致部分行业和地区的发展出现停滞不前甚至倒退的现象。

为什么会出现这种腐败现象?俗话说,人为财死,鸟为食亡。正是这种人类原始的欲望和弱点,驱动了利益的车轮,况且如今精神世界愈发丰富,极个别领导干部被拜金主义、享乐主义和极端利己主义所腐蚀,不惜违法犯罪,用轻飘飘的一句"原则上"来破坏"原则"。在他们看来,这小小的一个改变,既能收获利益,又能满足欲望,还能进一步巩固自己的权力,这种"好事",当然会使某些腐败分子逐渐忘记了应该如何正确地对待人民赋予的权力。

怎样杜绝这种腐败现象?首先,要使当权者不敢腐。加强政府的调控和管理力度,建立健全的领导干部正确使用权力的监管机制,将腐败现象扼杀在摇篮里。其次,要使当权者不能腐。进一步完善与社会主义市场经济、民主政治,以及精神文明建设相匹配的法律法规,深化政治经济体制改革,从根本上杜绝腐败现象。最后,要使当权者不愿腐。要加强党风廉政建设,树立"全心全意为人民服务"的公仆意识,使广大领导干部真正认识到"廉洁"的含义,自觉抵制这种错误思潮。

　　腐败现象是当今社会必须根治的"毒瘤",我们要尽快推进党风廉政建设和反腐败工作,与时俱进,求真务实,对"原则上"这一腐败说法坚决说不,努力开创新时代反腐倡廉的新局面。

　　高分技巧:整篇文章采用递进式的写作方法,层层深入。首先,分析了这种腐败现象给社会发展带来的影响与危害;其次,具体分析了出现这种腐败现象的原因;最后,提出了一系列根治腐败现象的办法。

2008年10月考试真题　卷柏的启示

一、题干审读与难度分析

根据以下材料写一篇论说文,题目自拟,700字左右。

南美洲有一种奇特的植物——卷柏。说它奇特,是因为它会走。卷柏生存需要充足的水分,当水分不充足的时候,它就会自己把根从土壤里拔出来,让整个身躯卷成一个圆球状,由于体轻,只要稍有一点风,它就会随风在地面上滚动。一旦滚到水分充足的地方,圆球就会迅速打开,根重新钻到土壤里,暂时安居下来。当水分又一次不充足,住得不称心如意时,它就会继续游走,以寻找更好的生存环境。

难道卷柏不走就生存不了吗?一位植物学家做了一个实验:用挡板圈出一块空地,把一株卷柏放到空地中水分最充足的地方。不久,卷柏便扎根生存下来。几天后,当这处空地水分减少的时候,卷柏便拔出根须,卷起身子准备换地方。可实验者并不理会准备游走的卷柏,并隔绝一切可能使它移走的条件。结果实验者发现,卷柏又重新扎根生存在那里,而且在几次将根拔出又动不了的情况下,便再也不动了。实验还发现,此时卷柏的根已深深地扎入泥土,而且长势比任何一段时间都好,可能是它发现根扎得越深,水分就越充分……

难度分析

本题考查观点型论说文,难度中等。材料为一段关于卷柏的论述。考生在审题立意的时候,一定要抓住卷柏对环境的适应这一关键点,并以此为核心撰写文章。

二、立意方向与写作思路

本题以卷柏为材料,考生在具体的写作过程中,应该通过揭示这则材料蕴含的道理进行分析。本题的参考立意如下。

1. 要善于根据身边环境的变化调整自己,以适应环境。
2. 在身处逆境的情况下,要勇于和逆境做斗争。

考生在具体的写作过程中,可以从"适应环境"这一角度切入,具体讨论如何才能"适应环境",围绕着"实现中心论点需要做什么"这一问题进行写作。

三、参考范文与高分技巧

学会适应环境

文/王嘉怡

蒙田说:"既然不能驾驭外界,我就驾驭自己。如果外界不适应我,我就去适应它们。"卷柏正是由于适应环境才能茂盛生长。因此,学会适应环境,是一种为人处世的智慧。

适应环境需要根据周围环境发挥自身专长。宋玉是屈原的学生,楚襄王曾经问他为什么有不少人对他抱有成见。宋玉答道:"歌唱家在都城广场上演唱《下里》《巴人》,有几千听众跟唱;当他唱起《阳河》,也有百余人附和;而当他高歌那些悠长婉转、曲调困难的歌曲,则跟唱者寥寥。"宋玉口中的歌唱家正是无法根据所处的环境选择歌曲,才使得只有很少的听众心生共鸣。可见,人们要懂得适应环境,从而将自己的专长发挥到极致。

适应环境需要改变自身心态。"曾惊秋肃临天下,敢遣春温上笔端。"世道已然恶浊如斯,鲁迅先生却以笔为枪,在这个令他爱恨交加的世间,适应之,亦改变之。由此可见,我们即使身处恶劣环境,也不要怨天尤人,勇于适应环境,方能取得更大的成就。

适应环境需要顺应时代的潮流以谋求自身的发展。自中国加入世贸组织以来,越来越多的企业迈出了"走出去"的步伐。迄今为止,格力集团已在巴西建立了年产量超过二十万台的空调厂,海尔集团在美国建立了年产量多达五十万台的冰箱厂。经济全球化的浪潮汹涌而来,中国企业只有顺应全球化的潮流,才能避免被其击垮的命运,而学会借助全球化的东风,则更有利于企业的发展壮大,中国制造也必将成为产量高、质量优的代名词。

适应环境并不意味着随波逐流,而是要与时俱进,要使逆境成为"磨刀石",如此,我们才能离成功更近,离理想更近。

高分技巧:文章从材料中提炼出了"适应环境"这一主题。之后全文围绕着"如何适应环境"这一主题,从三个角度展开论述。在具体的论证过程中,以事实论证为基础,以道理论证为辅助,二者结合,增强文章的说服力。结尾总结全文,深化主题。

2009年入学考试真题 ▎▎ 三鹿奶粉事件

一、题干审读与难度分析

以"由三鹿奶粉事件所想到的"为题,写一篇700字左右的论说文。

难度分析

本题考查观点型论说文,难度中等。材料提到了一个社会事件——三鹿奶粉事件,要求考生以"由三鹿奶粉事件所想到的"为题撰写一篇文章。考生可以分析这一事件产生的原因、造成的恶劣影响,以及如何杜绝此类事件再次发生等。

二、立意方向与写作思路

这是一篇命题作文,参考题目直接针对相关主题展开即可,可以从以下几个方面入手。

1. 企业经营要讲良心、诚信。
2. 企业经营的道德。
3. 企业的社会责任。
4. 法律监管的问题。

"三鹿奶粉事件"最核心的问题是诚信缺失,考生从这一角度切入是比较切题的。考生可以在写作过程中具体阐述:①企业诚信的意义。②企业为何要诚信?③企业如何才能做到诚信经营?注意一定要结合具体的事例进行分析。有道理分析、事实分析,才能深入探讨这一问题。

三、参考范文与高分技巧

由三鹿奶粉事件所想到的

文/王嘉怡

2008年,三鹿奶粉事件爆发,这让国人对我国的奶制品行业产生了信任危机,也让外国友人对"中国制造"这一标签产生了质疑。三鹿奶粉中的三聚氰胺导致许多婴儿患病甚至死亡,这不得不让人反思,到底是什么引发了这场悲剧?追根溯源,不难发现,企业的诚信经营乃是重中之重。

诚信是企业经营的一种资本,是企业发展无形的推动力。依靠诚信经营,树立良好的企业形象,进而提升企业竞争力已成为企业发展所必须具备的前提条件。市场经济下,企业经营必须依靠由诚信与法律组成的"双轮车",诚信是坚实基石,法律是有力保障,若没有诚信这一坚实基石,法律就犹如建在沙土上的高层建筑。对市场经济下的公司而言,诚信经营是立业之本、兴业之道。

企业为何要诚信经营?人无信不立,业无信不兴,国无信则衰。海尔集团始创于1984年。然而刚刚成立一年时,海尔就被用户投诉冰箱有质量问题。时任海尔厂长的张瑞敏立刻下令进行质量检查,发现了 76 台不合格的冰箱。虽然一些冰箱只有小瑕疵,维修便可重新上市,但是张瑞敏果断下令将其全部砸毁。这一砸,为初出茅庐的海尔赢得了美誉,而诚信经营的理念也使其越做越强。

企业如何做到诚信经营?从经营者自身做起,从小事做起,诚信为人,方可诚信经营。著名教育家唐文治先生曾说:"欲成第一等学问、事业、人才,必先砥砺第一等品行。"所谓第一等品行,即诚信。企业若想做到诚信经营,大到经营者,小到最底层员工,都要谨守诚信的底线。

"大哉一诚天下动!"诚信是企业发展壮大的根本。在当今消费品质不断升级的时代,我们更应该脚踏实地、诚实守信。用最踏实的态度、最务实的行动、最诚实的品质,赢得消费者的信赖。

高分技巧:文章首先从"三鹿奶粉事件"入手,提炼出"诚信"这一主题。接下来,在文章主体部分围绕着"企业诚信的意义""为何要诚信经营?""如何做到诚信经营?"三个分论点展开。在具体的论证过程中,道理论证与事实论证相结合,十分深入。最后总结全文,深化主题。

2009年10月考试真题　团结就是力量

一、题干审读与难度分析

根据以下材料,写一篇700字左右的论说文,题目自拟。

《动物世界》里的镜头:一群体型庞大的牦牛正在草原上吃草。突然,不远处来了几只觅食的狼。牦牛群奔跑起来,狼群急追……终于,有一头体弱的牦牛掉队,寡不敌众,被狼分食了。

《动物趣闻》里的镜头:一群牦牛正在草原上吃草。突然,来了几只觅食的狼。一头牦牛发现了狼,它的叫声提醒了同伴。领头的牦牛站定与狼对视,其余的牦牛也围在一起,站立原地。狼在不远处虎视眈眈地转悠了好一阵,见没有进攻的机会,就没趣地走开了。

难度分析

本题考查观点型论说文,难度中等。材料提供了两个镜头。两相对比,我们可以找出材料的核心观点——团结就是力量。在具体的写作过程中,以此为核心展开文章即可

二、立意方向与写作思路

材料罗列了两个截然相反的镜头,通过对比发现,最集中、突出的中心就是"团结合作"。考生在具体的写作过程中,可以讨论合作的意义和作用。

三、参考范文与高分技巧

合作发展,互利共赢

文/王嘉怡

掉队的牦牛寡不敌众,被狼群分食;合作的牦牛团结一致,丝毫没给狼群机会,成功地保护了自己。在现代社会,这启示我们:在任何时候,合作发展自然能积功兴业。

合作发展,有利于集中资源。单丝不成线,独木不成林。与志同道合者合作,互惠互利,持之以恒,就能共同快速发展。我国同有关国家和国际组织一道勾画"一带一路"建设合作愿景,政策沟通、设施联通、贸易畅通、资金融通、民心相通,这是一条合作之路,更是一条希望之路、共赢之路。

合作发展,有利于共享信息。合作聚力、信息畅通,才能促进资源高效配置和市场深度融合。在当前新冠肺炎疫情常态化防控工作中,国务院联防联控机制是工作顺利开展的有力保障,相关部门明确职责,分工协作,共享信息,形成防控疫情的有效合力,获得了无数肯定和好评。

合作发展,有利于追求卓越。天时不如地利,地利不如人和。团结合作、包容普惠、互利共赢才是越走越宽的人间正道。"为有牺牲多壮志,敢教日月换新天。"中国共产党百年来踔厉奋发,团结一切可以团结的力量,带领全国各族人民披荆斩棘。如今,我们党、我们国家又与他国携起手来,构建全球伙伴关系网络,建设发展共同体、命运共同体,开辟公平、开放、全面、创新的发展

之路。可见,深化交流合作,是追求卓越的不二法门。

　　反观当前,部分国家内顾倾向加重,参与国际发展合作的意愿减退,拒绝开放合作,不断"退群",执迷不悟,势必在当前开放共赢的大势中被湮没。而这也从另一个角度说明,只有加强团结协作,才能开创美好未来。

　　万人操弓,共射一招,招无不中。在百年未有之大变局的背景下,我们应该抓住机遇,携手开创"团结合作、互惠共享"的美好未来。

　　高分技巧:本文采用了平行式的展开方式,重点讨论了合作对发展前进的重要意义。全文采用规范化的写作模式:先列分论点,再从道理和事实两个角度展开,最后总结全文。有开有合,结构严谨。

2010年入学考试真题 —— 追求真理

一、题干审读与难度分析

根据下述材料,写一篇700字左右的论说文,题目自拟。

一个真正的学者,其崇高使命是追求真理。学者个人的名利乃至生命与之相比都微不足道,但因为其献身于真理,就会变得无限伟大。一些著名大学的校训中都含有追求真理的内容。然而,近年学术界的一些状况与追求真理这一使命相去甚远,部分学者的功利化倾向越来越严重,抄袭剽窃、学术造假、自我炒作、沽名钓誉等现象时有所闻。

难度分析

本题考查观点型论说文,难度中等。材料提供了一段论述,从正、反两个方面强调了追求真理的重要意义,凸显了材料的中心词,考生从这一角度切入即可。

二、立意方向与写作思路

本题应该抓住主旨信息,从而得出相应的主题。

1. 拒绝功利化,拒绝沽名钓誉。
2. 追求真理。
3. 学者的使命和目标。
4. 学者的献身精神。

在具体的写作过程中,我们可以围绕"如何做才能追求真理"这一主题,讨论学者追求真理的方法,并结合具体的事例讨论学者追求真理应该具有的品质。

三、参考范文与高分技巧

追求真理,从我做起

文/王嘉怡

一个真正的学者的崇高使命是追求真理,相较于真理,个人的名利乃至生命都微不足道。其实何止是学者,每个人都因追求真理而变得伟大。屈原曾说:"路漫漫其修远兮,吾将上下而求索。"这正是告诉我们要不懈地追求真理,光阴才不会虚度。

追求真理要勤奋钻研、刻苦坚持。中国科学院院士、两弹一星功勋奖章获得者孙家栋的一生与中国航天的多个第一紧密相连。他不断追求真理,勤奋刻苦、不畏艰难、始终如一,把毕生都奉献给了中国航天事业。"少年勤学,青年担纲,你是国家的栋梁。导弹、卫星、嫦娥、北斗,满天星斗璀璨,写下你的传奇。年过古稀未伏枥,犹向苍穹寄深情。"孙家栋因追求真理、不断探索而伟大。

追求真理要不畏权威、勇于献身。伽利略被誉为"近代科学之父"。他不畏权威,用系统的观察和实验推翻了亚里士多德的观点,为牛顿理论体系的建立奠定了基础,却也因此遭到了教会的迫害,晚年被监禁。但他从未因畏惧权威与教会的势力而停下追求真理的脚步,他是一名为维护真理而不屈不挠的战士,他将整个生命都献给了对真理的追求,被历史铭记。

追求真理要淡泊名利、勤劳简朴。中国航天之父、火箭之王钱学森是全世界人民所敬仰的中国顶级科学家,是中国航天的崇高形象。他一生勤俭朴素、淡泊名利,不断追求真理,为我国的航天事业鞠躬尽瘁。这样的人,让人肃然起敬。在他心里:国为重,家为轻,科学最重,名利最轻。

孔子曰:"朝闻道,夕可死矣。"可见中华民族自古以来就不曾停下追求真理的脚步。人因追求真理而变得不平凡。追求真理,从我做起。

高分技巧:材料的核心观点是"追求真理",本文就将这一观点作为中心论点。文章的主体部分从三个角度阐述了"如何做才能追求真理"。在具体的论证过程中,援引了很多具有代表性的案例来佐证自己的观点,且将道理论证和事实论证相结合,十分深入。结尾总结全文,深化主题。本文结构完整,语言准确,逻辑清晰,是一篇优秀的文章。

2011年入学考试真题 "拔尖"与"冒尖"

一、题干审读与难度分析

根据下述材料,写一篇700字左右的论说文,题目自拟。

众所周知,人才是立国、富国、强国之本。如何使人才尽快地脱颖而出,是一个亟待解决的问题。人才的出现有多种途径,其中有"拔尖",有"冒尖"。拔尖是指被提拔而成为尖子,冒尖是指通过奋斗、取得成就而得到社会公认。有人认为,我国当今某些领域的管理人才,拔尖的多而冒尖的少。

> **难度分析**
>
> 本题考查关系型论说文,难度较大。要求考生理解"拔尖"和"冒尖"两种选拔人才的方式。考生可以探讨这两种方式的利弊。材料强调我国当今某些领域的管理人才"拔尖的多而冒尖的少",考生也可以从这一角度切入,将中心论点确定为"鼓励更多的人才'冒出来'"。

二、立意方向与写作思路

材料中的"拔尖"和"冒尖"指选拔人才的两种方式,在写作时要掌握它们的含义,辩证地看待二者。写作立意方向如下。

1. 支持"拔尖"。
2. 支持"冒尖"。
3. 选拔人才要"拔尖"和"冒尖"相结合。

仔细分析材料我们会发现,材料提出了这样一个问题——"拔尖的多而冒尖的少",所以针对这一问题,我们应该提出具体的解决措施——鼓励更多的人才"冒出来"。

三、参考范文与高分技巧

鼓励更多的人才"冒出来"

文/王嘉怡

人才是立国、富国、强国之本,"拔尖""冒尖"都是选拔人才的方式。但是当下我国某些领域的实际情况是"拔尖的多而冒尖的少",这难免有失平衡,因此应该鼓励更多的人才"冒出来"。

什么叫"冒出来"?"冒出来"就是通过制度激励,鼓励人才毛遂自荐。一个相对公平、公正、公开的晋升制度能够让员工认识到只要努力,就能有收获,并愿意通过不断努力,发掘自己的潜能,完善自身的不足;能够使人才本身的优势和能力凸显出来,使其更容易服众;能够有利于形成人才之间相互促进、相互学习的氛围。

为什么要鼓励人才"冒出来"?人在工作中需要交流与成长。推行"冒出来",可以在企业中产生鲶鱼效应——只要有一个努力上进的员工,就会给整个企业的员工一种潜在的危机感和奋斗感,进而带动整个企业的学习氛围,盘活企业,促进企业健康可持续发展。

<u>怎样鼓励人才"冒出来"？</u>第一，制度支持。落实明确、公开透明的晋升制度，为员工创造一个良好的竞争环境。第二，社会舆论的监督。加大制度的宣传力度，并发挥社会舆论的监督作用，营造良好的发展风气，促进企业与个人的双向发展。第三，人才自身的努力。无论是制度支持，还是社会舆论的监督，其重要程度都不及人才自身的努力。打铁还需自身硬，人才自身的能力达到优秀水平，自然会"冒出来"。

　　<u>我劝天公重抖擞，不拘一格降人才</u>。纵观历史长河，成大事者，大多为敢于"冒出来"的人才。随着中国改革开放进程的深化，我们更需要不断地鼓励人才"冒出来"，积极地寻求突破，为广大有为青年提供更加广阔的发展平台。

　　高分技巧：本文采用递进式的写作方法，采取"是什么—为什么—怎么样"的写作方式，依次阐述了"人才'冒出来'"的相关问题，并在具体的论证过程中结合了企业管理的相关知识。文章以道理论证为主，层层深入，值得我们学习。

2011年10月考试真题 ｜｜ 杨善洲的大爱

一、题干审读与难度分析

根据下述材料,写一篇700字左右的论说文,题目自拟。

2010年春天,已持续半年的干旱让云南很多地方群众的饮水变得异常困难,施甸县大亮山附近群众家里的水管却依然有清甜的泉水流出,他们的水源地正是大亮山林场。乡亲们深情地说:"多亏了老书记啊,要不是他,不知道现在会是什么样子。"

1988年3月,61岁的杨善洲从保山地委书记的岗位上退休,婉拒了省委书记劝其搬至昆明安度晚年的邀请,执意选择回到家乡施甸县种树。20多年过去了,曾经山秃水枯的大亮山完全变了模样:森林郁郁葱葱,溪流四季不断;林下山珍遍地,枝头莺鸣燕歌……

一位地委书记,为何退休后选择到异常艰苦的地方去种树?

"在党政机关工作多年,因工作关系没有时间去照顾家乡父老,他们找过多次我也没给他们办一件事。但我答应退休后帮乡亲们办一两件有益的事,许下的承诺就要兑现。至于具体做什么,考察来考察去,还是为后代绿化荒山比较现实。"关于种树,年逾八旬的杨善洲这样解释。

难度分析

本题考查观点型论说文,难度中等。材料为杨善洲的先进事迹,其身上显著的品质是奉献以及全心全意为人民服务。考生从这一角度切入,撰写一篇文章即可

二、立意方向与写作思路

材料是一则真人真事,退休老书记坚持为家乡荒山种树20年,改变家乡面貌。考生在审题立意时抓住杨善洲无私奉献的高尚品质即可。写作立意方向如下。

1. 人生的价值在于无私奉献。
2. 身为领导者,要把为人民服务当作自己的使命。
3. 信守承诺的重要性。
4. 领导者榜样的力量。
5. 发扬艰苦奋斗的精神。

在具体的写作过程中,最好集中于"奉献"这一主题,阐述这一品质的意义和价值。建议采用平行式的方法展开写作,具体阐述奉献精神的内涵。

三、参考范文与高分技巧

人生的意义在于奉献

文/王嘉怡

退休老书记婉拒了省委书记劝其搬去昆明安度晚年的邀请,选择回到家乡造福人民。人生

有许多选择,当你走近生活,远离世俗尘嚣,你会发现有这样一群无私的人,他们选择奉献家乡、奉献社会,无时无刻不在燃烧自己,点亮他人。因为,人生的意义不在于索求,而在于奉献。

人生的意义在于奉献,奉献是一种舍己为人的生活态度。老书记放弃安逸的晚年生活,执意到家乡种树,他这种舍己为人的态度,让一座荒山在20多年后变得郁郁葱葱。是他的奉献精神,让当地群众不必受难取水之苦,也正是这种无私大爱让其退休后的生活充满意义。

人生的意义在于奉献,奉献是一种超越常人的理想抱负。纳尔逊·曼德拉进行了长达50年的艰苦斗争,终其一生,只为在那个常人看来政权被白人紧握便不可颠覆的年代,推翻南非白人的种族主义统治。曼德拉的奉献精神赋予其超越常人的理想抱负,为消除种族歧视做出了巨大的牺牲。可以说,没有曼德拉就没有如今的南非,一生都在奉献自己的他也在为理想抱负奋斗的过程中实现了其超然的人生意义。"南非国父"的称谓对他来说当之无愧!

人生的意义在于奉献,奉献是一种代代相传的传统美德。中国人自古以来就有奉献精神,如诸葛亮的"鞠躬尽瘁,死而后已",范仲淹的"先天下之忧而忧,后天下之乐而乐",雷锋的"全心全意为人民服务"。奉献精神在中国拥有持久的生命力,经久不衰。在这薪火相传的历史中,"奉献"已经成为一种民族美德,融入了中华民族的血脉精魂之中。我们有责任,也有义务,将这份传统美德发扬光大,并且代代相传。

人生的意义在于奉献,让更多人感受到温暖的同时也升华了自己的人生,何乐而不为!

高分技巧:文章从杨善洲的感人事迹中提炼出了"人生的意义在于奉献"这一核心观点,并以此为中心论点。在具体的论证过程中,夹叙夹议,道理论证与事实论证相结合。最后总结全文,深化中心论点。本文结构完整,逻辑清晰,内容充实,语言准确,是一篇佳作。

2012年入学考试真题 逐臭之恶习

一、题干审读与难度分析

根据下述材料,写一篇700字左右的论说文,题目自拟。

中国现代著名哲学家熊十力先生在《十力语要》(卷一)中说:"吾国学人,总好追逐风气,一时之所尚,则群起而趋其途,如海上逐臭之夫,莫名所以。曾无一刹那,风气或变,而逐臭者复如故。此等逐臭之习,有两大病。一、个人无牢固与永久不改之业,遇事无从深入,徒养成浮动性。二、大家共趋于世所矜尚之一途,则其余千途万途,一切废弃,无人过问。此二大病,都是中国学人死症。"

难度分析
本题考查观点型论说文,难度较大。材料提供了熊十力先生的一段论述,这是一篇文言文材料,在理解上有一定的难度。但是,整段论述非常集中,探讨的问题是"逐臭",考生牢牢抓住这一中心词就可以写出一篇非常好的文章

二、立意方向与写作思路

材料引用了熊十力先生的一段话,批判了学术界的"跟风"问题,其倾向是反对"跟风",可以从以下几个方面立意。

1. 要坚守自我,不盲目跟风。
2. 做学术要追求真理,有主见。
3. 不盲目跟风,创新非常重要。

在具体的写作过程中,可以从材料的正、反两个方面切入,讨论拒绝盲从、坚持独立思想的方法,以及如何才能达到这一境界。

三、参考范文与高分技巧

坚持自我,拒绝盲从

文/王嘉怡

熊十力先生曾在书中讽刺中国学者"逐臭"有两大病:一是无法深入,浮躁成性;二是追寻热门,致使其他路无人问津。盲目跟风意味着丧失独立思考的能力,这不仅对学者而言是致命的,对普通人来说也很危险。因此,我们要坚持自我,拒绝盲从。

拒绝盲从,需要学会抵制诱惑。多数人选择跟随大众,除了出于获得一种安全感,更出于对领头者成功的美慕,并试图复制成功。每年的6月10日至7月10日是"国产电影保护月",本该"争奇斗艳"的国产电影却遭到观众强烈吐槽,这很大一部分原因是国产电影的跟风恶习。一部

IP电影火了,改编自热门小说的电影就会马上占领影院。制片人逮住机会大捞快钱,恶心了观众,也透支了人们对国产电影的信任。所以,拒绝诱惑,将眼光放长远,才不至于沦为可笑的跟风者。

拒绝盲从,需要有自己独立的思考和判断。人云亦云者陷入庸俗,只有独立思考的人才能看清粉饰下的陷阱,从而另辟蹊径。网络时代,微信、微博等社交平台在传播信息的同时,也促成了一群"意见领袖"的诞生。一旦有热点话题冒出,他们就不论事实真相地站在道德制高点声讨当事人,众多网民被痛快淋漓的"檄文"煽动,网络暴力也随之出现。被"意见领袖"牵着鼻子走的网民浑然不觉,只顾发泄情绪,失去了独立思考、判断的能力。

拒绝盲从,需要坚持自己的选择。有些人并不盲目,但是由于周遭的压力,很难坚持自己的初心。袁隆平在成功培育出杂交水稻之前,也度过了一段艰辛的时光。反复的失败引起了他人的质疑,可是他并没有放弃自己的理想,依然默默耕耘。最后,杂交水稻解决了几亿人的温饱问题,也证明了袁隆平坚持的价值。在"行人"稀少的路上,难免会遭遇寒风骤雨,但是只要坚持下去,就有"守得云开见月明"的可能。

"林子里有两条路,我选择了行人稀少的那一条,它改变了我的一生。"拒绝盲从,是一种选择,也是一种坚持。

高分技巧:文章从熊十力先生的论证入手,提出要"拒绝盲从"。文章的主体部分分三个层次论证了"如何才能做到拒绝盲从",每个分论点都以道理论证为先导,并接以事实论证,二者结合,使论证更加充分。结尾援引名人名言,总结全文,深化中心观点。

2012年10月考试真题　自主创新

一、题干审读与难度分析

阅读以下文字，写一篇论说文，题目自拟，700字左右。

2012年7月6日《科技日报》报道：

我国主导的TD-LTE移动通信技术已于2010年10月被国际电信联盟确立为国际4G标准。TD-LTE是我国自主创新的第三代移动通信技术TD-SCDMA的演进技术。TD-SCDMA的成功规模商用为TD-LTE的快速发展奠定了坚实的基础。目前，TD-LTE已形成由中国主导、全球广泛参与的产业链，全球几乎所有通信系统和芯片制造商都已支持该技术。

在移动通信技术的1G和2G时代，我们只能使用美国和欧洲的标准。通过艰难的技术创新，到3G和4G时代，中国自己的通信标准已经成为世界三大国际标准之一。

难度分析
本题考查观点型论说文，难度中等。材料提供的是我国3G、4G时代通信标准的崛起，并且直接点出了这背后最重要的因素就是"自主创新"。考生只要抓住这一要点，就能撰写出一篇优秀的文章

二、立意方向与写作思路

材料讲述的是我国移动通信技术的创新，立意从"创新"入手即可。

在具体的写作过程中，要注意不能单纯地讨论"创新"，应该结合材料具体地讨论"自主创新"，探讨其含义、原因和实现方法。

三、参考范文与高分技巧

自主创新，走向成功

文/王嘉怡

我国通过艰难的自主研发、技术创新，成功形成了由中国主导、全球广泛参与的产业链，使中国自己的通信标准成为世界三大国际标准之一。这个令人鼓舞的事例启示我们：<u>坚持自主创新，走上成功之路。</u>

<u>什么是自主创新？</u>通俗地说，就是完全用自身的能力去做成别人没想到的、别人没发现的或者别人没做成的事。如果说科学技术是第一生产力，那么自主创新就是第一竞争力，因此党在十六届五中全会上强调"立足科学发展，着力自主创新，完善体制机制，促进社会和谐"。

<u>为什么要自主创新？</u>目前我国的发展仍面临着极大的资源环境压力，以牺牲子孙后代的利益换取一时的发展是难以为继的；世界局势也并不稳定，资本主义大国对中国虎视眈眈，表面和谐的外交关系下是国家实力的暗暗较量。能够有效破解如今局面的突破点，就是自主创新。它

决定着我们能否走上科学发展的道路,能否屹立于世界民族之林。

怎样坚持自主创新? 第一,转变思维。破除传统观念,树立与时俱进的、科学的发展观念。加大社会宣传力度,坚定不移地走中国特色社会主义自主发展道路。第二,广泛学习。开放合作,并在全社会倡导讲科学、学科学、爱科学、用科学的社会风气,以形成鼓励、尊重自主创新的社会环境与氛围。第三,勇于实践。成立专门研究技术开发的部门,组织专门人员进行创新工作。鼓励以实践推动创造新技术,开创新领域,提高自身的核心竞争力。第四,及时调整。加大国有经济和宏观调整力度,努力解决现今资源分配不均的问题,真正实现市场需求供给充足,转化创新成果。

长城非一日而成,创新非片刻使然。自主创新要求有开拓进取的精神与长远发展的眼光。这就需要社会各界共同努力,创造良好的自主创新环境,不懈努力,进而走向成功。

高分技巧:"自主创新"是考研常见的一个话题,要想有所突破,必须从深度上下功夫。本文采用递进式的写作方法,详细地阐述了自主创新的方方面面,而且结合当下经济、管理的实际讨论问题,叙议结合,非常难得。

2013年入学考试真题　由竞争走向合作

一、题干审读与难度分析

根据下述材料,写一篇700字左右的论说文,题目自拟。

20世纪中叶,美国的波音和麦道两家公司几乎垄断了世界民用飞机的市场,欧洲的飞机制造商深感忧虑。虽然欧洲各国之间的竞争也相当激烈,但还是采取了合作的途径,法国、德国、英国和西班牙等决定共同研制大型宽体飞机,于是"空中客车"应运而生。面对新的市场竞争态势,波音公司和麦道公司于1977年一致决定组成新的波音公司,以抗衡来自欧洲的挑战。

难度分析

本题考查观点型论说文,难度中等。材料提供了一个管理学案例,讲述了波音和麦道两家公司是如何摆脱竞争困境的。考生仔细分析就会发现它们依靠的是合作的力量,从这一角度切入,撰写文章即可。

二、立意方向与写作思路

材料讲述的是民用飞机由竞争走向合作的故事,立意从"合作"入手即可。

1. 合作实现双赢或多赢。
2. 企业战略可以选择由竞争走向合作。
3. 合作是社会发展的大势所趋。

在具体的写作过程中,可以采用先分论,再总论的写作方法,即先分别探讨竞争与合作对企业发展的重要意义,再讨论企业由竞争走向合作的必要性,以充分展开中心论点。

三、参考范文与高分技巧

由竞争走向合作

文/王嘉怡

欧洲各国合作成立了"空中客车"联盟,与美国形成了竞争态势,因此美国的波音公司和麦道公司决定组成新的波音公司以抗衡来自欧洲的挑战。这给了我们一定的启发:<u>竞争促进共同进步,合作带来互利共赢</u>。

发展需要竞争的促进。可口可乐与百事可乐的竞争已有百年,互相拉踩的广告不计其数,二者在这场竞争中都使出浑身解数,意图击败对方,却不仅没有分出胜负,反而进一步促进了双方的长足发展。可见,竞争是相互激励的过程,竞争可以带给企业发展所必需的生机与活力。只有不断地竞争,不断地克服竞争中的困难,才能使企业一直向前发展。

发展需要合作的平衡。1937年,日本发动全面侵华战争,大举进攻上海,扬言3个月灭亡中国。面对来势汹汹的侵略者的挑衅,国共两党宣布停止内战,共同合作,形成抗日民族统一战线。1949年,日本宣布无条件投降,抗日战争取得全面胜利。可见,合作是互相成就的过程,只有通力合作,取长补短,才能取得成功。

发展需要竞争与合作相辅相成。在国际贸易中,国与国之间经贸摩擦不断,这对摩擦双方和世界都是不利的。世界是一个共同体,随着时代的发展和社会的进步,各国之间需要求同存异,携手步入"你我共生"的双赢阶段,在竞争中寻求合作发展的机会,在合作中抓住竞争带来的发展机遇。这既是时代发展的大势所趋,也是全世界爱好和平者的心之所向。

竞争之中有合作,合作之中有竞争,这是对传统的竞争与合作不能共存的理念和模式的超越,是适应形势发展的必然选择。既竞争又合作,能突破孤军奋战的局限,把双方的长处最大限度地发挥出来,实现双赢或多赢。

高分技巧:本文选取了材料的两个关键词——竞争与合作。先用道理论证分析竞争的重要作用,然后用事实论证分析合作的重要意义,最后以中美贸易战为例分析由竞争走向合作的必要性。全文道理论证与事实论证相结合,说服力较强。

2013年10月考试真题　　绿水青山就是金山银山

一、题干审读与难度分析

阅读下述资料,给全国的企业经理写一封公开信,并在信前添加合适的标题文字,700字左右。

改革开放以来,中国经济发展的速度举世瞩目。据国际货币基金组织的统计,在188个国家与地区中,1980年,我国按美元计算的GDP位列第11位,只是美国的7.26%,日本的18.63%。从2010年起位列世界第2位,成为世界第二大经济体。到2012年,我国的GDP是美国的52.45%,日本的137.95%,与30年前不可同日而语。然而,从能源消耗看,形势非常严峻。1980年,我国能源消耗总量为6.03亿吨标准煤,到2012年增加到36.2亿吨,为1980年的6倍。按石油进口的排名,1982年我国在世界排名中位列第43位,从2009年起上升到第2位,而且面临继续上升的困境。与能源消耗相关的污染问题也频频现于报端,引起全国民众和政府的极大关注。能源消耗和污染问题已经成为阻碍我们实现"中国梦"的两大难关,对此,我们要群策群力,攻坚克难。

难度分析

本题考查观点型论说文,难度中等。材料指出了这样一个社会现象——虽然中国的经济发展十分迅速,但是"与能源消耗相关的污染问题也频频现于报端,引起全国民众和政府的极大关注。能源消耗和污染问题已经成为阻碍我们实现中国梦的两大难关"。考生从这一角度切入即可。

二、立意方向与写作思路

在具体的写作过程中,要注意以下两个问题。

一是体裁问题。本题要求撰写一封公开信,这在历年考研真题中是一种比较陌生的体裁。写作时,要注意公开信的格式。

二是写作的主题与立意。要注意材料的核心句——"能源消耗和污染问题已经成为阻碍我们实现'中国梦'的两大难关",公开信的内容应该围绕这两个问题,立足于"节能环保"进行分析。

三、参考范文与高分技巧

攻坚克难,节能减排
——给全国的企业经理的公开信

各位企业经理:

大家好!改革开放以来,国家的生产力得到了解放和发展,中国的经济水平有了量的飞跃,GDP逐渐位居世界前列。然而,时代的发展进步对经济水平提出了质的要求。因此,当下由经济发展引发的两大问题——能源消耗与污染问题,值得各位高度关注。

由经济发展引发的能源消耗和污染问题非常普遍。伦敦有"雾都"之称即因为其发展初期对一次能源的大量焚烧，使得空气中含大颗粒物质过多，此举严重影响了当时伦敦的交通，对人的呼吸造成严重影响，甚至威胁生命；日本曾因发展重工业，排放含重金属的废弃物并污染水源，从而导致令人丧失劳动能力的"水俣病"出现，震惊全球。此类现象还有很多，皆令人心惊。

　　有前车之鉴，中国怎能任由高消耗和高污染与经济发展并行？对此，我国提出了节能、高效、可持续发展的要求及相应政策，积极学习国外科学节能发展和恢复环境的经验。作为中国经济发展的中坚力量，各位应当积极地响应政策的号召。发展是企业的本能，优秀地发展是企业的本领，要创造金山银山，更要守住绿水青山。

　　2013年9月，习近平主席在哈萨克斯坦纳扎尔巴耶夫大学发表演讲，在回答学生关于环境保护的问题时说："我们既要绿水青山，也要金山银山。宁要绿水青山，不要金山银山，而且绿水青山就是金山银山。我们绝不能以牺牲生态环境为代价换取经济的一时发展。"这为我们今后协调经济发展与环境保护提供了最高指示与根本遵循。

　　各位都是排除万难才取得了今天的成就，虽然一些发展历史比较久的企业可能需要改变生产模式，提高效率、节能减排也会有多方阻力，但在未来，控制能源消耗和污染是发展的主流，不管如何艰难，希望各位都能够群策群力，争取早日实现我国经济的质与量的齐突破！

　　此致！

××××年××月××日
经济科学发展委员会

高分技巧：文章按照题干要求撰写了一封公开信。本文采用"总—分—总"的结构。文章开篇就提出了能源消耗和环境污染的问题；紧接着发出自己的倡议，号召节能环保，并提出了具体的建议；最后总结全文。本文格式准确，思路清晰，逻辑严谨，是一篇佳作。

2014年入学考试真题 机遇与挑战并存

一、题干审读与难度分析

根据下述材料,写一篇700字左右的论说文,题目自拟。

生物学家发现,雌孔雀往往选择尾巴大而艳丽的雄孔雀作为配偶,因为雄孔雀尾巴越大越艳丽,表明它越有生命活力,其后代的健康越能得到保证。但是,这种选择也产生了问题:孔雀尾巴越大越艳丽,就越容易被天敌发现和猎获,其生存反而会受到威胁。

难度分析

本题考查观点型论说文,难度中等。材料提供了生物学家有关孔雀的观察结论——雄孔雀尾巴越大越艳丽,与雌孔雀交配的概率越大,但是被天敌发现和猎获的概率也越大。这体现了材料的核心思想——机遇与挑战并存

二、立意方向与写作思路

材料提到雌孔雀在择偶时会选择尾巴大而艳丽的雄孔雀,但正因为这些孔雀的尾巴大而艳丽,它们也更容易被天敌发现和猎获。注意,审题时要跳出孔雀,联想到企业或社会。写作立意方向如下。

1. 机遇与挑战并存,要把握机遇,迎接挑战。
2. 有得必有失,选择的时候要注意权衡利弊。
3. 任何事物都有两面性,要辩证地看待事物。

在具体的写作过程中,可以将中心论点确立为"抓住机遇,迎接挑战",从"抓住机遇"和"迎接挑战"两个角度进行具体阐述。在论证过程中,先从道理上展开论证,再从事实上论证,这样才能达到最佳效果。

三、参考范文与高分技巧

抓住机遇,应对挑战

文/王嘉怡

当今时代,机遇与挑战充斥每个人的生活,每个人都应当努力抓住机遇、直面挑战,企业更是如此。

抓住机遇。在中国近代史中,中国被迫打开国门后,为了在逆境中发展,在桎梏中生存,清政府开展洋务运动,鼓励发展工业,民国政府颁布法令,奖励实业,荣德生便牢牢地抓住了机遇,兴办面粉厂、纺织厂,利用有利的政治、经济和社会环境建立了属于自己的"面粉帝国"和"棉纱帝国",成为当时最大的面粉和棉纱生产商。反观著名的影像产品公司柯达,却因没好好抓住机遇而一度面临破产。

应对挑战。每个企业都应勇于直面困难并找出应对困难的方法。海尔集团在20世纪80年代只是一个不知名的小企业,而且因为其设备、技术落后,产品经营一度陷入困境并面临破产,但其在巨大的压力之下并没有选择"逃跑",而是选择了直面挑战。张瑞敏克服各种困难,顶着压力,引入了最先进的德国生产线,并整顿了企业内部。一步步走下来,海尔集团终成一大民族企业,产品远销海外,完成了自我的救赎。

在现实生活中,机遇和挑战往往是并存的。这就要求我们遇事要冷静分析、沉着处理,因时因地,因人因事,选择二者之间的"最大公约数"。面对特朗普政府毫无理由的"指责和制裁",华为集团积极应对这一挑战,同时也创造一个前所未有的打造国产芯片的"黄金时期"。所谓置之死地而后生,华为集团最终化危机为转机,取得了巨大成功。

抓住机遇,应对挑战,企业在此方面还有很长的路要走,相信企业只要在这两个方面努力做到最好,就能蓬勃发展。

高分技巧:文章从材料中提炼出"机遇与挑战"这一主题,并以"抓住机遇,应对挑战"为核心展开。在具体的论证过程中,将道理论证和事实论证相结合。结尾总结全文,深化中心论点。

2015年入学考试真题　为富为仁，相辅相成

一、题干审读与难度分析

根据下述材料，写一篇700字左右的论说文，题目自拟。

孟子曾引用阳虎的话："为富，不仁矣；为仁，不富矣。"（《孟子·滕文公上》）这句话表明了古人对当时社会上为富为仁现象的一种态度，以及对二者关系的一种思考。

难度分析

本题考查关系型论说文，难度较大。首先，要求考生明确"富"和"仁"这两个概念；其次，要求考生对二者的关系有一定的认识；最后，要求考生结合具体实际对这一关系进行分析和论证。

二、立意方向与写作思路

材料引用了孟子对"富"和"仁"的看法，联系当今社会中的企业管理，考生以"为富且为仁"立意为佳。

在具体的写作过程中，应该具体讨论"富"和"仁"的关系。注意：文章一旦只描写了"富"和"仁"中的一方，就会被判定为跑题。

三、参考范文与高分技巧

为富而仁，相辅相成

文/王嘉怡

"为富，不仁矣；为仁，不富矣。"这句话认为富与仁不可兼备。在当今社会实则不然，富与仁不仅可以兼备，而且兼备富与仁应当成为一种主流思想。

为富不影响仁。决定一个人物质财富的因素有很多，抓住机遇、脚踏实地、坚持不懈等都能对一个人的物质财富造成影响。但是物质财富的增多并不意味着"仁"的减少。著名的企业家、慈善家马云通过自己的努力，在"互联网王国"占有一席之地，他的物质财富有目共睹，但是他缺少精神财富吗？答案是否定的，他作为主要创始人创建的阿里巴巴做过很多次公益捐款。例如，2008年汶川地震，阿里巴巴先后捐款3 000万元，而且持续参与灾区建设，这正是马云"仁"的体现。所以，为富不影响仁。

为仁不影响富。"仁"是一种道德范畴，指人与人之间的互助、诚信等，强调的主要是一个人的精神层面，但是"仁"不影响一个人物质的"富"。北大天正总裁黄斌于1993年在中关村做攒机子的生意，那时他的资金只有3 000元。有个东北人也在北京攒机子，得知黄斌的报价后立刻签了20万元的合同。黄斌签完合同后才发现自己报错了价。这意味着他只有两条路可走：第一条路是履行合约，而这将导致他赔一万多元，这对当时只有3 000元的他来说是一笔大数目；第二

条路是把单子推出去说做不了。黄斌坚持走第一条路。那个东北人得知这件事后被他的诚信感动,将100万元的单子按市场报价给了他。正是黄斌的"仁"换来了"富"。

"富"与"仁"不仅可以共存,而且可以相互作用。物质的财富可以用来做善事,换取精神的财富,而精神的财富反过来又可以促进物质的财富,如此岂不是一个良性循环?所以,为富者可以同时为仁。

高分技巧:本文以"为富"与"为仁"的关系为核心,展开全文。在具体的论证过程中,开宗明义,指出二者是相辅相成的。接下来,分析了二者的关系,证明了二者不仅不矛盾,而且完全可以共存。结尾总结全文,深化主题。

2016年入学考试真题　教育的作用

一、题干审读与难度分析

根据下述材料,写一篇700字左右的论说文,题目自拟。

亚里士多德说:"城邦的本质在于多样性,而不在于一致性。……无论是家庭还是城邦,它们的内部都有着一定的一致性。不然的话,它们是不可能组建起来的。但这种一致性是有一定限度的。……同一种声音无法实现和谐,同一个音阶也无法组成旋律。城邦也是如此,它是一个多面体。人们只能通过教育使存在着各种差异的公民统一起来组成一个共同体。"

难度分析

本题考查关系型论说文,难度较大。材料提供了一段亚里士多德的论述。这段论述层次复杂,涉及城市管理中"多样性"与"一致性"的关系,并借此提出了教育的重要作用。考生需要在这些角度中选择一个作为切入点,撰写一篇文章。

二、立意方向与写作思路

材料引用亚里士多德的论述,阐述了城邦的多样性和一致性的重要性。立意可以从以下几个方面入手。

1. 要尊重多样性,多样性可以构成和谐的有机统一体。
2. 要注重多样性和一致性并存,注意和而不同。
3. 关注教育的重要性。

在具体的写作过程中,可以先分别讨论"多样性"和"一致性"对社会的意义,再具体讨论二者结合的重要性。在讨论的过程中,不提倡单纯探讨其中一个关键词的写法。

三、参考范文与高分技巧

多样性与一致性并存

文/王嘉怡

当今社会的发展离不开多样性和一致性,同一种声音无法实现和谐,同一个音阶无法组成旋律。只有在多样性中寻求统一,社会才能有更好的发展。

社会需要多样性。亚里士多德曾说,城邦的本质在于多样性,多样性有利于社会和谐。处于同一社会的不同国家和民族具有它们各自的特点。中国有56个民族,每个民族都有它们各自的特点,这些特点使得中华民族的文化具有多样性。每一种文化都有其存在的价值,不同的音调可以组合成最美的旋律。

社会需要一致性。亚里士多德曾说,无论是家庭还是城邦,它们内部都有着一定的一致性。

如果没有一致性,只有多样性,那么多样性就是一盘散沙,事物也早就分崩离析了。事物作为一个整体,就一定有一致性。整体是由要素和部分构成的,但整体绝不是要素加部分这么简单,要素和部分要组建成一个整体,还要具有一致性。当今社会正是通过教育使存在差异的公民统一起来,组成的一个共同体。

　　社会需要多样性的统一。家庭多样性的统一,就是虽然父母与孩子的观念、个性不同,但他们都希望家庭美满。企业多样性的统一,就是虽然各员工的岗位、所属的部门可能不同,但他们都有着同一个目的:把企业做好,进而得到自己的利益。国家多样性的统一,就是虽然人与人之间存在着民族、文化、地域等方面的差异,但他们都是中国的一分子,都有着同一个想法,即希望国家繁荣昌盛。

　　路漫漫其修远兮,吾将上下而求索。社会的治理非一朝一夕之功,需要我们不断地摸索前进,而在这个过程中协调好多样性和一致性是重中之重,唯有如此,才能真正实现和谐社会的建设。

　　高分技巧:文章对亚里士多德的论述进行了全面的分析,抽绎出了"多样性""一致性"两个核心词。文章的主体部分,先论证"多样性对社会的意义",再论证"一致性对社会的意义",最后总结只有"多样性和一致性相结合"才能真正实现社会的共同目标。在结尾之处总结全文,深化中心观点。本文对多样性与一致性的关系的认识十分深刻,值得我们学习和借鉴。

2017年入学考试真题　企业发展的两难选择

一、题干审读与难度分析

根据下述材料,写一篇700字左右的论说文,题目自拟。

一家企业遇到了这样一个问题:究竟是把有限的资金用于扩大生产呢,还是用于研发新产品?有人主张投资扩大生产,因为根据市场调查,原产品还可以畅销三到五年,由此可以获得可靠而丰厚的利润。有人主张投资研发新产品,因为这样做虽然有很大的风险,但风险背后可能有数倍于甚至数十倍于前者的利润。

难度分析

本题考查关系型论说文,难度较大。材料描述的是企业在资金有限的情况下面临的两难选择——到底是扩大生产呢,还是研发新产品?这个"案例分析"式的命题是管理学中非常常见的一个管理决策选择问题,对于经济类和管理类的学生来说是比较熟悉的。

二、立意方向与写作思路

材料所描述的是一个抉择问题——有限的资金是用于扩大生产呢,还是用于研发新产品?考生可以结合实际情况对此进行讨论。需要注意的是,这里存在一个限定条件——企业资金有限。所以,这是一个不得不二选一的问题,不能兼顾。考生必须从中选择一个方面作为立意。

三、参考范文与高分技巧

与其扩大生产,不如研发新产品①

文/王嘉怡

因为资金有限,所以企业面临着一个艰难的抉择:到底是扩大生产还是研发新产品?通过反复权衡,我认为企业应该优先研发新产品。

研发新产品可以捕获新用户。② 品牌要想捕获新用户,必须不断地推出新产品,老干妈潮服、大白兔唇膏、六神鸡尾酒、周黑鸭口红、福临门卸妆油等一系列"新产品",让这些"老品牌"焕发勃勃生机,同时也捕获了一批又一批新用户,极大地提高了品牌影响力。

研发新产品可以获得新利润。新用户到来的背后是新利润的提高。阿里巴巴发布的《中华老字号品牌发展指数》研究报告指出,超过100家"老字号"凭借新的技术平台完成了转型升级,让品牌内涵和电商市场无缝结合,焕发新的生机,也使其再次成为消费者的宠儿。

研发新产品可以开拓新市场。随着五粮液与施华洛世奇联袂打造的、被视为口感与美感、传

---

① 标题即全文的中心,这样可以让阅卷者第一时间了解作者的观点。
② 第二段、第三段、第四段从三个角度阐明了"为何要优先研发新产品",且都从道理和事实两个方面进行论述。

统与现代、东方与西方完美融合的结晶"五粮液·缘定晶生"系列产品与搭载融"婚宴""生日宴""家宴""商务宴""主题宴"五大生活场景于一体的"五粮液五优购"数字平台一同上线,五粮液集团的婚宴市场得到进一步开发,销售渠道得到进一步建设。

当然,我们也要强调"扩大生产"的提议是非常具有价值的。扩大生产可以让企业在短时间内大量回笼资金,为长远发展奠定基础。但是在当前,面对企业的燃眉之急,扩大生产只是扬汤止沸,研发新产品才能真正做到釜底抽薪。①

综上所述,企业"扩大生产"和"研发新产品"都是具有前瞻性的提议,但是,由于资金的限制,企业不得不做出二选一的抉择。经过仔细分析,我认为,企业应该优先研发新产品。

高分技巧:本文重点阐述了研发新产品的意义和价值。而且,每一点都列举了相应的案例进行分析论证,全文叙议结合,说服力较强。

---

①本段指出了"扩大生产"的合理意义和价值。

2018年入学考试真题　　人工智能

一、题干审读与难度分析

根据下述材料，写一篇700字左右的论说文，题目自拟。

有人说，机器人的使命，应该是帮助人类做那些人类做不了的事情，而不是代替人类。技术变革会夺取一些人低端烦琐的工作岗位，最终也会创造更高端、更人性化的就业机会。例如，历史上铁路的出现抢去了很多挑夫的工作，但又增加了千百万的铁路工人。人工智能也是一种技术变革，人工智能也将促进未来人类社会的发展。有人则不以为然。

难度分析

本题考查关系型论说文，难度较大。本题的核心是论证人工智能能否取代人类。材料给出了正、反两个方面的观点，需要考生具有一定的辨析能力，并发表正确的看法。

二、立意方向与写作思路

我们可以从以下几个方面入手进行立意。

1. 材料着重探讨"人工智能"这一新兴热点对社会的作用，我们可以由此切入，探讨人工智能的意义、价值、发展方向等。

2. 材料有两种截然相反的意见：一种认为人工智能有好处，另一种却不以为然。那么，我们可以从这样的角度切入——怎样看待人工智能？换言之，我们可以写"理性看待人工智能"。

3. 材料中有这样的论述："技术变革会夺取一些人低端烦琐的工作岗位，最终也会创造更高端、更人性化的就业机会。例如，历史上铁路的出现抢去了很多挑夫的工作，但又增加了千百万的铁路工人。"我们可以以这句话为突破口，从"利与弊"这个角度切入，探讨如何趋利避害，理性权衡。

4. 材料反复强调"人工智能"是一场"技术变革"，是一场"科技革命"，也就是科技创新，我们也可以从这一点出发，探讨创新的意义。

5. 其他立意，在命题范围内均可。

在具体的写作过程中，考生可以结合自己的实际情况确立中心论点。而且，这是一个与现实紧密结合的题目，建议结合热点进行分析。

三、参考范文与高分技巧

理性看待人工智能[①]

文／王嘉怡

2017年3月15日，备受世界瞩目的围棋"人机大战"在韩国首尔落下帷幕，阿尔法狗以4∶1战

[①] 题目很有针对性，表明本文要对材料中正、反两方面的观点进行分析。

胜李世石,这场巅峰对决最终以人类失败告终。① 这一结果引发我们的思考:人工智能对人类而言,到底是利大于弊还是弊大于利?我们应该如何看待人工智能?②

毫无疑问,人工智能为人类社会的发展带来了前所未有的机遇。③ 这一技术被广泛应用于自然语言处理、智能搜索、机器学习遗传算法等领域,促进了科技的繁荣、社会的发展和人类的进步。在我国,人工智能在短时间内取得了长足的发展。以科大讯飞为例,其推动的"从手控到声控"的智能家居变革,即通过发出语音指令实现开灯、调光,开关电视、空调等智能家电的动作,在推动我们的生活走向快捷与便利的同时,也为其带来了良好的经济效益。

毋庸讳言,人工智能对人类社会的发展发出了非常尖锐的挑战。④ 我们都知道,科技是一把双刃剑,正如汽车的发明颠覆了传统的马车行业一样,人工智能的发展同样也将颠覆许多行业。据英国《经济学人》杂志报道,对于机器人的崛起,专家们曾发出警告,"机器取代人类劳动力可能致使人口冗余",他们担心"这种超能技术的发展已经超越了人类的驾驭能力"。如今,一些人表示担忧,如果人工智能继续发展,我们将会失去赖以为生的工作、丧失存在感,甚至被"终结者"赶尽杀绝。⑤ 物理学家霍金就曾发出警告,人类面临一个不确定的未来,先进的人工智能设备能够独立思考,并适应环境的变化,它们未来或将成为导致人类灭亡的"终结者"。

综上所述,从正、反两个方面来看,人工智能对我们人类社会而言,既是前所未有的机遇,也是前所未有的挑战,如何才能扬长避短、趋利避害,科学地利用人工智能,还需要我们立足于实际,进行更加理性的思考。⑥

高分技巧:文章紧密围绕材料,提炼出了核心问题——人工智能对人类而言,到底是利大于弊还是弊大于利?我们应该如何看待人工智能?文章的主体部分,从正、反两个方面论证了人工智能为社会发展带来的机遇与挑战。结尾之处总结全文,将自己的观点进行归纳总结。

---

①引用这个例子对自己的观点进行分析,针对性较强。
②利用疑问句制造悬念,引出下文。
③这段主要论述人工智能对人类社会发展的积极意义。
④这段主要论述人工智能对人类社会发展的挑战。
⑤道理论证,援引权威资料进行分析。
⑥总结全文,深化主题。

2019年入学考试真题　实践与真理

一、题干审读与难度分析

根据下述材料，写一篇700字左右的论说文，题目自拟。

知识的真理性只有经过检验才能得到证明。论辩是纠正错误的重要途径之一，不同观点的冲突会暴露错误而发现真理。

难度分析

本题考查关系型论说文，难度较大。材料中涉及"真理""论辩"等哲学概念，思辨性较强，考生需具有一定的哲学基础才能掌握其论证结构。

二、立意方向与写作思路

材料的逻辑如下：知识的真理性只有经过检验才能证明，而论辩是检验知识真理性的一种途径。在论辩中，只有正反双方充分地表达自己的观点，才能暴露错误，发现真理。在这样的逻辑范围内，可供参考的立意有以下几种。

1. 真理越辩越明，道理越讲越清。
2. 实践是检验真理的唯一标准。
3. 追求真理的方式、方法。
4. 勇于实践，在实践中检验真理、发展真理。
5. 论辩的意义、价值、作用。
6. 真理的意义、价值、作用。

在具体的写作过程中，我们可以分析材料中核心概念的意义。此处，材料所讨论的话题与"改革开放"非常贴近，如果与其结合，会使文章具有更强的时代感。

三、参考范文与高分技巧

论辩的意义

文/王嘉怡

知识的真理性只有经过检验才能得到证明。那么，怎样才能经过检验证明真理呢？论辩无疑是重要途径之一。通过论辩，可以暴露错误、发现真理、答疑解惑、拨乱反正。①

论辩可以明义利。② "义利之辩"这个伦理学中道德评价标准的问题，在中国是由孔子最先

---

① 全文的核心观点。
② 分论点，第二段、第三段、第四段分别从不同角度阐明了论辩的意义。

提出的。他在《论语·里仁》中提出:"君子喻于义,小人喻于利。"孔子死后,孟子积极推行这一学说。翻开《孟子》一书,到处都是"生,我所欲也;义,亦我所欲也。二者不可得兼,舍生而取义者也"的精辟辩论。也正是这些辩论,让"民惟邦本,本固邦宁"的民本思想在中华大地生根,并绵延至今。①

论辩可以别是非。真理的标准,并非主观臆断,而是需要在论辩中确定是非。1978年5月11日,《光明日报》发表特约评论员文章《实践是检验真理的唯一标准》,由此引发了一场关于真理标准问题的大讨论。在这次讨论中,暴露了我们在前进过程中的缺点和错误,为党重新确立马克思主义的思想路线、政治路线和组织路线奠定了基础,开启了改革开放的伟大实践。②

论辩可以辨正邪。谁正谁邪,都需要通过论辩来阐明。1915年8月31日,梁启超在上海《大中华》月刊发表了明确反对袁世凯称帝的雄文《异哉所谓国体问题者》。《申报》《时报》等大报迅速转载,风行一时,在全国激起强烈反响。梁启超的《异哉所谓国体问题者》阐述了反对变更共和政体的观点,对袁氏意欲复辟帝制的行径进行猛烈抨击。这篇文章,不但摧毁了袁氏的皇帝梦,也唤醒了民众的民主意识。

综上所述,论辩可以明义利、别是非、辨正邪,对于我们的意义十分重大。在当下,我们更应该注重论辩,让论辩推动我们不断前进。唯有如此,才能真正推进我们的伟大事业不断前进。③

高分技巧:文章以材料中的"论辩"为核心展开,开宗明义地提出了论辩的重要意义。接下来分别阐述了论辩可以明义利、别是非、辨正邪,并以具体、丰富的案例展开论证,十分深入。结尾之处,总结自己的中心论点。

---

①本段以道理论证为主,从《论语》《孟子》两部经典入手,论证自己的观点。
②本段以事实论证为主,夹叙夹议,支撑自己的观点。
③结尾再次总结自己的分论点,深化中心论点。

2020年入学考试真题 ｜｜ "挑战者号"事件

一、题干审读与难度分析

根据下述材料,写一篇700字左右的论说文,题目自拟。

据报道,美国航天飞机"挑战者号"采用了斯沃克公司的零配件。该公司的密封圈技术专家博易斯乔利多次向公司高层提醒:低温会导致橡胶密封圈脆裂而引发重大事故。但是,这一意见一直没有受到重视。1986年1月27日,佛罗里达州卡纳维拉尔角发射场的气温降到零度以下,美国宇航局再次打电话给斯沃克公司,询问其对航天飞机的发射还有没有疑虑之处。为此,斯洛克公司召开会议,博易斯乔利坚持认为不能发射,但公司高层认为他所持理由还不够充分,于是同意宇航局发射。1月28日上午,航天飞机离开发射平台,仅过了73秒,悲剧就发生了。

难度分析

本题考查观点型论说文,难度中等。材料为一个管理案例,而且事件为大众所熟知,具体的情节、问题都比较明晰。材料采取"讲故事"的形式,是典型的观点型论说文的命题思路。

二、立意方向与写作思路

材料呈现了这样一个事件:"挑战者号"航天飞机因为忽视了密封圈问题而酿成惨剧。我们需要思考这个惨剧是如何造成的。考生可以从以下角度切入。

1. 细节决定成败,务必要重视细节,不然就会一步走错,满盘皆输。一个小小的密封圈导致了整个航天工程的失败,足以看出细节的重要性。

2. 实事求是,一切从实际出发,不唯书,不唯上,只唯实。在斯沃克公司中,高层管理者没有听取专家的意见,最终酿成了惨剧。

3. 尊重知识,尊重学者,尊重科学。"挑战者号"航天飞机因为没有尊重密封圈技术专家的意见而造成了惨剧。

4. 其他立意,在命题范围内均可。

在具体的写作过程中,建议考生选择一个角度切入,探讨这一案例背后所蕴含的经济学和管理学常识。最切题的写法有两种:一是企业决策要尊重专家意见;二是要重视细节。

三、参考范文与高分技巧

细节决定成败

文/王嘉怡

"挑战者号"这一航天工程,竟然因为橡胶密封圈的脆裂而以悲剧收尾,着实让人扼腕叹息。但是,在叹息之余,这也不得不引起我们思考这样一个问题:重视细节有多重要?

重视细节是我们一切工作的根本出发点。《道德经》有言:"天下大事,必作于细。"也就是说,一切工作的起点都应该立足于对细节的把握,基础不牢极有可能满盘皆输。以中国核潜艇的研发为例,黄旭华及其团队,宵衣旰食,焚膏继晷,用算盘和算尺反复推敲一切细节,算了一遍又一遍,测了一次又一次,最终完成了中国第一代核潜艇的研制,为我国核潜艇研发的宏伟事业做出了卓越贡献。① 由此可见,一切成功都来源于对细节的重视。

重视细节是我们伟大事业的强大助推器。毛泽东曾经说过:"世界上怕就怕'认真'二字,共产党就最讲'认真'。"②认真注重每一个细节才能保证我们不断前进。改革开放四十多年来,我们在推动这项伟大事业的同时,对于每一个具体的细节都极其重视。每一个理论、路线、方针、政策的提出都经过了无数次推敲、讨论,最终开创了今天的"东方奇迹"与"中国神话"。由此可见,一切成功都依赖于对细节的重视。

重视细节是我们宏伟目标的根本落脚点。李克强总理曾经指出,要在全社会大力培育、弘扬"匠人精神",让这种重视细节、精益求精的精神在全社会生根发芽、开花结果。只有全社会都重视细节,都尊重匠心,我们的伟大事业才能说得上是真正的成功。正如袁隆平院士一直秉承的价值观一样,我们不但要培育特高产超级稻、盐碱稻、海水稻、沙漠稻,更重要的是要通过这些项目培育出重视细节、尊重科学的优秀人才。由此可见,一切成功都归结于对细节的重视。

英国有首歌谣:少了一枚铁钉,掉了一只马掌。掉了一只马掌,失去一匹战马。失去一匹战马,失去一场战役。败了一场战役,毁了一个王朝。③ 这和"挑战者号"事件的悲剧异曲同工,都启示我们一定要防微杜渐,提防千里之堤,毁于蚁穴!

高分技巧:文章从"挑战者号"航天飞机失事入手,提炼出"重视细节"这一核心观点,并以此作为中心论点展开全文。其主体部分具体阐述了"重视细节"的重要意义和价值。在论述过程中,道理论证和事实论证相结合,并采用一正一反的对比论证,深化中心观点。结尾之处,援引贴合主题的歌谣作为结尾,引起共鸣。全文思路清晰,逻辑严密,框架完整,内容充实,语言准确,是一篇佳作。

---

①事实论证,非常贴切,可以证明自己的分论点,同时其语言表达也值得学习。
②道理论证,贴合文章主题。
③引用贴合主题的歌谣作为结尾,非常具有针对性。

2021年入学考试真题 实业与教育之关系

一、题干审读与难度分析

根据下述材料,写一篇 700 字左右的论说文,题目自拟。

我国著名实业家穆藕初在《实业与教育之关系》中指出,教育最重要之点在道德教育(如责任心和公共心之养成,机械心之拔除)和科学教育(如观察力、推论力、判断力之养成)。完全受此两种教育,实业界中坚人物遂由此产生。

> **难度分析**
>
> 本题考查观点型论说文或关系型论说文,重点讨论教育与实业的关系,并将教育分为道德教育和实业教育。该题紧密结合时事,在立意上难度不大,但是材料为半文言文的形式,理解上有一定难度。

二、立意方向与写作思路

根据材料,考生可以《实业与教育之关系》一文为切入点,重点讨论"道德教育"与"科学教育"的关系。考生既可以单独从一个角度切入,写成观点型论说文——"振兴实业必须要重视教育",也可以从两个角度切入,写成关系型论说文——"道德教育与科学教育缺一不可"。其余写作角度,言之成理即可。

建议考生先探讨道德教育的重要意义,再探讨科学教育的重要意义,最终将二者结合起来,更加准确地讨论二者对于振兴实业的作用。

三、参考范文与高分技巧

德才兼备,道术相济

文/王嘉怡

穆藕初在《实业与教育之关系》中指出,唯有将道德教育和科学教育结合起来,才能培养出实业界中坚人物。穆先生这些甘苦之言在当下看来依然振聋发聩。这启示我们,想要振兴实业,必须要将"道德"与"科技"作为"两翼",也唯有如此,才能真正实现教育繁荣、实业振兴、国家富强。①

振兴实业离不开道德教育。所谓道德教育,也就是责任心和公共心之养成,以及机械心之拔除。穆先生在这一点上堪称楷模。作为一名企业家,他先后集资创办德大纱厂、厚生纱厂、豫丰纱厂,推行"实业救国",更为难能可贵的是,在"一·二八事变"发生后,他和史量才、黄炎培等人在国破家亡的危急时刻组织地方维持会,支持抗日,承担起了保卫国家的责任。这种家国担当,就源于穆先生的责任心与公共心。

---

①中心论点,承接材料,强调道德教育与科学教育结合的重要意义。

振兴实业离不开科学教育。所谓科学教育,就是对观察力、推论力、判断力等具体的管理能力和管理素质的养成。在抗战时期,为了改善后方棉布极缺的现况,穆先生发明了"七七纺棉机",其生产效率超出旧式手摇纺织机数倍,极大地提高了生产效率。这种发明创造,正是源于穆先生敏锐的观察力、强大的推断力和冷静的判断力。

　　正是基于自己的成长经历,穆先生才提出了道德教育与科学教育相结合的观点。1917年,他创办学校,明确提出教育不能仅"教导诸生能制出诸种物件",还要培养学生"耐劳习惯、持久性质、克己复礼工夫、斩除一切取巧幸获之观念",强调将二者紧密融合。而这对我们当下的实业教育、职业教育来说也具有重要的借鉴意义。①

　　芳林新叶催陈叶,流水前波让后波。② 时代的大潮不断地涌动,想要在这个百舸争流的时代勇立潮头,就必须将道德教育与科学教育结合起来,打造德才兼备、道术相济的复合型人才。

　　高分技巧:本文采用层层递进的论证方式,先讨论道德教育对实业发展的意义,再讨论科学教育对实业发展的意义,最后讨论二者结合的意义。而且,全文以穆藕初自己的事迹论证其观点,非常具有说服力。

---

①本段承接上文两个分论点,强调道德教育与科学教育结合的必要性。
②高分语料,值得积累。

2022年入学考试真题　　鸟类进化论

一、题干审读与难度分析

根据下述材料,写一篇700字左右的论说文,题目自拟。

鸟类会飞是因为它们在进化中不断优化了其身体结构,飞行是一项较为特殊的运动,鸟类的躯干进化成了适合飞行的流线型;飞行也是一项需要付出高能量代价的运动,鸟类增强了翅膀、胸肌部位的功能,又改进了呼吸系统,以便给肌肉持续提供氧气。同时,鸟类在进化过程中舍弃了那些沉重的、效率低的身体部件。

> **难度分析**
>
> 相较于近几年的真题,这一年的论说文相对简单,也比较灵活,考生可以根据自己的思维和写作特点,灵活选择论说文类型,既可以写成观点型论说文——"成功需要优化结构",也可以写成关系型论说文——"扬长避短""发扬优势与淘汰劣势"等。而且,本题题意范围覆盖较广,立意也相对简单,可以结合当下的社会生活实际加以论证。

二、立意方向与写作思路

1. 从材料的核心句"鸟儿会飞是因为它们在进化中不断优化了其身体结构"切入最为贴题,中心论点为:成功需要不断优化自身结构。

2. 鸟儿具体是如何优化结构的?一方面,它们增强或改善了某些部位的功能;另一方面,它们舍弃了某些沉重的、效率低的身体部件。由此可以引申出"成功要学会取舍""扬长避短""取其精华,弃其糟粕""优胜劣汰"等话题。

3. 鸟儿为达到飞行的目标,不断优化身体结构。从这一角度切入,具体讨论想要实现目标,就需要"变革""改革""创新模式""革故鼎新""调整自我""灵活决策""因势(目的)制宜"等。

4. 从管理学的"马太效应"入手,讨论"强者愈强、弱者愈弱"的管理学思维,引申到企业管理或者公共管理角度,讨论企业想要腾飞,既要如"猛士飞奔"般做强优势,又要如"壮士断腕"般砍掉劣势。

5. 其余切入角度,在命题范围内均可。

具体的写作思路参见第1~4点立意分析。在写作过程中,要避免简单地从进化论角度考虑问题,应挖掘材料背后的深意。

三、参考范文与高分技巧

优化自身结构,实现宏伟目标

文/王嘉怡

鸟儿为了能够飞翔,不断优化身体结构:增强了某些部位的功能,改进了呼吸系统,同时舍弃了有碍飞翔的身体部件。这对于我们当下的管理,有着非常重要的启示意义:想要实现一飞冲天的宏伟目标,必须要不断优化自身结构——扬长而去短,趋利而避害。①

何为"扬长而去短,趋利而避害"？就是立足于社会前进规律和自身发展实际,审时度势,将自己的"核心技能"做大、做优、做强,同时将自己的"关键短板"解除、解体、解散。② 这"一抓一放"的过程,正是我们优化自身结构的过程。

为什么要"扬长而去短,趋利而避害"？这就必须要引入经济学或管理学中最为经典的社会分工理论。众所周知,人类的社会分工日益细化、专业化,任何一个组织和个人都不可能做到所有业务"全面开花"。<u>这就要求我们必须摈弃"广、粗、浅"的粗放型增长模式,而走"专、精、深"的集约型增长模式</u>。③ 在这样的情况下"扬长而去短,趋利而避害",进而优化自身结构,就成为我们发展必不可少的模式。

怎样实现"扬长而去短,趋利而避害"？我认为,以下三个方面是密切联系、必不可少的:第一,必须要准确研判形势,了解当下经济发展大势和未来社会前进趋势,用"预流"的眼光研判下一个"风口";第二,必须要清晰认识自我,为自己"把脉、开药",明确自身的"症结"所在,了解自身的优势,规避自身的劣势;第三,必须要灵活调整策略,当前时代瞬息万变,任何政策都不可能一成不变,必须要因人、因事、因时、因势灵活调整,才能在动态中优化结构,取得长足发展。

当今世界遭遇百年未有之大变局,人类面临着很多的未知风险和挑战,想要在这个日新月异的时代行稳致远,就必须要不断优化结构、创新思维、调整策略,促进自身更好、更快地发展。唯有如此,才能真正地像鸟儿一样,翱翔在无垠的蓝天!

高分技巧:本文采取递进式的写作方法,按照"是什么—为什么—怎么做"的方式展开全文,具体讨论了"扬长而去短,趋利而避害"的意义、原因与实现方法。全文采取道理论证的方式,具有较强的说服力。

---

①根据材料提出自己的中心论点。
②这段话对于"扬长而去短,趋利而避害"的理解是非常准确的,语言表达也值得我们学习。
③结合经济学、管理学的知识论证自己的观点。

经济类综合能力

论说文

扫码听课

2011年入学考试真题 "蚁族"问题

一、题干审读与难度分析

根据下述材料,写一篇不少于700字的论说文,题目自拟。

自2007年以来,青年学者廉思组织的课题组对"蚁族"进行了持续跟踪调查。廉思和他的团队撰写的有关"蚁族"问题的报告多次得到中央领导的批示和高度重视。在2008年、2009年对北京"蚁族"进行调查的基础上,课题组今年在"蚁族"数量较多的北京、上海、广州、武汉、西安、重庆、南京等大城市同时展开调查,历时半年有余,发放问卷5 000余份,回收有效问卷4 807份,形成了第一份全国范围的"蚁族"生存报告。此次调查有一些新发现,主要有:随着高校毕业生就业形势的日趋严峻,"蚁族"的学历层次上升;"蚁族"向上流动困难,"三十而离";五成"蚁族"否认自己属于弱势群体;等等。

(摘自《调查显示蚁族学历层次上升 五成人否认自己弱势》,《中国青年报》,2010年12月10日)

难度分析
本题考查关系型论说文,难度较大。材料给出了廉思及其团队对大城市中"蚁族"问题的调查与发现,在理解上难度不大,但是,展开讨论时可能有一定的难度

二、立意方向与写作思路

材料给出的是当前对集中在大城市中的"蚁族"问题的调查与发现,审读材料时要对"蚁族"问题形成一定思考,写作时可以"如何解决'蚁族'生存难题"为切入点,从政府怎么做、企业怎么做、高校怎么做、个人怎么做四个方面展开。规律总结:一般出现"问题"字样的题目,都可以"怎么解决"为立足点展开文章。

三、参考范文与高分技巧

解决"蚁族"问题,我们应该怎么做?

文/王嘉怡

当前,越来越多的人选择到大城市打拼,"蚁族"问题逐渐成为社会焦点。据相关调查统计,仅北京地区,保守估计"蚁族"就有10万人以上。据初步分析,全国"蚁族"人数将在百万以上。<u>这一现象不得不引起我们的深思。</u>①

<u>大城市就业机会多、发展空间大,所以不少高校毕业生都选择在大城市工作。但是工作不稳定与消费水平高等问题导致他们只能如蚂蚁一样拥挤地居住在一起。</u>② 所以,解决"蚁族"问题,需要高校毕业生们转变就业观念,更多地转向二三线城市发展;与此同时,解决"蚁族"问题应着

---

①本句由材料总结过渡到下文对现象产生原因的分析,以及相应解决办法的提出。
②要想提出解决措施,就必须先分析这一问题产生的原因。

力于缩小二三线城市和一线城市的差距,促进二三线城市的经济更好、更快发展,以真正实现高校毕业生的有效分流。

解决"蚁族"问题,还需要大学加强对学生的职业教育与创业教育。大学教育应以市场为导向,尽可能地为社会培育适销对路的人才;另外,大学还应进一步加强创业教育,让更多的毕业生在走向社会后不只有就业这一个选择,还能去创业。①

相当一部分毕业年限较短的毕业生由于工资低只能选择在城乡结合部蜗居,进而形成了"蚁族"现象。所以,需要通过扶持企业建立有话语权的工会、建立劳动者工资集体协商机制等途径,较大幅度地提高劳动者工资,并形成劳动者工资正常增长机制,进而解决"蚁族"问题。②

此外,解决"蚁族"问题也需政府大力建设公租房。当前,不少高校毕业生无力租住合理面积的住房,如果政府能够大力建设价格低廉且面积相对更大的公租房,提供给含高校毕业生在内的低收入人群居住,他们自然也就可以免受蜗居之苦,"蚁族"的人数自然会大量减少。

高分技巧:文章首先指出"蚁族"问题逐渐成为社会关注焦点,然后引入正题,从高校毕业生、高校、企业和政府四个方面对如何解决"蚁族"问题进行了分析。该文章论证全面,结构分明,层次清晰。

---

① 本段从职业教育和创业教育两个方面来讨论问题的解决,非常具有针对性。
② 本段体现了作者对于劳动力市场现状及其未来发展趋势的了解。

2012年入学考试真题 ▍▍ 茅台酒为何在美国更便宜?

一、题干审读与难度分析

根据下述材料,写一篇不少于700字的论说文,题目自拟。

中国大陆500毫升茅台价格升至1 200元,在纽约华人聚居区法拉盛,1 000毫升装的同度数茅台价格为220美元至230美元,500毫升约合670元人民币。因海外茅台价格便宜,质量有保证,华人竞相购买,回国送人。

这些年,中国游客在海外抢购"MADE IN CHINA"商品的消息已不是什么新鲜事了。服装、百货,中国造的东西,去了美国反而更便宜。有媒体报道Levi's 505牛仔裤,广东东莞生产,在中国商场的价格是899元人民币,在美国的亚马逊网站上的价格是24.42美元,合人民币166元,价格相差5.4倍。

(摘自《茅台酒为何在美国更便宜?》,《新京报》,2011年1月7日)

> **难度分析**
>
> 材料提出了这样一个问题——茅台酒为何在美国更便宜?要求考生针对这一问题撰写一篇论说文。考生既可以分析原因,也可以提出解决办法,只要围绕这一问题展开,写出符合要求的文章即可。

二、立意方向与写作思路

材料指出了"中国造的东西,去了美国反而更便宜"的现象,审读材料时要抓住这一关键进行分析。考生可以从概括材料中的现象、为什么会产生这一现象、如何解决这三个方面展开论述。

三、参考范文与高分技巧

不同价格的中国制造

文/王嘉怡

在中国大陆售价1 200元的茅台,在纽约华人聚居区只要670元。无独有偶,近年来人们发现,中国造的东西,去了美国反而更便宜。究竟为什么会出现这种反常的现象呢?①

经济学常识启示我们,商品的价格由价值决定,并受供求关系的影响而上下波动。那么,我们可以从这两个角度对这一问题进行分析。②

先来看商品的价值,也就是成本的影响,这是造成这一问题的根本原因。众所周知,为了推动以茅台为代表的"中国制造"走出国门,我国在财政、税收政策上对出口企业有很多支持——

---

① 提出全文的中心论点,表明本文是要对这一现象的根源进行分析。
② 利用经济学常识从根本上探求问题的根源。

对高端白酒的出口实施15%的退税优惠政策;但是,当茅台在国内销售时,需缴纳20%的消费税。这"一加一减",就会使国内、国外茅台的销售成本产生差异。①成本存在差异,自然会导致价格的不同。

再来看供求关系,也就是不同消费观念的影响。对于中国人来说,茅台是"国酒",是身份与地位的一种象征;对于外国人来说,茅台缺乏这种"知名度",所以外国市场对其的需求量较低。再来看其他商品,众所周知,相较于发达国家,中国的居民消费整体还处于起步水平,对于服装、百货的需求量较大,所以,必然会造成价格走高。②

当然,除了这两个根本原因之外,造成这一现象的原因还有很多。比如,国内某些制造商钻法律的空子,生产假货,使得很多人担心在国内"买到假货"。而外国的消费市场比较成熟,对于假货的防范制度比较完善。这就给很多人造成了"外国月亮比中国圆"的心理,所以都去外国抢购"中国货"。③

总而言之,这一问题的产生是非常复杂的。想要扭转这一"怪象"。我们应该从两个方面努力:第一,积极变革消费习惯,树立正确的消费价值观;第二,不断优化市场环境,积极建设品质保障线。④唯有从这两个方面共同努力,才能从根本上变革这一问题。

高分技巧:本文抓住"为什么中国制造在美国更便宜"进行了分析,从交易成本、供求关系两个最主要的方面展开,并且结合市场生态进行了详细的研究。文章结尾就如何改进这一现象提出了建议:第一,积极变革消费习惯,树立正确的消费价值观;第二,不断优化市场环境,积极建设品质保障线。全文对原因的论证较为全面,层次清晰,结构分明。

---

①结合现实讨论造成价格差异的成本问题。
②本段从供求关系角度考虑问题,论证结合了现实,非常深刻。
③本段从市场动态和消费习惯角度入手,分析了造成这一问题的其他原因。
④为解决这一问题提供了可供参考的意见。

2013年入学考试真题 曾国藩的"尚拙"

一、题干审读与难度分析

根据下述材料,写一篇700字左右的论说文,题目自拟。

被誉为清代"中兴名臣"的曾国藩,其人生哲学很独特,就是"尚拙"。他曾说:"天下之至拙,能胜任天下之至巧。"他发现笨拙有笨拙的好处。笨拙的人没有智力资本,因此比别人更虚心;笨拙的人不懂取巧,因此比别人更用功。结果,"拙"看起来虽慢,其实却最快。曾国藩考秀才考了九年,但是一旦开窍之后,后面的路就越来越顺。中了秀才的第二年,他就考中了举人;又四年,高中进士。而那些早早进了学的同学,后来却连举人也没有出一个。而且,正是与众不同的"尚拙",成就了曾国藩非同一般的人生智慧。

难度分析
本题考查观点型论说文,难度较大。材料的核心是曾国藩的人生观——"尚拙"。考生在撰写文章的时候要把握住这个核心,探讨"拙"与"巧"的关系

二、立意方向与写作思路

材料引用了清代大臣曾国藩"尚拙"的人生观,指出曾国藩虽然没有智力优势,不懂取巧,但他比别人更虚心、更用功,最终取得了比他人更高的成就。审读材料时要抓住"尚拙"这个中心,行文时可以从准确进行个人定位、稳扎稳打、步步为营等方面展开,分析"尚拙"的意义与价值。

三、参考范文与高分技巧

不尚技巧,以拙为进

文/王嘉怡

世人大多崇尚心思灵巧之人,而认为笨拙之人必无可取之处。囊萤映雪、悬梁刺股的故事在这个时代似乎已逐渐失去了应有的色彩。在很多人心中,投机已经成为一步登天的好办法。那么,投机者真的比拙者更容易成功吗?"文以拙进,道以拙成"应该是最好的答案。①

用最实诚的方式做事。毛泽东说过:"老实人,敢讲真话的人,归根到底,于人民事业有利,于自己也不吃亏。"尚拙能胜天下之至巧。当前,国家提出的"工匠精神"不也是一种以笨办法将一件事情做到极致的表现吗?一生只做一件事,无数匠人以历久弥新的匠心为时代打造精品,同时也在为时代打造着一种执着和信念。②

---

①以疑问句引出全文的中心,设置悬念的同时强调了观点。
②本段先列出分论点,之后从道理和事实两个角度展开论证。

以最真诚的心待人。曾国藩曾经这样形容他的与人相处之道——"纵人以巧诈来,我仍以浑含应之,以诚愚应之"。事实上,他也以此团结了一批天才,如左宗棠、李鸿章。心眼太多、太油滑的人往往很少有信仰、有原则,如果一个团队之中都是这样的人,那么必然会出现权谋斗争。要想将事业做大、做久,必然要跳出权术思维,真诚待人。①

以最踏实的态度做人。某青年导演说过,做事最主要的是用老老实实的态度去做。虽然聪明难学,但事实上老实更难学,"尚拙"是做人的最高境界。金融市场的投机者往往是由老实的投资者一步步转变而来的。当利益充斥了双眼,人常常会失去对市场的把握,妄想一步登天,但最终只会一无所有。而踏实分析数据、不盲目跟随的实务者通常是最能把握规律的人。

身处这个浮躁的社会,我们要告诉自己以拙为进,期望用最小的成本换取最大的利益永远是最不现实的。

高分技巧:文章开篇以"文以拙进,道以拙成"点题,紧扣"尚拙",从用最实诚的方式做事、以最真诚的心待人、以最踏老实的态度做人三个方面,对投机取巧这种行为进行了批判。全文思路清晰,论证全面,结构分明。

---

①结合当下社会、组织在发展过程中存在的问题进行分析,使文章具有时代感。

2014年入学考试真题　真正的勇气

一、题干审读与难度分析

根据下述材料,写一篇600字左右的论说文,题目自拟。

我懂得了,勇气不是没有恐惧,而是战胜恐惧。勇者不是感觉不到害怕的人,而是克服自身恐惧的人。

——南非前总统纳尔逊·曼德拉

难度分析

本题考查观点型论说文,难度中等。材料是一段曼德拉语录,其核心是"勇气",考生围绕这一核心撰写文章即可

二、立意方向与写作思路

本题所给材料十分简明,引用了南非前总统曼德拉关于勇者、勇气的看法,指出勇气即克服恐惧。行文时既可以分析如何做到克服恐惧,也可论述勇敢是什么,进而从个人品质、民族传统、时代精神三个方面展开文章,还可以将二者结合起来讨论。

三、参考范文与高分技巧

克服恐惧,勇往直前

文/王嘉怡

现实的残酷和未来的不可预料往往会给人造成巨大的恐惧,但真正的勇者不是没有恐惧,而是能正确地应对和克服恐惧。正如列宁所说:"一个革命者不应该让害怕征服自己,我们要每时每刻、随时随地锻炼自己的意志。"①

强大自身,坚定信念。对恐惧的过度感知往往会让我们对现实和未来产生悲观的想法,而自身强大的实力和坚定向上的态度,才是我们应对恐惧的坚实盔甲。在2016年里约奥运会的赛场上,面对最后的胶着局势,中国女排绝地反击,上演惊天逆转。在恐惧前,她们依旧奋勇拼搏,决不放弃,时隔12年终重夺奥运冠军。② 中国女排精神,再次激励了亿万中国人。

正视恐惧,扫清迷障。伴着轮椅,摇进地坛。21岁的史铁生在瘫痪中练就了战胜恐惧的决心,学会了正视自己、正视生活。尽管病痛缠身,但史铁生没有被打败,他勇敢地战胜了恐惧,拿起笔来书写人生的沧桑,给人们展现他思想的果实。③

---

①引用贴合主题的名人名言作为全文的中心论点,增强了文章的说服力。
②中国女排的例子非常具有时代感,而且贴合本段分论点,是非常恰当的论证。
③本段以事实论证为主,道理论证为辅,夹叙夹议,分析透彻。

战胜恐惧,勇往直前。1968年,中药研究所开始抗疟中药研究,39岁的屠呦呦担任该项目的组长,在研发过程中,屠呦呦并没有被失败吓退,反而更加坚定了目标。1971年,在失败了190次之后,项目组终于通过低温提取、乙醚冷浸等方法,成功提取出青蒿素,并在接下来的反复试验中得到了青蒿素对疟疾的抑制率达到100%的喜讯。

　　"勇气不是没有恐惧,而是战胜恐惧。"[1]面对恐惧,应当培养自身实力和坚强意志。只有这样,我们才能正视恐惧,战胜恐惧,勇往前行。

　　高分技巧:本文以如何面对恐惧为中心展开,分别从强大自身、正视恐惧、战胜恐惧三个方面进行了论述。论证过程有理有据,结构鲜明,首尾与标题"克服恐惧,勇往直前"相呼应,值得考生借鉴。

---

[1]再次引用材料,深化了中心论点,同时也进一步完善了论说文的结构。

2015年入学考试真题 — 如何确立人生目标？

一、题干审读与难度分析

根据下述材料，写一篇600字左右的论说文，题目自拟。

《论语》云："取乎其上，得乎其中；取乎其中，得乎其下；取乎其下，则无所得矣。"

《孙子兵法》云："求其上，得其中；求其中，得其下；求其下，必败。"

难度分析

本题考查观点型论说文，难度中等。材料为孔子和孙子的论述，其核心是"高远的人生目标"。考生在撰写作文的时候，一定要围绕这个核心展开。

二、立意方向与写作思路

材料给出了孔子和孙子的话，意思是说一个人立上等的目标，最后可能只达到中等成绩，而如果立中等的目标，最后可能只达到下等成绩，如果立下等的目标，最后可能什么也达不到。审读题干要抓住材料的中心，即要以"高标准"来要求自己，并以此为切入点展开。

三、参考范文与高分技巧

如何确立人生目标

文／王嘉怡

正如《论语》和《孙子兵法》所述，要想成功，必须制定高于预期的目标；如果目标只是得到小进步、小成效，那最终可能一事无成。因此，个人应当制定高于预期的目标。①

制定高于预期的目标要认清现实。② 个人在制定目标时，需要充分考虑自身能力。不切实际的人生目标不但不能发挥激励作用，反而会引导个人走向歧途。鹧羡慕马有好听的嘶叫声，于是它以此为目标，不断练习。然而鹧最终不仅没能学会，而且连自己原来的叫声也不会了。③ 此外，制定目标时，若自身能力一直和目标相距甚远，很可能带给个人以消极影响，以至丧失信心，从而影响目标的达成。

制定高于预期的目标要充分发挥个人的主观能动性，并适时进行调整。在实现目标的过程中，个人应该调用一切积极、有利的因素，帮助自己更好、更快地达成目标。同时，在这个过程中，要适当对自己的目标进行调整，使目标在自己的能力范围之上，可以达成却又不能轻易达成。这样的调整，既有利于其符合不断发展的环境，而且能充分调动个人的积极性，让个人充满斗志和激情。④

---

①全文的核心论点。
②此分论点和以下两个分论点共同论证正确树立目标的方法。
③在论证过程中可以使用反面案例，正反结合能达到更好的论证效果。
④本段以道理论证为主，值得学习。

制定高于预期的目标要立足于社会需要,有利于人类文明的进步。只有符合人类发展需要、顺应时代潮流的目标才能为世人接受,才能具有达成的现实可能性。袁世凯窃取辛亥革命的果实,妄想重新做皇帝,这是不符合时代发展潮流的,因此其得不到人民群众的支持,很快就被推翻了。① 由此可见,不符合进步趋势的事物必将灭亡,违背事物发展必然趋势的目标必然不可取。

　　因此,求其上,制定正确的人生目标,必将成功!

　　高分技巧:本文抓住了"要想成功,就要制定高于预期的目标"这一主旨,认为制定高于预期的目标需要从三个方面(认清现实;充分发挥个人的主观能动性,并适时进行调整;立足于社会需要,有利于人类文明的进步)做起。论证从一个明确的立意出发,有理有据,条理清晰。

---

①反面论证。

2016年入学考试真题　　延长退休年龄之我见

一、题干审读与难度分析

阅读下面的材料,以"延长退休年龄之我见"为题,写一篇不少于600字的论说文。

自从国家拟推出延迟退休政策以来,就受到了社会各界的广泛关注,同时也引起了激烈的争论。为什么要延长退休年龄?赞成者说,如果不延长退休年龄,养老金就会出现巨大缺口;另外,中国已经步入老年社会,如果不延长退休年龄,就会出现劳动力紧缺的现象。反对者说,延长退休年龄就是剥夺劳动者应该享受的退休福利,退休年龄的延长意味着领取养老金时间的缩短;另外,退休年龄的延长也会给年轻人就业造成巨大压力。

> **难度分析**
>
> 本题考查评论型论说文,难度中等。材料给出了一个争议性较大的社会话题——是否要延长退休年龄?考生可以选择赞同,也可以选择反对,言之成理即可

二、立意方向与写作思路

材料是社会公众关于国家拟推出的延迟退休政策的一些观点。赞成者认为,延长退休年龄可以缓解养老金发放压力和劳动力的紧缺;反对者认为,延长退休年龄会剥夺劳动者的退休福利,给年轻人就业带来压力。考生要对延长退休年龄有明确的态度,行文时可以分别从赞成和反对两个角度进行论述,最后辩证地看待延迟退休可能会带来的社会影响,也可以选取其中一个角度展开。

三、参考范文与高分技巧

> **延长退休年龄之我见**
>
> 文/王嘉怡
>
> 对于国家拟推出的延迟退休政策,社会上出现了两种声音——赞成和反对。这些观点均有一定的合理性,但从人的平均寿命、劳动特点和价值取向等角度来看,赞成延长退休年龄的观点显然更合理。①
>
> 人的平均寿命随着医疗、科技等手段和人类对自然的认知水平的提高而不断提高,因此延长退休年龄有其合理性。从55岁的退休政策来看,处在退休年龄阶段的人,既有丰富的工作经验,又具有比较旺盛的精力,却只能赋闲在家,非常可惜。②
>
> 随着生产力水平的不断发展,人的劳动特点在发生改变,而这一改变要求延长退休年龄。与过

---

① 表明自己的观点。
② 本段既有道理分析,也有事实支撑。

去相比,现代人工作有了两个不断扩大化的新特点:①第一,工作前的学习准备时间长;第二,随着生产力水平的提高,人的工作对于脑力的要求越来越高,而对于体力的要求则有所下降。在此情况下,人的工作更少受身体状况的影响,而更多依赖于思维状态。

　　社会的价值取向广泛地影响着人们,使得人们对于工作的态度有了很大的转变。无论是柳传志、褚时健,还是宗庆后、马云,这些杰出的企业家们引领着一种"永无止境"的拼搏精神,让人们对于通过工作实现自身价值有了新的认识,他们不服老的态度被人们理解、认同和实践着。

　　老骥伏枥,志在千里;烈士暮年,壮心不已。② 既有壮心,又有中华民族伟大复兴的历史机遇,当然应该给人们更长的工作年限、更多的实现理想的可能。

　　高分技巧:文章从"支持延长退休年龄"这一观点展开,认为退休年龄的延长有三点合理性。第一,随着人类平均寿命的提高,退休年龄可以适当延长;第二,人的劳动特点由于生产力水平的提高而发生了改变,这一改变要求延长退休年龄;第三,社会价值取向发生变化,人们越来越不服老,可以延迟退休。综合以上三点,文章有力地论证了延迟退休的合理性,结构层次清晰,值得借鉴。

---

①结合当下社会劳动特点分析问题,使文章更具针对性。
②高分语料,值得积累。

2017年入学考试真题　是否应该对穷人提供福利？

一、题干审读与难度分析

阅读下面的材料，以"是否应该对穷人提供福利？"为题，写一篇不少于600字的论说文。

国家是否应该对穷人提供福利存在较大的争议。反对者认为：贪婪、自私、懒惰是人的本性，如果有福利，人人都想获取。贫穷在大多数情况下是懒惰造成的。对穷人提供福利相当于把努力工作的人的财富转移给了懒惰的人。因此，穷人不应该享受福利。支持者则认为：如果没有社会福利，穷人没有收入，就会造成社会动荡，社会犯罪率会上升，相关的合理支出也会增多，其造成的损失可能大于提供社会福利的成本，最终也会影响努力工作的人的利益。因此，为穷人提供社会福利能够稳定社会秩序，应该为穷人提供福利。

> **难度分析**
>
> 本题考查评论型论说文，难度较大。材料提供了一个具有争议的社会话题——是否应该对穷人提供福利？考生可以根据对材料的思考，发表自己的意见，言之成理即可。

二、立意方向与写作思路

材料是一段关于国家是否应该对穷人提供福利的讨论：反对者认为，给穷人提供福利会导致懒惰，因此穷人不应该享受福利；支持者认为，穷人没有享受福利会影响社会秩序，因此应该为穷人提供福利。考生要就"是否应该对穷人提供福利"这一话题形成自己的看法，行文时可以分别从支持和反对两个角度进行论述，最后辩证地看待为穷人提供福利可能带来的社会影响，也可以选取其中一个角度展开。

三、参考范文与高分技巧

是否应该对穷人提供福利？

文／王嘉怡

针对国家是否应该对穷人提供福利这个问题，社会各界存在很大的争议，支持者与反对者各执己见。<u>在我看来，国家对穷人提供福利是有必要的。</u>①

首先，政府具有社会管理职能，对于市场无法解决的问题，政府要积极、主动地去解决。对于穷人，政府应发挥调节社会资源分配和组织社会保障的作用，为穷人提供基本保障、社会救济等。这在解决穷人基本生存问题的同时，也避免了因社会财富分配不公引起的社会动荡、群众暴乱等问题。我国坚持发展中国特色社会主义市场经济，而保持经济发展的关键是正确处理政府与市

---

①对于这种具有争议性的话题，在文章的开头必须准确、清晰地表达自己的观点。

场的关系,发挥好"看得见的手"与"看不见的手"的协调作用,更好地对社会财富进行分配与再分配,进而实现共同富裕。①

其次,贫穷在大多数情况下是由懒惰、生活环境、思维方式等多重因素共同造成的,<u>不能由个别人的行为推断出整个社会的情况</u>,②更不能因此否认为穷人提供福利的必要性。社会财富是国家拥有的自然资源和人创造的财富之和,社会财富再分配不是把努力工作人的钱给了懒惰的人,而是将财富分配给有需要的人,以保障社会稳定。

最后,为穷人提供福利,政府要注意公平、公正和效率,积极发挥社会保障对收入再分配的促进作用,保证社会保障资金能够惠及更多群体,为社会困难群体提供基本的生活补助,维护生存权利。此外,政府在提供保障的同时,要注重对穷人的教育,为穷人提供工作机会,从根本上解决穷人的贫穷问题。③

综上所述,国家应该为穷人提供福利,以充分发挥政府的社会管理职能,实现共同富裕。

高分技巧:本文开篇亮明观点,认为国家应该为穷人提供福利,并阐述了两点理由。第一,政府本身就有维护社会稳定,进行社会财富再分配的职能;第二,贫穷是由多种原因造成的,为穷人提供福利不一定会导致懒惰,这是对材料中反对者观点的反驳。"最后"段进一步分析为穷人提供福利的具体措施。文章结尾总结全文,并再次表明自己的观点。

---

①本段结合政府职能分析问题,提供了支撑论点的理论依据,增强了文章的说服力。
②本句从反面论述了观点。行文时可以既有正面论述,也有反面论述,正反结合会起到更好的论证效果。
③本段讨论了怎样为穷人提供福利,即具体的措施。

2018年入学考试真题　穿名牌可以塑造良好的个人形象吗？

一、题干审读与难度分析

阅读下面的材料，并据此写一篇不少于600字的论说文，题目自拟。

近日有报道称，某教授颇喜穿金戴银，全身上下都是世界名牌，一块手表价值几十万，所有的衣服和鞋子都是专门定制的，造价不菲。他认为对"好东西"的喜爱没啥好掩饰的。"以前很多大学教授都很邋遢，有些人甚至几个月都不洗澡，现在时代变了，大学教授应多注意个人形象，不能太邋遢了。"

难度分析

本题考查评论型论说文，难度较大。材料提供了一个具有争议的社会话题——教授是否可以穿金戴银？考生可以根据对该问题的思考发表自己的意见，言之成理即可

二、立意方向与写作思路

本题是开放性题目，考查考生对于"教授是否可以穿金戴银"这一问题的看法。考生只要围绕这一问题，发表正确的观点即可。立意方向主要有以下几点。

1. 树立正确的个人形象。
2. 讲究个人形象可以，但是不能过分"炫富"。
3. 探讨教授这一职业应该树立怎样的"个人形象"。
4. 适当享受物质生活是可以的，但是过分则不可取。
5. 其他立意，在命题范围内均可。

在具体的写作过程中，可以结合当下社会的实际情况进行分析。

三、参考范文与高分技巧

树立正确的个人形象

文/王嘉怡

新闻报道，某教授喜欢穿金戴银，全身上下都是世界名牌，衣服、鞋子都是专门定制的，造价不菲。该教授还公开宣称自己此举只是在塑造整洁的个人形象，自己的行为是无可厚非的。对于该教授的观点，我实在难以苟同。我认为，作为一名合格的大学教授，正确的个人形象应该是在追求真理、扎实研究的过程中建立起来的，而非用名牌堆砌出来的。①

作为一名学者，其使命应该是追求真理、投身于学术研究。诚然，我们并不反对享受物质生活，通过自己合法的劳动积累财富，提升自己的物质生活水平，是我们共同的追求。但是，追求物

---

① 本文的中心论点，既反驳了教授的错误观点，也提出了自己对于这一问题的看法。

质生活绝对不能成为我们生活的全部。① 尤其是作为一名大学教授,应该有更加高远的目标与追求。在追求真理的过程中,不懈努力奋斗,这样塑造出来的个人形象远比"穿金戴银"的形象高大得多。

该教授强调"以前很多大学教授都很邋遢,有些人甚至几个月都不洗澡,现在时代变了,大学教授应多注意个人形象,不能太邋遢了"。这种说法也是不可取的。诚然,在以前,属实有个别教授不注意自己的个人形象,甚至几个月不洗澡,但是这毕竟是极端的个例,不能代表整体。而且,即使存在这种现象,也并不意味着矫枉过正的"穿金戴银"的行为就是合理的,这种非黑即白的思维,无非在为自己的拜金主义寻找借口,是难以成立的。

综上所述,我认为该教授的价值观是存在问题的,是不值得提倡的。正所谓"屈平辞赋悬日月,楚王台榭空山丘",追求极致的物质生活,远不如追求精神生活高尚!②

高分技巧:文章从正、反两个方面入手,探讨了"教授应该如何树立正确的个人形象"这一问题。文章态度公允、论证严密,值得我们学习和借鉴。

---

①论证合情合理,中立客观。
②结尾引用名人名言,深化中心论点。

2019年入学考试真题 毛毛虫实验

一、题干审读与难度分析

阅读下面的文字,根据要求写一篇600字左右的论说文。

法国科学家约翰·法伯曾做过一个著名的"毛毛虫实验"。这种毛毛虫有一种"跟随者"的习性,总是盲目地跟着前面的毛毛虫走。法伯把若干个毛毛虫放在一只花盆的边缘上,首尾相接,围成一圈。他在花盆周围不远的地方,撒了一些毛毛虫喜欢吃的松叶。毛毛虫开始一个跟着一个,绕着花盆,一圈又一圈地走。一个小时过去了,一天过去了,毛毛虫们还在不停地、固执地团团转。它们一连走了七天七夜,终因饥饿和筋疲力尽而死去。这其中,只要有任何一只毛毛虫稍稍与众不同,便立刻会吃到食物,改变命运。

难度分析
本题考查观点型论说文,难度中等。材料是一个动物实验,我们只要依据这个实验的结果分析原因,就能得出全文的核心观点。需要注意的是,以"动物实验"为背景,是最近几年比较热门的命题方向

二、立意方向与写作思路

毛毛虫因为盲目从众,最终因饥饿和筋疲力尽而死去。这就启示我们应该打破惯性思维,培养创新思维。在具体的写作过程中,只要在这一命题范围之内立意均可。本题中心明确,不容易跑题。

三、参考范文与高分技巧

创新推动发展[①]

文/王嘉怡

毛毛虫因为盲目从众,最终因饥饿和筋疲力尽而死去。这启示我们应该打破惯性思维,培养创新思维。由此看来,创新是发展的重要动力,创新推动发展。[②]

创新可以优化资源配置。在创新过程中,各种资源重新进行优化整合,创造出原来没有的新资源。[③]小米集团面对竞争激烈的手机市场,重新分配企业资源,大力开发小米智能家居,并通过手机软件,将小米手机与小米家居相互联动,形成了科技感十足的"小米之家"。白酒品牌"江小白"通过向包装倾斜资源,使大家发现其实白酒也可以"萌萌哒",从而俘获了很多年轻消费者。

[①]标题即中心论点,二者相对应,一目了然。
[②]本段先总结材料,然后归纳材料中问题产生的原因,最后就这个原因提出中心论点。
[③]本文每个分论点后都有详细的道理论证,这一点值得我们学习。

  创新可以提高核心竞争力。创新的目的就是创造出新事物。这个新事物必然会在某些方面有着旧事物不可比拟的优势,这种优势就是核心竞争力。通过不断创新,这种核心竞争力就会不断积累。从"天河一号"到"神威·太湖之光",我国超级计算机在浮点运算方面遥遥领先;从"和谐号"到"复兴号",我国高铁在速度与安全性方面领先于世界。① 这些都是创新的结果。

  创新可以推动产业结构升级。创新的实质就是发展,通过创新,原有的产业结构被新的结构所取代。就我国而言,零售业由最开始的个人单独销售,到以百货公司的形式销售,再到专营门店的出现,一直发展到现今的电商与实体店并存,每一次新的销售形式的出现,都使得零售业销售模式发生变化,迸发新的活力。

  创新,可以优化资源配置;创新,可以提高核心竞争力;创新,可以推动产业结构升级。② 由此可见,在当下和未来的发展过程中,我们必须要培养创新思维,让创新推动我们向梦想前行。

高分技巧:本文开篇对材料进行了简单的概述,并明确了"创新推动发展"这一中心论点,随后从创新可以优化资源配置、提高核心竞争力和推动产业结构升级三方面的作用进行阐述,在提出观点的同时又运用小米集团、江小白、"神威·太湖之光""复兴号"等例子加以佐证,结尾对上述三个分论点进行了总结。文章结构完整,层次清晰。

---

①案例恰当,语言精练,值得学习和积累。
②总结三个分论点,进而总结全文。

2020年入学考试真题 —— 家国担当

一、题干审读与难度分析

阅读下面的文字,根据要求写一篇600字左右的论说文。

2018年,武汉一名退休老人向家乡木兰县教育局捐赠1 000万元,引起了广泛的关注。这笔巨款是马旭与丈夫一分一毫几十年积攒下来的,他们至今生活简朴,住在一个不起眼的小院里,家里没有一件像样的家具。

马旭于1932年出生于黑龙江省木兰县,1947年参军入伍,在东北军政大学学习半年后,成为解放军第四野战军的一名卫生员,先后参加过解放战争、抗美援朝战争,其间多次立功受奖。20世纪60年代,她被调入空降兵部队,成为一名军医,后来主动要求学习跳伞,成为新中国第一代女空降兵。此后20多年里,马旭跳伞达140多次,创下女空降兵跳伞次数最多和年龄最大两项纪录。

如今,马旭的事迹家喻户晓,许多地方邀请她参加各类活动,她大多婉拒。她说:"我的一生都是党和部队给的,我只是做了我力所能及的事。只要活着,我们还会继续攒钱、捐款,把自己的一切献给党和国家。"

难度分析

本题考查观点型论说文,难度中等。材料引用了马旭女士捐款回报家乡的事迹,我们在分析材料的时候,以"马旭"捐款的事迹为核心,分析其捐款背后的崇高品质即可。马旭是感动中国年度人物,这也提醒考生在备考过程中要关注当年的时政热点。

二、立意方向与写作思路

材料的核心是马旭捐献毕生积蓄的先进事迹,立意角度较多。

1. 无私奉献的精神。
2. 全心全意为人民服务的品质。
3. 淡泊名利的无私精神。
4. 其他立意,在命题范围内均可。

本文的写作范围较广,建议围绕马旭身上的某一个品质展开分析,深入阐述这一品质的意义与价值,这样文章比较容易切合主题。

三、参考范文与高分技巧

民族使命,家国担当

文/王嘉怡

2018年,马旭向家乡木兰县教育局捐赠1 000万元,引起了广泛的关注。事实证明,这份家国担当在当下仍然具有伟大的现实意义。①

---

①开宗明义,提出全文的中心论点。

这份家国担当,是我们伟大事业的根本出发点。正如习近平总书记在一系列讲话中所指出的:有多大担当才能干多大事业。① 想当年,黄旭华就是胸怀着"为国铸剑"的使命与担当,隐姓埋名,潜心研究,从青丝到白发,把自己的一生献给了祖国的核潜艇事业。见证了中国核潜艇从无到有、从弱到强的过程。"誓干惊天动地事,甘做隐姓埋名人。"②这份奇迹的背后,就是以黄旭华为代表的知识分子的民族使命与家国担当!

　　这份家国担当,是我们崇高理想的强大助推器。人生的征途中,有泥泞,有蜿蜒,有崇山峻岭,有巨浪险滩,我们必须要有使命感和担当精神,才能攻坚克难、一往无前。③ 屠呦呦及其团队在研发抗疟新药的过程中,心怀救济苍生的使命与责任,百折不挠,以身试药,终于成功研发出青蒿素这一新型抗疟神药。在接受采访的时候,屠呦呦曾不止一次表示支撑自己及团队不断前进的动力,就是无私无畏的担当精神!

　　这份家国担当,是我们崇高目标的根本落脚点。实现中华民族的伟大复兴,就是要提高人民群众的家国担当意识。梁启超曾经说过,"欲维新吾国,当先维新吾民""苟有新民,何患无新制度,无新政府,无新国家"。④ 我们要不断努力,提升公民的使命感,让每一个人担当起作为国家的一分子的责任,把我们的生命与精神融入国家,树立我是国家形象代言人的意识。只有这样,才能真正实现中华民族的伟大复兴。

　　一百多年前,五四青年们,担当起了救亡图存的使命,开启了中国近代化的征程;一百多年后,中华儿女们,承担起伟大复兴的责任,开启了中国伟大复兴的新征程。⑤ 从站起来、富起来到强起来,这背后永恒不变的是中华儿女的民族使命与家国担当。

　　高分技巧:文章从马旭身上抽绎出"民族使命和家国担当"这一核心,并以此作为中心论点。文章分三个角度探讨了"民族使命和家国担当"的意义。而且,分论点的展开是以丰富的案例和坚实的理论作为支撑的,这加大了论证的可信度。最后总结全文,升华了中心思想。

---

①引用习近平总书记系列讲话作为道理论证,提升文章的说服力。
②高分语料,值得积累。
③比喻论证。采取了比喻的修辞方法,其表述值得学习。
④引用名人名言作为道理论证,考生应该不断积累这样的语料。
⑤贴合考试当年的时事政治,这样将二者结合起来论述,可以提高文章的说服力。

2021年入学考试真题　食蚁兽的捕食策略

一、题干审读与难度分析

根据下述材料,写一篇700字左右的论说文,题目自拟。

巴西热带雨林中的食蚁兽在捕食时,使用带黏液的长舌伸进蚁穴捕获白蚁,但不管捕获多少,每次捕食都不超过3分钟,然后去寻找下一个目标,从来不摧毁整个蚁穴。而那些没有被食蚁兽捕获的工蚁就会马上修复蚁穴,蚁后也会开始新一轮繁殖,很快产下更多的幼蚁,从而使蚁群继续生存下去。

难度分析

本题考查观点型论说文,难度中等。以自然界的某一现象作为材料内容。在写作过程中,一定要注意挖掘这一现象背后所蕴含的道理,并以此作为关键点展开全文。

二、立意方向与写作思路

材料描述的是一种自然生物现象,所以,在立意的过程中,应该具体分析这一现象背后所蕴含的哲理。考生可以从以下几个角度立意。

1. 可持续发展。食蚁兽没采取竭泽而渔的方式捕食,而是给蚁群休养生息的时间。
2. 从第1点的角度可以引申至"人与自然和谐发展"等话题。
3. 其他立意,在命题范围内均可。

在具体的写作过程中,可以采取"是什么—为什么—怎么做"这种递进式的方式展开全文,具体探讨"可持续发展"的重要含义。

三、参考范文与高分技巧

可持续发展刍议①

文/王嘉怡

食蚁兽每次捕食的时间都很短,随后就寻找下一个目标,从不摧毁整个蚁穴,如此食蚁兽和蚁群都可以生存下去。立足于当下,食蚁兽的行为对我们仍有启发:施行可持续发展,就可以实现良性循环。

何为可持续发展?可持续发展是科学发展观的基本要求之一,具有无穷的生命力,坚持以人民为中心,协调好经济增长、民生保障,在经济发展中促进绿色转型,在绿色转型中实现更大发展。② 实施可持续发展战略,有利于促进生态效益、经济效益和社会效益的统一。

为什么要实行可持续发展?地球是人类赖以生存的唯一家园,我们要坚持可持续发展,以人

---

① 标题开宗明义,指出全文中心。
② 道理论证,阐明可持续发展的核心含义。

为本,让良好的生态环境成为全球经济可持续发展的重要支撑,实现绿色增长,从而形成良性循环。生态兴则文明兴,我国力争在2030年前实现碳达峰,2060年前实现碳中和,①全面贯彻生态文明新发展理念,坚持可持续发展原则,推动落实改革创新,有效统筹国内、国际能源资源,在构建新发展格局中努力建设人类生态文明新村。可持续发展,我们正在行动中。

怎样实现可持续发展?② 绵绵用力,久久为功。我们要始终如一地秉持"抓铁有痕"的劲头,把生态优势转化为发展优势,使绿水青山产生巨大效益,将可持续发展作为行动准则,并抓住机遇、乘势而上。我国高度重视新能源汽车产业的发展,在应用推广、产业政策、技术创新、配套设施等方面不断发力,产业链效应凸显。当前,我国新能源汽车产业充分发挥各企业优势,提升企业的市场竞争力,如今诸如比亚迪等汽车异军突起,已经成为新能源产业的翘楚,为全球的可持续发展贡献了相当大的力量。

功崇惟志,业广惟勤。坚持生态优先,建立绿色的发展体系,促进社会发展的全面绿色转型,实现可持续发展,道阻且长,行则将至。

高分技巧:文章由食蚁兽的行为引出"可持续发展"这一中心,文章围绕着"是什么、为什么、怎么做"三个角度展开分析。每个分论点都有充分的道理论证和事实论证作为支撑,全文框架清晰,论证严密,是非常标准的论说文。

---

①这个案例值得积累。
②本段阐述了如何实现可持续发展,并结合经济、社会发展实际提出了具有针对性的措施。

2022年入学考试真题　　老年人免费乘坐公共交通工具

一、题干审读与难度分析

根据下述材料,写一篇700字左右的论说文,题目自拟。

我国不少地方规定老年人可以免费乘坐公共交通工具,这一规定体现了对老年人的关怀。但是在具体实施过程中出现了一些问题。如在早晚高峰时,老年人免费乘车在一定程度上影响了上班族的通勤;还有,有些老年人也由于各种原因无法享受这一福利。因此,有的地方把老年人免费乘车的福利改为发放津贴。

难度分析

本题考查观点型论说文,难度中等。材料为在老年人免费乘坐公共交通工具的规定下产生的相关问题,要求考生根据这些问题展开讨论。

二、立意方向与写作思路

考生在写作过程中应该从"措施"角度入手,具体讨论"在使用公共交通工具时,怎样做才能既关怀老年人,又避免产生相关问题"。考生可以结合自己的生活、工作实际,提出具体的解决措施。

三、参考范文与高分技巧

莫让"关爱"变成"关隘"

文/王嘉怡

为了弘扬尊老、敬老的传统美德,很多地方规定老年人可以免费乘坐公共交通工具。但是,这一规定在具体执行过程中面临着很多问题,如在早晚高峰时会影响上班族的通勤。对老年人的"关爱"却成了对上班族的"关隘",这一现象不得不引起我们深思。如何化解这样的问题呢?我认为可以从以下两个方面入手:

第一,保障对老年人的"关爱"。老年人免费乘坐公共交通工具,是社会福利的具体体现,是我们必须坚持的。虽然会产生一定的问题,但是我们可以根据实际情况探索更多的解决办法。比如,推出限时优惠的政策,推动老年人错峰出行。再比如,很多地方目前正在实行发放"交通补贴"的政策。

第二,化解对其他社会群体造成的"关隘"。社会是由不同群体构成的,各群体之间必须和谐相处,才能促进社会的发展。公共交通工具面对的是所有人,不能因为"关爱"老年人而对其他群体造成"关隘"。我们可以在早晚高峰时增加"上班族"专线,缓解通勤压力;也可以采取灵活的弹性工作制,缓解早晚高峰的交通压力。凡此种种,都可以促进城市更好地发展。

正如材料中所说,免费乘坐公共交通工具,本来是对老年人的"关爱",而在现实生活中却成了年轻人的"关隘"。这背后所折射出的,是我们在制定政策过程中的漏洞。所以,这启示我们,在今后制定公共政策时,一定要立足于社会全体,充分考虑各种不同的诉求,这样才能真正地制定出符合民心的好政策。

总而言之,"老年人可以免费乘坐公共交通工具"这一社会政策的出发点是好的,虽然面临一些问题,但是,只要我们不断努力,一定能找出好的办法解决,进而推动社会的和谐发展。

高分技巧:本文针对材料所描述的社会现象及其产生的相关问题提出了自己的想法——既要保障对老年人的"关爱",也要化解这些政策对其他社会群体造成的"关隘",并提出了推出限时优惠的政策、发放"交通补贴"的政策、增加"上班族"专线、采取灵活的弹性工作制等措施解决这一问题。文章能够结合实际考虑这些问题,并提出具体的解决措施,这是值得我们学习的。